职务犯罪审判指导

Guidance on
the Trial of
Duty-related Crime

第1辑

最高人民法院刑事审判第二庭　编

法律出版社
LAW PRESS·CHINA
北京

图书在版编目(CIP)数据

职务犯罪审判指导. 第1辑 / 最高人民法院刑事审判第二庭编. -- 北京 : 法律出版社, 2022(2025.10重印)
ISBN 978-7-5197-7022-8

Ⅰ. ①职… Ⅱ. ①最… Ⅲ. ①职务犯罪-审判-中国 Ⅳ. ①D924.3

中国版本图书馆CIP数据核字(2022)第152010号

职务犯罪审判指导(第1辑)
ZHIWU FANZUI SHENPAN ZHIDAO(DI-1 JI)

最高人民法院刑事审判第二庭 编

责任编辑 许 睿
装帧设计 李 瞻

出版发行 法律出版社
编辑统筹 司法实务出版分社
责任校对 朱铁佳
责任印制 胡晓雅
经　　销 新华书店

开本 710毫米×1000毫米 1/16
印张 16.75 **字数** 265千
版本 2022年11月第1版
印次 2025年10月第6次印刷
印刷 保定市中画美凯印刷有限公司

地址:北京市丰台区莲花池西里7号(100073)
网址:www.lawpress.com.cn
投稿邮箱:info@lawpress.com.cn
举报盗版邮箱:jbwq@lawpress.com.cn

销售电话:010-83938349
客服电话:010-83938350
咨询电话:010-63939796

书号:ISBN 978-7-5197-7022-8
定价:68.00元

编委会

编 辑 说 明

《职务犯罪审判指导》系最高人民法院刑事审判第二庭主办的针对职务犯罪案件审理的业务指导和研究性出版物，以立足实践、突出实用、重在指导、体现权威为编辑宗旨，通过法律适用分析、法官会议纪要、实务释疑、经验交流等形式，固定审判、调研成果，为刑事司法人员办理职务犯罪案件提供有针对性和权威性的业务指导和参考。

《职务犯罪审判指导》由最高人民法院沈亮副院长担任编辑委员会主任，刑事审判第二庭王晓东庭长担任副主任及主编，刑事审判第二庭逄锦温、张杰副庭长担任副主编。全年出版两辑，设有以下栏目：

【法律适用分析】 选择司法实践中事实认定、采信证据、适用法律和裁量刑罚等方面的典型问题，阐述法院的认定思路、理由，为刑事司法工作人员处理类似职务犯罪案件提供具体的指导和参考。

【法官会议纪要】 通过最高人民法院刑二庭法官会议对实践中存在争议的疑难问题进行解析、讨论，并形成倾向性观点，供实践中类案的处理参考适用。

【实务释疑】 解答在职务犯罪案件审判工作中具有普遍指导价值的法律适用问题。

【经验交流】 最高人民法院刑二庭或者地方法院制定或总结的有关职务犯罪的规范性文件、规则及相关说明等。

【法律规定】 收录与职务犯罪案件审判工作密切相关的法律、司法解释及官方解读意见等。

【刑事政策】 刊载职务犯罪相关刑事政策，包括对刑事政策的解读文章、刑事审判工作会议上的相关讲话等。

【理论争鸣】 针对职务犯罪疑难、复杂问题，登载相关学者与司法人员的研究文章，为刑事司法工作人员提供理论参考和解决相关问题的思路。

【实务调研】 登载司法实务部门针对职务犯罪的调研报告，推动相关问题的深入研究。

【裁判文书选登】 选择典型裁判文书进行评析，展现法官智慧，指出不足，促进裁判文书制作水平的不断提高。

最高人民法院刑事审判第二庭

目　　录

法律适用分析

经验交流

法律规定

刑事政策

法律适用分析

［编号 001］

村委会等基层组织人员利用职务便利收受贿赂行为的定性

内容摘要： 村委会等基层组织人员利用的职务便利同时包括协助政府从事行政管理工作和管理基层组织集体自治事务的因素，在难以具体确定其性质的情况下，难以判断主体是否属于《中华人民共和国刑法》（以下简称《刑法》）第九十三条第二款规定的“其他依照法律从事公务的人员”时，可以从有利于被告人的角度认定处罚较轻的罪名。

关键词： 非国家工作人员受贿罪　基层组织人员　城中村改造

【基本案情】

2011 年 6 月至 2013 年 12 月，被告人霍某某与时任 T 市迎胜社区党总支书记、居委会主任刘某某（另案处理）等通谋，共同利用刘某某职务上的便利，在迎胜社区城中村改造工程项目过程中，为某公司在合作开发迎胜社区城中村改造项目合作、利润分成、规划调整等方面谋取利益，并收受该公司总经理给予的人民币（以下未标明币种均为人民币[①]）2000 余万元。

① 全书余同。

【争议问题】

被告人霍某某利用刘某某职务便利收受他人财物的行为构成受贿罪还是非国家工作人员受贿罪？

【问题解析】

在案件处理过程中，存在以下两种不同意见：

第一种意见认为，被告人霍某某构成受贿罪。理由是：第一，社区城中村改造项目系政府统一规划、管理的项目。第二，霍某某伙同刘某某等人收受贿赂最主要的谋利事项是迎胜社区城中村改造选择合作开发商的事项，在卷证据证实，虽前期与开发商签订开发合作意向是由迎胜社区考察选定的，但最终开发商的选定是由政府考察确定。对合作开发商的考察、确定是政府实施行政管理职能的具体表现。第三，政府对迎胜社区城中村改造项目有资金政策支持。第四，政府对迎胜社区城中村改造项目承担法律责任和后果。故刘某某的行为应属于“协助政府从事行政管理工作”，霍某某伙同其收受贿赂的行为依法构成受贿罪。

第二种意见认为，被告人霍某某所利用的刘某某的职权同时具有协助政府从事行政管理工作和管理基层组织集体自治事务的因素，在难以具体确定性质的情况下，可以从有利于被告人的角度，对霍某某以非国家工作人员受贿罪追究刑事责任。

我们同意第二种意见。具体理由如下：

（一）本案中，村（居）委会行使的职能性质是混合的，既有协助政府行政管理的职能，也有基层自治管理职能，且难以截然分清

根据大连座谈会精神，村委会等基层组织人员利用职务便利实施侵占、受贿、挪用等行为，是构成国家工作人员贪污、受贿、挪用公款罪，还是构成职务侵占、非国家工作人员受贿、挪用资金罪等，关键是看其实施犯罪时所具体利用的职务便利。利用协助政府从事行政管理工作的职务便利的，应当以国家工作人员职务犯罪定罪处罚；利用管理村集体事务工作的职务便利的，应当以非国家工作人员职务犯罪定罪处罚。本案中，被告人霍某某利用

的是刘某某居委会主任的职务便利。因而本案争议焦点集中于刘某某作为居委会主任在迎胜社区城中村改造工程项目过程中行使的是协助政府的行政管理职能还是居委会对村集体事务的管理职能。卷中证据显示，社区城中村改造项目开发协议的签订双方分别是迎胜社区居委会和开发商公司，协议报政府审查备案。但是仅根据协议的形式认定政府不是合同当事人、不承担法律责任、没有行使行政管理权是不客观的。不可否认，在城中村改造项目中，政府必然行使了统一规划、审批等行政管理职责，但也不能据此直接认定居委会的相关事务均源于政府的授权。本案具体情况如下：

1. 村（居）委会承担的职能是混合的

城中村改造是T市政府做出的统一规划、安排。文件规定的分工是：市政府要负责村庄改造的组织领导和协调；区政府要研究制定具体的工作措施；各村委会和办事处要做好群众的宣传动员和组织协调工作，处理好具体问题。区政府是辖区内城中村改造的第一责任人。

迎胜社区城中村改造采用了“捆绑打包联合改造模式”，即将回迁安置和开发建设捆绑打包，一次性公开出让给开发商进行开发建设。在此过程中，村（居）委会的职能包括选择开发商、拆迁、安置村民、共同开发建设商业地块等。其中，土地的征收、补偿和城市的规划、建设都是典型的协助政府管理事项；将村集体土地作价与开发商共同参与商业建设则是较为典型的村集体土地、财产的自治管理事项。

2. 土地性质是多元的

本案中，迎胜社区是1985年“农转非”时由某村直接改造而来，但相关土地性质仍然属于集体所有。在本次城中村改造中，部分土地性质发生了转变，由集体土地转为国有土地（开发建设地块），还有部分土地仍然属于集体所有（居民回迁楼仍然是在村集体土地上建的小产权房）。对于前者，居委会承担了协助政府完成土地征收、安置、补偿的任务；对于后者，居委会则承担着对村集体土地的经营、管理职能。

3. 谋利事项是复杂的

本案谋利事项包括：对开发商的选择；社区与开发商合作洽谈过程中，迎胜社区对利益分成作出让步；在未拆迁完成的情况下出具土地腾空证明，以便开发商办理土地出让手续；协助开发商申请提高容积率等。被告人收受财物2000余万元，根据被告人和行贿人的供述，难以区分其中哪一部分是针对哪一事项进行的行贿、受贿。上述事项中对利益分成作出让步属于典型的居委会的自治职能，其余事项也很难截然分清。

综上，本案的客观情况就是在整个城中村改造中，居委会承担了绝大部分具体工作，这其中既有来自政府的授权，也有其作为村（居）委会的管理职权，且难以截然分开。

（二）在难以区分被告人行使的职能来源时，倾向以非国家工作人员受贿罪追究被告人的刑事责任

城中村改造是我国城市化进程中的产物。各地城中村改造的模式并没有一定之规，对相关案件的处理应在准确把握有关立法精神的基础上，综合具体案件情况稳妥认定。

如上文分析，本案中被告人行使的职权来源是难以截然分清的。基于本案事实证据及立法精神，倾向以非国家工作人员受贿罪追究被告人的刑事责任。理由如下：

1. 尊重宪法精神。《中华人民共和国宪法》（以下简称《宪法》）第一百一十一条第一款规定，“城市和农村按居民居住地区设立的居民委员会或者村民委员会是基层群众性自治组织”。而《中华人民共和国村民委员会组织法》《中华人民共和国城市居民委员会组织法》均规定了村（居）委会是村（居）民自我管理、自我教育、自我服务的基层群众性自治组织。在司法认定中应当尊重《宪法》赋予村（居）委会作为基层群众性自治组织的自治地位，尊重其管理集体事务的自治权利。

2. 严格适用解释。将基层组织人员作为国家工作人员看待，主要是依据《全国人民代表大会常务委员会关于〈中华人民共和国刑法〉第九十三条第二款的解释》，该解释明确了村民委员会等村基层组织人员在协助人民政府从事特定行政管理工作时属于《刑法》第九十三条第二款规定的“其他依照法律从事公务的人员”。《全国人民代表大会常务委员会关于〈中华人民共和国刑法〉第九十三条第二款的解释释义》中也明确，对于《刑法》第九十三条第一款规定的国家工作人员以外的，以国家工作人员论的人员来说，应当以是

否从事公务作为能否将其以国家工作人员论的标准，而不能随意扩大范围。村委会等村基层组织人员担负着大量的村集体事务职责，同时又要协助乡镇基层人民政府工作，在认定其所从事的公务的性质时，要注意具体问题具体分析，防止任意扩大公务范围。

3. 保持刑法谦抑。虽然《刑法修正案（十一）》对非国家工作人员受贿罪的量刑作出调整，增加了一档法定刑，对于“数额特别巨大或者有其他特别严重情节的，处十年以上有期徒刑或者无期徒刑，并处罚金”，量刑上与受贿罪更为接近。但无论调整前后，受贿罪的量刑仍然重于非国家工作人员受贿罪的量刑。在难以区分被告人所利用的职权性质时，应当做出对被告人有利的解释，这既是刑法谦抑性的要求，也是司法实践中一向遵循的原则。如《刑事审判参考》刊登的宾四春、郭利、戴自立贪污案（第136号指导案例），陈焕林等挪用资金、贪污案（第454号指导案例）等案例中均总结了以下裁判规则：对村委会等基层组织人员利用职务之便实施的贪污贿赂等犯罪，既有国家工作人员身份的证据，也有非国家工作人员身份的证据，如果无法区分其究竟是利用何种职务便利，认定国家工作人员身份的证据达不到确实、充分，主体身份无法明确的，从有利于被告人的角度以刑罚处罚较轻的罪名论处。

4. 尊重已决判决。本案另外两名另案被告人，尤其是作为居委会主任的刘某某，均以非国家工作人员受贿罪定罪量刑，且判决已生效。对本案被告人以非国家工作人员受贿罪追究刑事责任也有利于维护生效判决的既判力。

综上，本案被告人霍某某利用居委会主任刘某某的职务便利收取他人财物，鉴于刘某某的职务同时具有协助政府从事行政管理工作和管理基层组织集体自治事务的因素，在难以具体确定性质的情况下，可以从有利于被告人的角度认定处罚较轻的罪名，以非国家工作人员受贿罪追究其刑事责任。

（撰稿：最高人民法院刑二庭　段　凰

审编：最高人民法院刑二庭　于同志）

［编号 002］

公司负责人将公司账外股权秘密转移至本人实际控制的公司名下的行为如何认定

内容摘要： 判断公司负责人究竟系在单位授权下体外运营带有“单位小金库”性质的账外股权，还是利用职务便利非法占有本单位公共财产，关键看该账外股权是否脱离本单位的监管。在实践中，可从公司负责人是否通过垄断账外股权交易的信息、价格、数额、审批和登记等程序，形成了高度隐蔽的股份流转形式；账外股权运行过程中是否有公司其他高级管理人员、财会人员参与资金分配、记账结算或对股权流转过程知情；公司负责人是否擅自处置、变现其掌握的公司账外股权，是否曾向相关部门、人员汇报、交接其掌握公司账外股权的情况，是否实施隐匿、毁弃与账外股权运营相关的会计账簿行为等方面综合审查判断。

关键词： 贪污罪　体外运营　账外股权

【基本案情】

Y 市 H 银行在 2002 年改制为国有参股商业银行过程中，为解决入股资金不足问题，曾以向企业提供贷款、自办公司等方式体外运营本行股权。2004 年 5 月，因中国银行业监督管理委员会（以下简称银监会）① 要求 H 银行清理自办公司和入股贷款等问题，H 银行决定将上述股权转至其他公司代持。此后，时任 H 银行董事长、党委书记的被告人江某某利用控制、掌握 H 银行

---

① 中国银行业监督管理委员会，2003 年 3 月设立，2018 年 3 月撤销。现为中国银行保险监督管理委员会。

股权变动的职务便利，“一手托两家”，以低买高卖转让股份的方式赚取差价，用以归还代持股份中的贷款和垫资，最终使部分代持股份变为不需要支付对价的账外净资产。2010 年，江某某在 H 银行高管会议上宣布，已将委托其他公司代持的 H 银行股份“全部处置完毕”，即在账面上已经显示不出 H 银行的账外资产情况。但江某某实际上利用职务上的便利将本单位已转为账外净资产的 2. 83 亿余股的 H 银行股份，陆续转至其个人或亲友控制的公司名下，予以隐匿，共计折合人民币 7. 54 亿余元。江某某自 2014 年年初退休后，安排亲属注册成立多家由其实际控制的公司，并使用上述款项在上海、杭州等地购买写字楼、住宅。2014 年 9 月，江某某指使其亲属孙某某将其实际控制的多家公司的会计档案予以销毁。

检察机关指控被告人江某某犯贪污罪。江某某及其辩护人提出：江某某体外运作 H 银行股份系履行董事长职责，其主要是为了保证 H 银行的国有控股地位，且所有涉案股份和资金均属于银行所有，江某某个人没有非法占有；江某某退休后多次向继任董事长才某某说明其手中持有银行股份、资金，要求进行交接但未被接受，可见其主观上亦不想侵吞银行股份，故江某某的行为不构成贪污罪。

【争议问题】

在单位授权公司负责人体外运营公司账外股权过程中，公司负责人将账外股权秘密转移至个人控制公司名下的行为，是否构成贪污罪?

【问题解析】

在案件处理过程中，存在以下两种不同意见：

第一种意见认为，江某某不构成贪污罪。具体理由是：（1）H 银行授权江某某长期体外运营本行股份，是落实银监会清理内部职工集资股的要求，并维护国有资本在 H 银行的大股东地位；（2）江某某是以 H 银行董事长身份在管理 H 银行的资产，其决策体现的是 H 银行的意志，代持 H 银行账外股权的公司均系江某某为便于集中管理 H 银行股份而成立，实际上是江某某代管本公司的账外“小金库”；（3）江某某在被免职后，曾多次向继任董事长提出将其控制的H银行账外股权、资金进行交接，但H银行管理层迟迟未回应，证明其并无侵吞账外股权的主观故意。

第二种意见认为，被告人江某某构成贪污罪。具体理由是：考虑到该案中“为公”与“为私”、设立账外“小金库”与将单位财产据为己有、履行职务与秘密窃取、违规违纪与违法犯罪等情节交织在一起，因而应将江某某非法占有H银行账外股份的主观故意，从其经营账外“小金库”的行为中剥离出来。江某某运营代持股份在启动初期有董事会授权、有众多银行管理层知情的事实，与代持股份转变为净资产后，被江某某采取秘密手段非法据为己有的事实，属于两个不同性质的阶段。对江某某在后一阶段的行为，应以贪污罪论处。

我们同意第二种意见。具体理由如下：

（一）从犯罪主观方面分析

在本案中，被告人江某某非法占有H银行账外股份的主观故意，产生于其管理H银行股权的过程中，该过程可大致分为两个阶段：第一个阶段，2004年年初因银监会发现H银行存在职工入股自办公司、股东违规贷款持股等问题并要求限期清理。为此，经H银行董事会授权，江某某以董事长身份安排银行高管及各分行行长寻找企业代持H银行股份，并通过操纵股权转让、赚取差价以清退职工入股款、支付代持资金等。在这一阶段，虽然江某某的行为存在违规之处，但尚无证据表明此时的江某某具有非法占有账外股份的主观目的。第二个阶段，自2010年开始，江某某在领导班子会议上谎称账外运营股份已经全部清理完毕，其他银行高管此后均不再掌握账外资金及股份流向，亦从未参与过日常运营管理，由此可推定其主观上有将上述账外股权据为己有的故意。此后，江某某将已转化为净资产的H银行股份秘密转入其本人直接控制或通过亲友成立的公司名下，将部分股份变现后，支出7800万元用于在上海购买写字楼及住宅归个人使用，另有巨额资金被其出借盈利，且受益方是江某某本人而不是H银行。根据这些事实足以认定，江某某对涉案的公司账外股权已经产生了非法占有的目的。

（二）从犯罪客观方面分析

江某某利用其本人职权形成的便利条件，通过垄断H银行股份交易的信息、价格、数额、审批和登记等程序，形成了高度隐蔽的股份流转形式，其占有单位公共财产的手段符合贪污犯罪的秘密性特征。在江某某操作股份转让过程中，不仅H银行其他高级管理人员对股份转让的详情不了解，股份交易双方亦被江某某采取“背靠背”方式分别签订转让协议，甚至常年为江某某代持H银行股份的朱某某、周某某等人，也不清楚江某某安排他们代持的股份的所有人是谁。与此同时，江某某又通过其亲友控制的公司或者自行设立多个公司承接H银行股份，上述公司的法定代表人或者股东均与H银行无任何关系，对于江某某所控制的账外股份，H银行其他人员均不知情，亦从未参与过日常运营管理。江某某占有单位财产的情况不能在H银行财务账目中反映出来，有关股份在事实上已经完全脱离了本单位的监管、控制。

（三）从被告人对涉案股份、资金的处置分析

2013年3月至4月，江某某将其控制的4.1亿余股股份，全部转让并获利23.8亿余元，后将上述巨额资金用于继续购买H银行股权、出借理财。同年11月，江某某被宣布退休后，未与H银行新任领导班子就其掌握的巨额账外资产进行书面交接。2014年2月，在审计部门对江某某进行离任审计期间，其仍未将控制巨额资产、股份的情况进行汇报。2014年4月，江某某在上海、杭州新成立四家公司，并使用转让股权的收益以上述公司名义在上海购买写字楼、住宅及理财产品。2014年9月初，江某某被采取“两规”[①]前，指使其亲属孙某某销毁公司账簿。2014年9月26日江某某被纪检部门采取“两规”措施后，虚构一名北京商人“刘某某”，谎称全部账外股份和资金均为“刘某某”所有，企图以此蒙混过关，掩盖其非法占有H银行巨额股份和资金的犯罪事实。由此，江某某退休前后对H银行股权、资金的处置，进一步印证了其主观上具有占有本单位财物的故意。

（四）被告人对其行为不能作出合理解释

江某某及其辩护人虽然辩护提出江某某经营账外股权是为了保证H银行

① 2018年3月20日《中华人民共和国监察法》颁布实施，用留置取代“两规”措施。

国有控股地位，且在退休时曾向继任董事长进行过口头交接，其秘密运行账外股份均是为H银行代持，没有贪污本单位财产的主观故意等，但在案证据显示，江某某作为Y市管干部，从未向有关部门汇报股份代持情况，且逐步将大量股权空转至其本人或亲友控制的公司名下，与其所作“经营账外股权是为了保证国有控股地位”的辩解相互矛盾；江某某担任H银行董事长多年，掌握大量账外资产、工作秘密和银行运营情况，其离任前应当履行完备的交接手续，向继任董事长及相关部门提交书面交接清单，但江某某仅以曾向继任董事长才某某做口头汇报为辩解理由，既不能得到相关证人证言的支持，也显然不符合交接工作的一般流程；尽管一些单位设立的“小金库”往往也在账外运行且多数为秘密状态，但在本质上仍未脱离本单位的监管，除单位主要领导人员外，其他高级管理人员、财会人员都会不同程度参与“小金库”的资金分配、记账结算等，但对于江某某所控制的账外股份，H银行其他人员均不知情，且江某某对其退休后将股份私下变现购房、盈利的行为亦不能作出合理解释，故江某某关于其秘密运行账外股份均属于H银行“小金库”等的辩解不能成立，根据在案事实和证据，可以认定江某某采取秘密手段非法占有了涉案的公司账外股权。

综上，被告人江某某以非法占有为目的，在操作H银行股份交易过程中，以秘密手段将价值7.54亿余元的股份据为己有，符合贪污罪的构成要件，应当以贪污罪依法追究其刑事责任。

（撰稿：最高人民法院刑二庭　于同志
天津市第一中级人民法院　张文波
审编：最高人民法院刑二庭　逄锦温）

[编号 003]

携带赃款赃物投案自首情节在受贿数额特别巨大案件中予以减轻处罚的法理依据和政策考量

内容摘要：A 某受贿一案，系被告人携带赃款赃物主动到办案机关投案的案件。人民法院严格贯彻宽严相济刑事政策，充分运用认罪认罚从宽制度，对 A 某依法减轻处罚，不仅是对 A 某主动投案自首行为的正面评价，打击、震慑了犯罪，而且对尚未归案或者已经归案的违法犯罪分子走投案自首、认罪认罚从宽之路具有价值引领和政策导向作用。

【基本案情】

2005 年至 2013 年，被告人 A 某利用其担任中共 S 市委副书记、H 省 C 市人民政府市长、中共 C 市委书记、H 省 S 市人民政府市长、中共 H 省委常委、宣传部长等职务上的便利，为有关单位和个人在企业改制、项目开发、安排工作等方面谋取利益。2006 年至 2014 年，被告人 A 某直接或通过家人收受上述单位和个人给予的财物共计折合人民币 6478.2918 万元（以下未标明币种均为人民币）。

另查明，被告人 A 某系主动到中央纪委国家监委投案，并主动上交折合共计 4046.9912 万余元的涉案款物。A 某到案后，如实供述了办案机关已经掌握的受贿 5 起共计折合 2228.3857 万元的事实，主动交代了办案机关尚未掌握的受贿 6 起共计折合 4249.9061 万元的事实，主动交代的受贿数额占总额的 65.6%；受贿所得赃款赃物已全部追缴、退缴。

一审法院认为，被告人A某身为国家工作人员，利用职务上的便利，直接或通过其近亲属非法收受他人财物共计折合6478.2918万元，数额特别巨大，为他人谋取利益，其行为已构成受贿罪。被告人A某犯罪以后自动投案，如实供述自己的罪行，系自首，依法可从轻或减轻处罚。A某在提起公诉前，如实供述自己罪行、真诚悔罪、积极退赃，避免、减少损害结果的发生，依法可从轻处罚。被告人A某自愿如实供述自己的罪行，承认指控的犯罪事实，愿意接受处罚，依法可从宽处罚。根据A某犯罪的事实、性质、情节和对社会的危害程度，决定采纳公诉机关提出的减轻处罚量刑建议及辩护人的相应辩护意见，对被告人A某减轻处罚。据此，依照《刑法》和相关司法解释规定，以受贿罪判处被告人A某有期徒刑8年，并处罚金人民币300万元；对查封、扣押在案的受贿所得财物及其孳息，予以追缴，上缴国库。

【争议问题】

如何准确评价职务犯罪中携款型自首对量刑的影响?

【问题解析】

对被告人A某携款型自首适用从轻处罚还是减轻处罚，莫衷一是。我们认为，对A某予以减轻处罚，不仅有充分的事实根据、法律依据和政策依据，而且可以对腐败分子产生有力的震慑和鲜明导向，促使其投案自首，节省审查调查和司法资源，有利于追赃挽损，最大限度地实现政治效果、法律效果和社会效果的有机统一。

（一）数额与情节均是受贿罪刑罚裁量必须考量的因素，不可偏废

量刑是法院运用量刑情节综合评价犯罪行为的社会危害性和犯罪人的人身危险性的活动。就受贿罪而言，受贿数额的大小是影响受贿罪法定刑幅度的选择乃至具体判处多重的刑罚时需要考虑的重要因素。但不能由此陷入“唯数额论”，将数额作为影响受贿罪量刑轻重的唯一因素。应当看到，在受贿案的量刑中，影响量刑结果的因素是多元的。如果过分强调受贿数额对量刑的影响，而对数额以外的量刑情节没有给予足够的重视，就会造成量刑失

当的局面。《刑法修正案（九）》对贪污受贿犯罪的重大修改之一就是不再单纯以具体的数额作为定罪量刑标准，而是将犯罪的情节和数额综合作为定罪量刑标准。

本案中，被告人A某被指控实施受贿行为的时间均在《刑法修正案（九）》施行的起点日期（2015年11月1日）之前，但其受审的时间则是在2019年，适用修正后的《刑法》以及《最高人民法院、最高人民检察院关于办理贪污贿赂刑事案件适用法律若干问题的解释》（以下简称《贪贿解释》）（2016年4月18日起施行）对被告人A某来说较为有利。依据《刑法》第十二条第一款规定的“从旧兼从轻”原则，法院对本案的裁判适用了修正后的受贿罪的处罚规定。

《贪贿解释》第三条第一款规定：“贪污或者受贿数额在三百万元以上的，应当认定为刑法第三百八十三条第一款规定的‘数额特别巨大’，依法判处十年以上有期徒刑、无期徒刑或者死刑，并处罚金或者没收财产。”被告人A某的行为属于受贿数额特别巨大的情形，且本案受贿数额高达6478万余元，比无特殊情节受贿案件“数额特别巨大”起点300万元的21倍还要多一些。因此，单纯从受贿数额来看，应当在“十年以上有期徒刑、无期徒刑或者死刑，并处罚金或者没收财产”这一法定刑幅度内进行裁量。但同时A某具有其他法定减轻、从轻量刑情节，对此应当综合考量。

1. 被告人A某构成自首

本案中，办案机关虽然事前已经掌握了被告人A某受贿5起共计折合2228.3857万元的事实，但A某尚未受到办案机关调查谈话、讯问，亦未被宣布采取调查措施或者强制措施，A某自动到办案机关投案，并如实供述自己的罪行。根据2009年3月最高人民法院、最高人民检察院发布的《关于办理职务犯罪案件认定自首、立功等量刑情节若干问题的意见》（以下简称《自首、立功意见》）的规定，应当认定为自首。

2. 被告人A某的自首体现悔意，具有较大价值

《自首、立功意见》中指出：“对于具有自首情节的犯罪分子，应当根据犯罪的事实、性质、情节和对于社会的危害程度，结合自动投案的动机、阶段、客观环境，交代犯罪事实的完整性、稳定性以及悔罪表现等具体情节，

依法决定是否从轻、减轻或者免除处罚以及从轻、减轻处罚的幅度。”具体而言，主要体现在以下两个方面：一是评价自首者有无悔罪表现及悔罪程度，对于为情势所逼而投案自首，甚至是恶意利用自首规避法律制裁的情形的，对行为人通常给予较小幅度的从轻。二是评价有无节约司法资源。

本案中，首先，被告人 A 某除了如实供述了办案机关已经掌握的受贿 2228.3857 万元的事实外，还主动交代了办案机关尚未掌握的受贿 6 起共计折合 4249.9061 万元的事实，主动交代的受贿数额占总额的 65.6%。其次，无论在调查侦查阶段还是在庭审中，A 某深刻反省自己。当然对于被告人悔罪态度的审查，不仅应察其所言，更要观其所行，对于贪财型犯罪，是否能够积极退赃是重要的评判标准之一。对于那些口头认罪悔罪，实际上却隐匿财产甚至将赃款赃物转移到境外，增加追赃难度的，在量刑时对其自首情节就应当慎重考虑。因而，A 某携带赃款进行投案，表明了将自己和涉案财物交由法律处置的决心，体现了行为人最彻底的悔意，同时对于案件的取证、认定、赃款赃物的追缴均有积极的作用。

综上，被告人 A 某具有自首情节，依据《刑法》第六十七条的规定，可以从轻或者减轻处罚。其在提起公诉前如实供述自己罪行、真诚悔罪，避免、减少损害结果的发生，依据由《刑法修正案（九）》增设的《刑法》第三百八十三条第三款的规定，可以从轻处罚。其自愿如实供述自己的罪行，承认被指控的犯罪事实并愿意接受处罚，依据 2018 年 10 月 26 日修正后的《刑事诉讼法》第十五条的规定，可以依法从宽处理。据此，法院决定采纳公诉机关提出的减轻处罚的量刑建议，对本案被告人予以减轻处罚。依据 2011 年 5 月 1 日起施行的《刑法修正案（八）》修正后的《刑法》第六十三条第一款的“犯罪分子具有本法规定的减轻处罚情节的，应当在法定刑以下判处刑罚；本法规定有数个量刑幅度的，应当在法定量刑幅度的下一个量刑幅度内判处刑罚”的规定，法院在受贿罪的“处十年以上有期徒刑或者无期徒刑，并处罚金或者没收财产”的下一个法定刑幅度内即“处三年以上十年以下有期徒刑，并处罚金或者没收财产”内对被告人 A 某判处有期徒刑 8 年，并处罚金人民币 300 万元。这是具有充分的法理依据的，也是能够罚当其罪的。

（二）职务犯罪案件宽严相济刑事政策的妥当适用

宽严相济历来是我们党在惩治腐败犯罪过程中所坚持的原则。例如，2005年1月中共中央印发的《建立健全教育、制度、监督并重的惩治和预防腐败体系实施纲要》中明确提出，坚持法律和纪律面前人人平等，对任何组织和个人的违纪违法行为，都必须依纪依法严肃处理。正确运用政策和策略，体现宽严相济，区别对待。从而增强办案的政治、经济和社会效果。2018年《中国共产党纪律处分条例》第四条第（五）项也规定，处理违犯党纪的党组织和党员，应当实行惩戒与教育相结合，做到宽严相济。2019年《中国共产党纪律检查机关监督执纪工作规则》第三条第（三）项也同样规定，监督执纪工作应当遵循以下原则：坚持实事求是，以事实为依据，以党章党规党纪和国家法律法规为准绳，强化监督、严格执纪，把握政策、宽严相济，对主动投案、主动交代问题的宽大处理，对拒不交代、欺瞒组织的从严处理。

2006年党的十六届六中全会作出《中共中央关于构建社会主义和谐社会若干重大问题的决定》，明确提出要实施宽严相济的刑事司法政策。刑事司法中对贪污受贿犯罪的惩处一直坚持严厉打击的态势，但同样也注意对宽严相济政策的妥当运用，这也是对腐败现象及其规律以及腐败惩治体系的认识进一步理性化的选择。2007年7月最高人民法院、最高人民检察院发布的《关于办理受贿刑事案件适用法律若干问题的意见》第十二条中规定，“办理受贿刑事案件，要根据刑法关于受贿罪的有关规定和受贿罪权钱交易的本质特征，准确区分罪与非罪、此罪与彼罪的界限，惩处少数，教育多数。在从严惩处受贿犯罪的同时，对于具有自首、立功等情节的，依法从轻、减轻或者免除处罚。”在严厉打击过程中，重视不同量刑情节的依法妥当运用，注重自首、立功、认罪认罚从宽等制度的恰当运用，重视财产的没收、违法所得的追缴以及财产刑的判处，继续加大海外追逃力度，形成合理的刑罚反应体系。

人民法院对职务犯罪依法从严惩处与宽严相济政策的运用并不矛盾，而且应当综合运用，协调整合，配合实施，从而全面发挥各自相应的独特作用。人民法院在刑事审判过程中，通过宽严相济的制度性设计和实践的妥善运用，尤其通过各种情节的不同从宽幅度的调节平衡适用、多种从宽量刑情节复合情形下的从宽力度增加，以及在程序运用上不同阶段的认罪认罚从宽，达到鼓励乃至迫使腐败犯罪分子作出理性抉择，采取主动态度，尽早尽快实现刑事责任的追究，从而节约司法资源，避免、减少国家和社会的损失，最大限度地实现对职务犯罪的查明、处罚，减少腐败黑数，持续不断地解决既有职务犯罪的存量。

（三）职务犯罪案件认罪认罚从宽处罚制度的充分体现

本案在审理时适用2018年修正后的《刑事诉讼法》，修正后的《刑事诉讼法》增加了认罪认罚从宽制度，该法第十五条规定："犯罪嫌疑人、被告人自愿如实供述自己的罪行，承认指控的犯罪事实，愿意接受处罚的，可以依法从宽处理。"将认罪认罚从宽处罚制度化，有利于推进繁简分流、优化司法资源配置，在更高层次上实现公正和效率的统一。

实践中，相比于普通犯罪，职务犯罪的主体具有特殊身份，职务犯罪案件的办理难度明显大于其他普通案件。进一步地讲，职务犯罪案件的隐蔽性很强，侦查取证的难度比普通刑事案件大，往往耗费更多的司法资源，对其适用认罪认罚从宽制度，可以最大限度地发现犯罪事实、节约司法成本，有利于监察机关、司法机关顺利查清、审结案件，提高反腐败工作效率和刑事案件审判质效。对职务犯罪案件适用认罪认罚从宽处罚制度，还对积极退赃、海外追逃与劝返、海外追赃与退赃等具有显著作用。

本案中，考虑被告人既有自首情节，又适用认罪认罚从宽处罚制度，在量刑时应当做到精准、平衡，既避免重复评价，又充分体现政策。首先，自首和认罪认罚依据的法律规范性质不同，自首规定在《刑法》中，属实体法规范；认罪认罚从宽处罚规定在《刑事诉讼法》中，是实体规范和程序保障一体构建的综合性法律制度。换言之，自首体现了实体价值，而认罪认罚从宽处罚制度既有实体价值，也有程序价值。其次，自首包括认罪，并且侧重于对自己所犯罪行的承认，而认罪认罚不仅包括承认犯罪事实，还包括接受公诉机关指控的罪名，而且愿意接受司法机关给予的处罚，其更强调进入刑事诉讼程序后行为人对司法机关、监察机关评价行为的认可态度。尤其对于职务犯罪而言，认罚也包括行为人主动退赃退赔、预缴罚金的情节。因而行为人自首后可以选择认罪认罚，也可以选择认罪不认罚；而无论行为人是否具有自首情节，都有认罪认罚余地。故对既主动投案，自愿如实供述自己的罪行，又认罪认罚的被告人，可以适用两项从宽处罚制度。但是，在量刑时也要考虑两项制度中都包含被告人如实供述、愿意接受法律制裁的部分，因而在量刑中也要注意“宽有度”，做到罪刑相适应。

A某案件是一起具有标志性意义的案件，其意义不仅在于这是《监察法》实施后首例携带赃款赃物主动到中央纪委国家监委投案的案件，同时也是《刑事诉讼法》自2018年修正以后第一起适用认罪认罚从宽处罚制度的原省部级领导干部职务犯罪案件。该案由中央纪委国家监委进行调查，并“提出减轻处罚的建议”。2018年12月，A某在辩护人见证下签署了认罪认罚具结书，明确表示承认指控的犯罪事实，愿意接受公诉机关提出的减轻处罚量刑建议。基于此，检察机关根据《刑事诉讼法》的规定在提起公诉的同时，也一并提出减轻处罚的建议。人民法院根据案件的事实、情节，依法对A某作出减轻处罚的判决，同样具有样本性的指导意义。通过对这一案件的司法裁量，清晰明确地阐述监察体制改革后宽严相济的刑事司法政策进一步制度化、法律化，不仅对未来的职务犯罪司法审判发挥积极的指导意义，也对其他腐败分子起到良好的示范效应，感召、激励、督促他们走上悔过自新道路，以进一步推动我国的反腐败工作。

（撰稿：最高人民法院刑二庭　高洪江
审编：最高人民法院刑二庭　张　杰）

［编号 004］

斡旋受贿的成立是否要求国家工作人员向其他国家工作人员转达请托谋利事项

内容摘要： 国家工作人员在索取或收受他人财物时，承诺为他人谋取不正当利益，即使其后来未向其他国家工作人员转达请托谋利事项，也应当认定构成斡旋受贿罪。

关键词： 斡旋受贿　转请托　不正当利益

【基本案情】

霍某某原系某中院民事审判庭庭长。1999 年至 2010 年，霍某某在接受某公司的请托后，承诺利用其职权、地位形成的便利条件，通过其他国家工作人员为商标系列案件谋取诉讼优势，收受或约定收受财物合计 6000 余万元。但是，现有证据不能证实霍某某是否转请托其他国家工作人员、其他国家工作人员是否承诺或实际通过职务上的便利为请托人谋取了不正当利益。

【争议问题】

国家工作人员在索取或收受他人财物时，承诺为他人谋取不正当利益，未向其他国家工作人员转达请托谋利事项，是否成立斡旋受贿？

【问题解析】

在案件处理过程中，存在以下两种不同意见：

第一种意见认为，斡旋受贿的成立要求国家工作人员向其他国家工作人员转达请托谋利事项。霍某某在收取财物时承诺运作关系为请托人谋取利益，还要根据其后续行为进行判断，才有可能认定斡旋受贿。具体又有两种观点，一种观点认为，只要霍某某向其他国家工作人员转达请托谋利事项就可以构成①；另一种观点认为，不仅要求霍某某向其他国家工作人员转达请托，还要求其他国家工作人员承诺为请托人谋取不正当利益。②

第二种意见认为，斡旋受贿的成立不要求国家工作人员向其他国家工作人员转达请托谋利事项。霍某某在接受请托后，承诺通过国家工作人员为案件谋取诉讼优势并收取了贿赂款，受贿行为即告完成，符合斡旋受贿的构成要件，至于其是否找到国家工作人员、是否实际完成请托事项，均不影响（斡旋）受贿罪的认定。

司法实践中，斡旋受贿时有发生，且情形多样。从行为人（斡旋受贿人）的角度来看，可以分为行为人承诺但未实施斡旋行为、行为人承诺并且实施斡旋行为。其中，行为人承诺但未实施斡旋行为又可以分为行为人一开始就不打算实施斡旋行为、行为人一开始打算实施斡旋行为但后来由于主客观原因未实施斡旋行为。从第三人（其他国家工作人员）的角度来说，可以分为第三人拒绝为请托人谋取不正当利益、第三人对是否为请托人谋取不正当利益没有明确表态或行动、第三人承诺为请托人谋取不正当利益、第三人实施为请托人谋取不正当利益、第三人实现为请托人谋取不正当利益、甚至第三人碍于情面表面上承诺为请托人谋取不正当利益而实际上拒绝。此外，还可能存在“二次斡旋”“多次斡旋”的情形，即行为人找到第三人，第三人找到第四人、第五人等多名后手进行斡旋。

本文所要讨论解决的斡旋受贿问题，是斡旋受贿的成立条件，也就是说，上述哪些情形构成斡旋受贿。

我们认为，国家工作人员在索取或收受他人财物时，承诺为他人谋取不

---

① 张明楷：《刑法学》（第五版），法律出版社 2016 年版，第 1213 页；孙国祥：《贪污贿赂犯罪研究》，中国人民大学出版社 2018 年版，第 662 页。

② 朱孝清：《斡旋受贿的几个问题》，载《法学研究》2005 年第 3 期；黎宏：《受贿犯罪保护法益与刑法第 388 条的解释》，载《法学研究》2017 年第 1 期；赵煜：《惩治贪污贿赂犯罪实务指南》，法律出版社 2019 年版，第 434－436 页。

正当利益，就能够成立斡旋受贿。即使行为人后来没有利用本人职权或者地位形成的便利条件，向其他国家工作人员转达请托谋利事项，仍然成立斡旋受贿。主要理由如下：

首先，从罪名本质来说，斡旋受贿与一般受贿没有本质上的差别。《刑法》第三百八十五条规定的一般受贿和《刑法》第三百八十八条规定的斡旋受贿在构成要件上存在若干差异，例如，一般受贿是利用职务上的便利，斡旋受贿是利用职权和地位形成的便利条件；一般受贿仅要求收受贿赂的要为他人谋取利益，斡旋受贿要求为他人谋取不正当利益。不过，两者的关键差异在于作为贿赂的代价不同，一般受贿是自己的权力；斡旋受贿是自己的权力性影响力，这种权力性影响力无疑是基于自己的权力，而非第三人的权力。但是，无论是一般受贿还是斡旋受贿，都统摄于受贿罪这一个罪名，而不是不同罪名。因而，斡旋受贿与一般受贿在权钱交易这一受贿罪的本质特征上并无差异，在职务行为的廉洁性或不可交易性这一受贿的保护法益上也无差异。换言之，斡旋受贿体现的是利用自己的而非第三人的权力性影响力形成对价关系，侵犯的是自己的而非第三人的职务行为的廉洁性或不可交易性。虽然在斡旋受贿中，收钱行为与谋利行为具有间接性，但谋利的基础是行为人自己的权力。有的论者认为，斡旋受贿的实行行为由谋利行为和收钱行为两个部分构成，在斡旋受贿中，行为人承诺寻找其他国家工作人员斡旋的，仅是谋利行为的预备，并认为第三人拒绝则构成斡旋未遂。这种观点没有充分注意到受贿罪权钱交易的本质特征，没有紧紧抓住收钱行为和谋利行为两个关键构成要件行为。

其次，从刑法解释来说，斡旋受贿与一般受贿的谋利程度没有不同。2003 年《全国法院审理经济犯罪案件工作座谈会纪要》规定：“为他人谋取利益包括承诺、实施和实现三个阶段的行为。只要具有其中一个阶段的行为，如国家工作人员收受他人财物时，根据他人提出的具体请托事项，承诺为他人谋取利益的，就具备了为他人谋取利益的要件。明知他人有具体请托事项而收受其财物的，视为承诺为他人谋取利益。”2016 年《关于办理贪污贿赂刑事案件适用法律若干问题的解释》第十三条规定：“具有下列情形之一的，应当认定为‘为他人谋取利益’，构成犯罪的，应当依照刑法关于受贿犯罪的规定定罪处罚：（一）实际或者承诺为他人谋取利益的；（二）明知他人有具体请托事项的；（三）履职时未被请托，但事后基于该履职事由收受他人财物的。国家工作人员索取、收受具有上下级关系的下属或者具有行政管理关系的被管理人员的财物价值三万元以上，可能影响职权行使的，视为承诺为他人谋取利益。”也就是说，成立受贿的最低限度是国家工作人员收受他人财物时，根据他人提出的具体请托事项，承诺为他人谋取利益。根据上文分析，斡旋受贿和一般受贿在本质上没有差别，斡旋受贿也是受贿，谋取利益同样包含承诺、实施和实现三个阶段，并不以行为人实际实施斡旋行为为必备条件，承诺即视为“为他人谋取利益”。

再次，从刑事政策来说，要求国家工作人员向其他国家工作人员转达请托谋利事项将不利于打击犯罪。倘若要求国家工作人员向其他国家工作人员转达请托谋利事项，对于“二次斡旋”“多次斡旋”的情形，那么除了行为人向第三人转达请托谋利事项以外，是否还要求第三人向第四人、第四人向第五人等逐个再转达请托谋利事项呢？如果作出肯定回答，要求转达请托谋利事项到最后实现谋利事项的国家工作人员身上，则会导致斡旋受贿的成立具有很大的难度，且防线设置过于靠后；如果作出否定的回答，不要求转达请托谋利事项到最后实现谋利事项的国家工作人员身上，而同时又要求行为人向第三人转达请托谋利事项，则会导致逻辑上的不完整。由此可见，这就造成了一个“两难”困境。相反，如果将防线前移，不要求国家工作人员向其他国家工作人员转达请托谋利事项，就可以有效打击“二次斡旋”“多次斡旋”的情形。对于行为人承诺并且实施斡旋行为的，如果第三人拒绝为请托人谋取不正当利益、第三人对是否为请托人谋取不正当利益没有明确表态或行动、第三人碍于情面表面上承诺而实际上拒绝，那么在实际效果上，与行为人没有向第三人转达请托谋利事项不存在任何差别。在上述情况下，要求国家工作人员向其他国家工作人员转达请托谋利事项就没有实际意义了。对于行为人承诺并且实施斡旋行为的，如果第三人承诺为请托人谋取不正当利益，虽然看起来毫无疑问会构成斡旋受贿，但一旦第三人翻供，将很容易导致无法认定构成斡旋受贿。因此，在全面从严治党的背景下，为了更好地打击贿赂犯罪，不宜让构成犯罪的标准过于后延。

最后，从域外立法来说，不少国家刑法并未要求国家工作人员向其他国家工作人员转达请托谋利事项。日本《刑法》第 194 条第 4 款规定：“公务员接受请托，为了让其他公务员实施职务违反行为或不实施相当行为而进行斡旋或将进行斡旋，作为其报酬，收受、要求、约定贿赂的，处五年以下惩役。”有的日本学者认为：“受请托，是指接受并承诺之。斡旋，是指在请托者和其他公务员之间中介。无论是将来的斡旋行为还是过去的斡旋行为，都是斡旋。”① 由此可见，日本《刑法》即使单独设置斡旋受贿罪，也认为斡旋受贿的成立只要求接受为他人谋取不正当利益的请托而收受、要求、约定贿赂，而不要求现实地实施斡旋行为。捷克《刑法典》第 183 条规定，“因允诺以自己势力影响公务人员执行自己职务，或者已给予这种影响，而要求或者收受贿赂”的行为构成斡旋受贿。由此可见，该规定认定斡旋受贿的成立是承诺以自己势力影响公务人员执行自己职务。

这里，还有必要提及不正当利益的认定问题。根据 2008 年《关于办理商业贿赂刑事案件适用法律若干问题的意见》第九条的规定，在行贿犯罪中，“谋取不正当利益”，是指行贿人谋取违反法律、法规、规章或者政策规定的利益，或者要求对方违反法律、法规、规章、政策、行业规范的规定提供帮助或者方便条件。在招标投标、政府采购等商业活动中，违背公平原则，给予相关人员财物以谋取竞争优势的，属于“谋取不正当利益”。鉴于受贿罪是行贿罪的对合犯罪，斡旋受贿中的不正当利益可以参照行贿罪中的不正当利益予以认定。也就是说，斡旋受贿中的不正当利益不仅包括目的不正当的非法利益，而且包括手段不正当的非法利益。

本案中，霍某某在接受某公司的请托并收受贿赂后，承诺通过其他国家工作人员的职权，为某公司的商标系列案件谋取诉讼优势，是通过不正当手段谋取民事诉讼的不确定利益，属于谋取不正当利益，应当认定为（斡旋）受贿罪。

此外，本案之所以只认定霍某某的行为仅仅处在承诺阶段，是因为现有证据不能证实霍某某转请托其他国家工作人员，因而也就不能完全排除霍某某的承诺是虚假的。

---

① ［日］大谷实：《刑法讲义各论》，成文堂 2000 年版，第 633－634 页。

对于行为人虚假承诺的，即行为人承诺但未实施斡旋行为、且系行为人一开始就不打算实施斡旋行为的，应当如何处理？

在一般受贿中，对于行为人虚假承诺的处理，刑法理论上和司法实务中存在不同观点。第一种观点认为，应当认定为诈骗罪，主要理由是行为人的主观目的是非法占有他人财物。第二种观点认为，应当认定为受贿罪，"收钱不办事"更可恶[①]，应当按照想象竞合犯择一重处。第三种观点认为，应当根据是否利用职务上的便利分别定罪，如果行为人利用了职务上的便利，即便存在欺骗行为，也构成受贿罪；反之，如果并无利用职务上的便利，则构成诈骗罪。[②] 目前，司法实务中的通说观点认为应当认定为受贿罪，主要理由是无论虚假承诺还是真实承诺，都损害了职务行为的廉洁性或不可交易性。[③]

在斡旋受贿中，对于行为人虚假承诺的处理，也相应地存在认定为诈骗罪、受贿罪、区别认定等不同观点。基于上述分析，我们认为一般应认定为受贿罪。但实践中请托及收钱情形纷繁复杂，还需要结合案件情况进行分析，并不能因为主体是国家工作人员就绝对排除构成诈骗等犯罪的可能性。除了上述理由以外，还有一个重要理由在于：斡旋受贿要求为他人谋取的利益必须为不正当利益，而不正当利益往往是非法利益；如果认定诈骗罪，则意味着存在犯罪被害人，而对于犯罪被害人的被骗财物，原则上应当予以返还，这与刑法不保护非法利益的精神是不相符的。

但是，在虚假承诺中还有一种情况，如果请托事项是正当的，那么根据犯罪构成要件，收受财物的国家工作人员就不构成斡旋受贿罪，且由于国家工作人员不是利用自己职务上的便利，也不构成一般受贿罪。在这种情况下，我们认为，对于构成诈骗罪的，可以认定为诈骗罪。

（撰稿：最高人民法院刑二庭　罗　灿

审编：最高人民法院刑二庭　高洪江）

---

① 是"收钱办事"还是"收钱不办事"应当从重也存在不同观点。——编者注

② 孙国祥：《贪污贿赂犯罪研究》，中国人民大学出版社 2018 年版，第 719 – 721 页。

③ 王晓东：《贪污贿赂、渎职犯罪司法实务疑难问题解析》，人民法院出版社 2020 年版，第 131 – 132 页。

［编号 005］

利用放贷收息型受贿行为的认定

内容摘要：国家工作人员利用职务便利为请托人谋利，明知请托人不具有借款需求，仍然以借款为名放款给请托人收取利息的，或虽然请托人有借款实际需求而放款给请托人，但国家工作人员明知请托人支付给其的利息明显高于请托人支付给其他同类正常民间借款的利息的，均应以受贿论处。

关键词：国家工作人员受贿罪　放贷收息型受贿　民间借贷

【基本案情】

2012 年至 2017 年，被告人王某某利用担任 T 市某区人民法院副院长的职务便利，在郑某甲向其请托的郑某乙被控犯开设赌场罪、耿某被控犯故意伤害罪、高某被控犯寻衅滋事罪以及王某顺被控犯开设赌场罪等案件中，在从轻处罚被告人等方面提供帮忙。

在此期间，被告人王某某于 2012 年 10 月主动向郑某甲提出将 100 万元出借给郑某甲“吃利息”的要求。郑某甲为今后能继续请托王某某，在没有实际借款需求的情况下，遂立即答应接受王某某借款，并许诺支付 2% 的月息。王某某遂于 2012 年 10 月 20 日将筹借来的 100 万元汇入郑某甲指定的银行账户，郑某甲则按月支付王某某借款利息 2 万元。2014 年 1 月，王某某再次主动联系郑某甲，要求增加出借 100 万元给郑某甲“吃利息”。郑某甲基于同一事由，在没有实际借款需求的情况下，答应接受借款，仍约定支付 2% 的月息。王某某遂于 2014 年 1 月 14 日将贷款得到的 100 万元汇入郑某甲的银行账户。之后，郑某甲按月支付王某某 4 万元利息，直至 2017 年 6 月郑某甲因涉嫌犯罪被公安机关羁押才中断。综上，王某某以借款收取 2% 月息的方式从郑某甲处获得 191.73 万元，其中超出郑某甲支付正常借款月利率 1% 的部分计 95.865 万元。此外，王某某在 2013 年至 2017 年每年的春节前共 4 次收受郑某甲所送的野生大黄鱼，变现得款共计 2 万元。

【争议问题】

（一）如何甄别国家工作人员与请托人之间的放贷收息行为是正常民间借贷还是放贷收息型受贿犯罪？

（二）如何认定放贷收息型受贿的受贿数额？

【问题解析】

在案件审理过程中，对被告人王某某借款给郑某甲 200 万元按月利率 2% 收取利息 191 万余元的行为在定性上有以下三种不同观点：

第一种观点认为，被告人王某某虽然有利用职务便利为郑某甲谋利的违法行为，但王某某同时也是普通公民，其有权将款项出借给郑某甲，且郑某甲确实收到了该笔资金，因此王某某有权收取利息，且借款利率并未超出最高人民法院 1991 年发布的《关于人民法院审理借贷案件的若干意见》[①] 中规定的司法保护的民间借贷利率最高限额，即没有超过银行同类贷款利率的 4 倍，也没有超出最高人民法院于 2015 年制定并实施的《关于审理民间借贷案件适用法律若干问题的规定》[②] 中规定的司法予以保护的民间借贷利率最高限额月利率 2% 或者年利率 24%，属于正常民间借贷，故王某某向郑某甲放贷收息的行为不构成受贿罪。

第二种观点认为，被告人王某某出借资金给郑某甲按月收取 2% 的利息，是否构成受贿罪，应按照当地民间借贷平均利率为标准来判断。如果收取利息的利率没有超过当地民间借贷平均利率的，无论收取多少数额的利息，均不构成受贿；收取的利息超过当地民间借贷平均利率的，超过的部分属于受贿。

① 该意见现已失效。

② 该规定已根据最高人民法院法释〔2020〕17 号，2020 年 12 月 23 日第二次修正。

第三种观点认为，被告人王某某利用职务上的便利，接受郑某甲请托为其在刑事案件处理等事项上谋取利益，又在明知郑某甲资金充足、不需要向其借款的情况下，主动要求放贷给郑某甲“吃利息”，其显然具有收取郑某甲以月利率 2% 的利息形式给予的好处的主观故意；而请托人郑某甲为感谢和持续获得王某某的帮助，在无须向王某某借款的情况下仍同意接受王某某的“借款”，通过持续支付 2% 月息的形式输送利益给王某某，以此维护与王某某的关系，显然具有将 2% 的月息作为好处送给王某某的行贿故意。因此，王某某与郑某甲之间的所谓放贷收息付息关系实质上是权钱交易关系，王某某的行为构成受贿罪。

我们同意第三种观点，具体分析如下：

（一）被告人王某某向请托人郑某甲放贷收息的行为与正常民间借贷有重大区别

在我国一些民间资本流动比较活跃的省份，民营企业、个体经营者通过民间借贷（自然人、法人、其他组织之间及其相互之间进行资金融通的行为）获取经营所需资金是融资的重要渠道。合法的民间借贷活动对我国社会、经济发展所起的作用，犹如为发动机补充了润滑剂，不可小视。因生活所需发生的民间借贷行为也较为常见。国家工作人员作为普通公民、社会一员，在日常生活中自然也会发生出借款项给他人的行为，只要其没有利用职务便利，与借贷相对方是在自愿、平等、公平、等价有偿的基础上进行民事经济活动，就有权利收取合理的利息，受到法律保护，不属于受贿犯罪。

但是，随着我国社会、经济的发展和反腐败斗争的深入，特别是党的十八大以来，在反腐败的高压态势之下，腐败分子为掩盖犯罪、逃避惩罚，腐败的方式、手段不断变化和翻新，更趋隐蔽，不时出现腐败分子将受贿行为掩藏在民事、经济行为形式之中，给司法机关认定受贿行为制造了一定障碍。最高人民法院、最高人民检察院于 2007 年 7 月发布的《办理受贿案件意见》提及的几种受贿方式，隐藏在买卖房屋、汽车物品，委托投资证券、期货或者其他委托理财，合伙开办公司等日常的民事、经济行为之中。近年来，以借款为名收受“借款”、以放贷为名收受“收息”、以欠款形式购买房产待房产升值后由出卖人回购的形式获取升值收益等各种新型的变相受贿行为，均是腐败分子将借贷、购房投资中的民事、经济行为用作掩盖行贿受贿的“隐身衣”。因此，对于发生在国家工作人员与请托人这类具有特殊关系的双方之间的放贷收息行为（为行文简便，下文将该类行为概称为“不正常借贷关系”），不能因其具有外在的“合法”形式就直接断定其为正常的民间借贷。

从司法实践看，这类不正常放贷行为与正常民间借贷明显具有重大区别。正常民间借贷具有以下特点：（1）通常发生在熟识的亲友、同学、战友、老乡或者合作伙伴等平等主体之间，且相互之间一般平时就有经济往来。（2）因生活、经营等需要，由借款人向出借人提出借款要求。根据我国社会情况，人们不是别无他途一般不愿意向他人借款，借款人必然是因为确实有资金需求才提出借款。（3）投资具有亏损的风险，借款也一样，具有不能回收的风险。向他人提出借款，就将他人的资金置于风险之中，因而为了取得出借人信任而愿意放贷，借款人通常会具体说明借款的原因、经济状况或者经营状况、还款保证、还款期限等，因生活需求而借款的，一般会许诺付给出借人同期银行存款利息；因经营所需借款的，一般会许诺按照同期银行贷款利率或者约定的利率付息给出借人。借贷双方通常会就上述事项进行协商达成合意。（4）正常民间借贷的资金来源，除了出借人是专事投资营利的民事主体外，一般是出借人的自有资金。很少出现出借人在缺少自有资金的情况下，从他人处借入资金再出借给借款人的情况。

而不正常借贷关系中的借款人也就是请托人，本有求于作为出借人的国家工作人员，或者已经接受了国家工作人员的帮助，按照常情常理，请托人此时不应该得寸进尺向该国家工作人员提出借款要求，因为这样将会使该国家工作人员资金处于风险之中。双方均明知这个常情常理，但国家工作人员与请托人之间还是发生了放贷行为，就存在不合理之处。在实践中，不正常借贷关系具有以下不同于正常民间借贷的特点：（1）借贷双方之间的不平等关系。不正常借贷关系中，出借人是处于受托人地位的国家工作人员，借款人是请托人，双方之间显然是一方谋求、感谢另一方利用职务便利为其谋利的不平等关系。这是不同于正常借贷关系的最重要的特点。（2）借款人不一定具有真实的资金需求。作为处于请托人地位的借款人经常不是出于真实的资金需求而接受国家工作人员的借款或者向国家工作人员要求借款。而国家工作人员并不关心借款人有无真实的借用资金需求，其只是以此方式从请托人处获取固定利益。（3）借款提出的方式不同。不正常借贷关系中，有的是国家工作人员在请托人没有主动提出借款请求情况下，主动要求将资金出借给请托人，甚至有时还指定借款利率；有的是请托人向受托人表明其公司、企业经营效益好，主动提出让受托人将资金放到其处“吃利息”，利息通常高于其向外正常借款支付的利率。且请托人也并不向国家工作人员说明具体借款事由、资金短缺情况、借款和还款期限等正常借贷中双方协商借款时会涉及的问题，之所以如此，主要是为让国家工作人员感受到其并不需要借款，只是以此方式输送好处给国家工作人员，表明不存在资金出借后的回收风险。（4）出借资金来源不同。正常民间借贷关系中，出借资金通常源于自有资金。而不正常借贷关系中，国家工作人员为了获取更多的收益，除了自有资金外，还经常从他人处筹集资金甚至将借款、贷款以借款有偿出借给请托人。（5）从资金出借后的表现来看。正常民间借贷的借款人因存在真实的资金需求，其在取得资金后即用于所需之处。不正常借贷关系中，请托人通常并无真实的借款需求，借取资金后，要么将借得的资金闲置在账户上，要么和其他闲置资金一样自动转为储蓄或理财等，并无紧迫用途。正常民间借贷的出借人较为关注借款能否到期安全收回，而不正常借贷双方之间往往不约定还款期限，国家工作人员并不急于收回借款，反而愿意延长借款期限，甚至有的还再出借资金给请托人以便获取更多的利益。（6）资金回报率不同。正常民间借贷关系中，利息主要是双方基于借款的用途、金额大小、借款期限及银行存贷款利率或市场利率等因素商议后决定。而在不正常借贷关系中，借款利息并不受前述情形影响，通常是国家工作人员指定利率或者请托人许诺一个固定利率。作为受托人的国家工作人员出借资金给请托人具备不同于正常民间借贷上述多种外在表现的，可以作为判断双方之间可能是以借贷收息形式变相受贿的重要线索。

就本案而言，发生在国家工作人员被告人王某某和请托人郑某甲之间的所谓借贷关系，就具有多种不同于正常民间借贷的外在表现：王某某在出借资金给郑某甲前后一直利用职务便利为郑某甲请托的案件提供帮助；王某某不问郑某甲是否需要借款，主动提出借款100万元给郑某甲“吃利息”；郑某甲没有借款需要但立即答应借款，并许诺按月支付2%的利息；王某某和郑某甲之间未对有无借款需求、借款期限、还款期限等事项进行过协商和确认；王某某本身没有100万元可以用于出借，而是从父母、亲戚多处筹集到100万元出借给郑某甲，一年后又主动提出增加出借100万元资金给郑某甲，该100万元源于银行贷款；郑某甲先后两次各拿到王某某以他人账户转款的100万元后，短时间内并未使用，而是留存在接受王某某资金的个人及其司机的银行账户里；王某某、郑某甲除了按时收取、支付利息外，在5年时间里二人从未提及归还借款等。王某某、郑某甲之间发生的资金往来具有如上不正常借贷关系的特征，明显不同于正常民间借贷。

（二）被告人王某某与请托人郑某甲之间资金往来名为借贷收息，实为权钱交易、变相受贿，应以受贿罪论处

本案中，无论是1991年还是2015年最高人民法院发布的规范民间借贷的司法解释，均只是适用于发生在平等主体之间的正常民间借贷。平等主体，即两个主体之间既不存在领导与被领导、管理与被管理、监督与被监督的关系，也不存在请托与被请托的关系，虽然是在借贷关系中，但双方仍然是公平、等价、有偿的关系。上述观点中，第一种观点一律套用民事借贷司法解释规定的借贷利率上限标准，简单地以支付利率有无超过司法保护的民间借贷利率的最高限额，来判断国家工作人员放款给请托人收取利息的行为属于正常民间借贷还是以借贷收息形式受贿，错误地忽略了前后两个民事司法解释或指导意见适用于平等主体之间的民间借贷这一前提或适用范围，混淆了正常民间借贷和利用借贷收息形式受贿的实质界限，只看客观形式不顾实质内容，违背主客观一致的定罪原则，如果照此办理的话，本身只是规范平等主体之间民间借贷关系的司法解释或规范性文件将会成为腐败分子的护身符，必然会放纵腐败分子，有碍从严惩治贪污贿赂犯罪和反腐败斗争的健康、深入开展。

第二种观点判断是否构成受贿的方法，与第一种观点一样，操作起来简单易行，办案机关不必花精力收集各类证据证明双方的主观要件和其他客观要件即可判断是否属于受贿，但是除了同样具有第一种观点的重大缺陷外，

还面临两个无法解决的难题：一是所谓的当地民间借贷平均利率没有权威机构加以科学统计认定，故而无法确定一个公认的当地民间借贷利率，而且持该观点的人士还经常将得不到司法保护的高利贷利率以及短时急需使用大额资金（俗称“过桥”“掉头寸”）支付的高利率与正常民间借贷利率混为一谈，也将不同种类、不同借贷条件的借款利率混为一谈，据此认定所谓的当地民间借贷平均利率，显然有失客观、公允，无法令人信服；二是即使存在一个当地民间借贷的平均利率，也不能适用于所有的借贷关系。因为不同的借款人在经济条件、经营状况、还款能力、资信状况和人际关系等方面千差万别，有的借款人能够以银行贷款利率从银行或其他金融机构获取所需的资金，有的借款人有能力以低于甚至远低于当地平均借贷利率的利率从民间融资，还有的借款人则需要支付高于当地平均借贷利率的利息才能获取所需资金。如果请托人属于第一、第二种情况，其即使按照当地平均借贷利率支付利息，也不能认为是正常民间借贷关系。因此，基于上述问题，第二种观点与第一种观点一样并不可取。

综上分析，我们赞同第三种观点。当然，要认定国家工作人员与请托人之间发生的放贷收息行为就是受贿，从证据角度来看，还需要对双方的主观故意作出认定。除了运用证据揭开浮在放贷收息行为外层的“面纱”，厘清不同于正常民间借贷的重要特征外，还要严格按照主客观一致的定罪原则，综合判断国家工作人员是否具有以放贷收息形式收受请托人给予好处的受贿故意，从而裁断国家工作人员是否构成受贿罪。我们认为，国家工作人员利用职务便利为请托人谋利，明知请托人不具有借款需求，仍然以借款为名放款给请托人收取利息的，或虽然因请托人有借款实际需求而放款给请托人，但国家工作人员明知请托人支付给其的利息明显高于请托人支付给其他同类正常民间借款的利息的，均应以受贿论处。前一种情形下，以利息为名收取的钱款，不论利率有无超过当时规定的月利率 2% 或年利率 24%，均系国家工作人员收受请托人变相所送的贿赂，全额认定为受贿数额；后一种情形下，以利息形式收取的钱款明显超出请托人支付给其他正常民间借款最高利率的差额部分，属于国家工作人员收受请托人的贿赂，差额部分认定为受贿数额。

本案中，在被告人王某某放款给郑某甲、郑某甲接受王某某放款并支付月利率2%的利息给王某某的过程中，表面上两人之间是平等的民事主体关系，但实际上受到一方处于请托地位、一方处于受托地位这一不平等关系的制约。王某某在出借资金前后，都有利用职务便利为郑某甲请托的刑事案件当事人谋取利益的行为。双方放款收息付息的行为并非建立在平等、自愿、公平、诚信、等价的基础上。本案中，王某某明知郑某甲做混凝土生意经济实力比较强，又是“混社会”的，垄断了所在区域的混凝土市场，郑某甲手下经常发生打架斗殴等事件，肯定还有案件要向其寻求帮助，为缓解经济压力，其不经询问、不顾郑某甲是否需要借用资金，先后两次径直向郑某甲提出放款100万元给郑某甲“吃利息”的要求，且并不与郑某甲约定放款还款期限等正常民间借贷必然涉及的事项。王某某如此行径，显然是对郑某甲事先事后均有求于其这一事实了然于心，明知郑某甲必然同意其有偿放款的要求。这也说明王某某将出借资金收息与利用职权为郑某甲谋利直接挂钩，将放款收息作为其持续为郑某甲谋利的交换条件，主观上具有与郑某甲权钱交易的故意。而郑某甲供称，其资金充足，不需要长时间向他人借款，更不要说付息借钱了，即使有时需要资金周转，也是无息从朋友处借入的。其只不过为了照顾身边个别员工如驾驶员等曾让个别员工放钱到其这里“吃利息”，也为了和一些领导干部搞好关系让他们放钱到其这里吃利息。这些放给其的钱，其都没有用处，付出的利息纯粹是亏其自己的钱。王某某提出放钱给其“吃利息”，尽管没有需要，其也马上同意了，如果不同意，以后再请托王某某帮忙就难了。其还主动提出支付2分月息，每月一结，是有心巴结王某某，如果利息低，王某某肯定不高兴，但如果过高，其心里也不舒服，毕竟其如果向别人借钱周转都是不付利息的。同时，监察机关调查收集的其他诸多证据证明，郑某甲银行账户内资金充足，有几千万元的银行贷款授信额度没有使用过，且王某某两次放款给郑某甲期间及第二次放款后一年里，郑某甲均未因为经营或生活需要向他人借款，只是在第二次放款后一年多，才有向他人以月利率1分为条件的借款行为。办案机关调查取得的各方面证据印证了郑某甲供述和王某某供述的真实性，足以认定郑某甲具有以支付2分月息的形式向王某某行贿的主观故意。客观上，王某某在4年多的时间里收取了191.73万元的“利息”，而郑某甲也未为每次的请托给予王某某相应的好处，仅仅是每月按时支付先是 2 万元后是 4 万元的“利息”。这“利息”其实就是王某某利用职务便利为郑某甲请托事项谋取利益的对价或主要对价。

综上，被告人王某某两次放款 100 万元给郑某甲，每月收取不超过 2 分月息的行为，看似属于正常民间借贷关系，不应适用刑法规范予以调整，而实际上王某某每月从郑某甲处收取的 2 分月息是王某某利用职务便利为郑某甲请托事项谋取利益的对价或主要对价，表象之下隐藏着王某某和郑某甲借用放贷收息付息进行利益输送，实现权钱交易的实质。王某某以放贷收息的形式收受贿赂，显然已构成受贿罪。

（三）如何认定放贷收息的受贿数额

国家工作人员利用职务便利为请托人谋利，明知请托人不具有借款需求，仍然以借款为名放款给请托人收取“利息”的，以利息为名收取的钱款，不论利率有无超过当时规定的月利率 2% 或年利率 24%，均系国家工作人员收受请托人变相所送的贿赂，应全额认定为受贿数额；请托人有借款实际需求而放款给请托人，但国家工作人员明知请托人支付给其的“利息”明显高于请托人支付给其他同类正常民间借款利率的，超出部分的钱款属于国家工作人员收受请托人的贿赂，应认定为受贿数额。

本案中，被告人王某某主动出借资金给郑某甲，按照月利率 2% 收取利息，郑某甲其实没有借款需求，也没有从其他普通社会人员处借款，故本可将郑某甲支付的“利息”191 万余元全额认定为受贿数额。鉴于起诉只将王某某收取的全部利息中的部分，即超出郑某甲支付的正常借款的月利率 1% 的部分，计 95.865 万元，指控为受贿数额，庭审时也未就受贿数额问题展开辩论，根据刑法谦抑的原则，法院对起诉的受贿数额不再作增加认定。

综上，根据被告人及请托人之间的关系，通过对双方借款付息行为的实质分析，最终认定双方借用放贷付息行为进行利益输送，实现权钱交易，被告人构成受贿罪。

（撰稿：浙江省高级人民法院　管友军
宁波市海曙区人民法院　张丹丹　江　岚
审编：最高人民法院刑二庭　王晓东）

［编号 006］

收受情人款项的性质认定

内容摘要：收受情人款项的行为应当综合案件进行判断，如果是在权钱交易的同时进行权色交易，情人关系不影响受贿行为性质的判断。如果双方有共同生活的基础且有共同组成家庭的计划，则应当进一步研判，排除其他可能性。

关键词：国家工作人员受贿罪　收受情人款项　利用职权便利

【基本案情】

一、被告人王甲收受王乙给予钱款的事实

被告人王甲案发前系某央企公司 A 部门副主任。2007 年，与时任某国有控股商业银行（以下简称某银行）T 市分行行长助理的王乙相识。2009 年七八月，王甲与王乙确定情人关系，双方约定各自办理离婚手续后结婚。王乙还把其银行卡交给王甲，将工资、奖金等收入转入该银行卡中供王甲使用。

2009 年年底至 2010 年年初，被告人王甲应王乙的请托，利用其担任某央企公司 B 部门某处主任、某银行董事一职所形成的便利条件，分别向某银行董事长唐某，纪委书记林某请托，为王乙在职务晋升中谋取不正当利益。其间，王甲收受王乙给予的钱款共计 189.5 万元。

2010 年 9 月，王乙向朋友李某借款 120 万元，汇入由被告人王甲掌握的其名下的银行卡中。王甲应王乙的要求，将该款汇入王甲母亲的账户后提取了现金。

2009 年 2 月至 2010 年 11 月，某银行 J 分行下属支行在办理两笔业务过程中违规操作，造成 16.7 亿元资金损失风险和案件风险（以下简称“J 事

件”）。2010 年 12 月，公安机关调查相关案件时，“J 事件”爆发，某银行随即开展调查工作。时任某银行 J 分行委员会副书记（主持工作）的王乙面临被追究相关责任的风险。王乙遂向被告人王甲请托向唐某、林某及中国银行业监督管理委员会股份制银行部处长孙某说情，在“J 事件”的处理中对其免于或从轻追责。王甲应王乙的请托，帮助王乙向上述人员说情，并将其参加相关会议得知的“某某事件”的调查处理信息实时告知王乙。2012 年 1 月，王乙因“某某事件”受到通报批评，扣减绩效工资 3 万元的问责处理。

2011 年 8 月，王乙向被告人王甲转账汇款 30 万元；同年 10 月，王乙向王甲转账汇款 40 万元。

2011 年和 2012 年，王乙先后两次起诉离婚，但均以撤诉告终。2012 年 9 月，王乙向他人借款 230 万元，通过转账方式给予被告人王甲。2012 年 10 月，王甲与王乙结束情人关系。

二、被告人王甲经王乙介绍，收受马某给予钱款的事实

2005 年 7 月，某银行聘请某会计师事务所从事年度审计工作。此后，某银行每年都对某会计师事务所年度工作进行评价，并根据评价结果，经管理层、董事会审议后决定是否续聘。2007 年，被告人王甲作为某央企公司派驻的董事进驻某银行，某会计师事务所合伙人宋某定期向董事汇报审计工作时与王甲相识。

2011 年，被告人王甲经王乙介绍，接受马某的请托，向宋某打招呼，安排请托人马某的亲属进入某会计师事务所工作，为此，收受马某给予的钱款 20 万元。

2016 年 3 月 22 日，被告人王甲被抓获归案。

公诉机关指控被告人王甲利用职权，为他人谋取利益，收受王乙给予的钱款 609.5 万元，收受马某给予的钱款 20 万元，应当以受贿罪追究刑事责任，向 B 市某中级人民法院提起公诉。

被告人王甲提出收受钱款是基于二人的情人关系，而非权钱交易。王甲的辩护人认为王甲的行为不构成受贿罪，主要理由是：（1）王甲收受王乙给予的钱款不构成受贿罪。首先，王甲与王乙之间是情人关系，且已到了准备结婚的阶段，产生较大数额的经济往来是正常现象，王甲接受王乙给予的钱款与王乙的人事职务晋升、免于组织追责并没有因果关系。其次，王乙的人事职务晋升、免于组织追责中不存在不正当利益。（2）王甲收受马某给予的20万元不构成受贿罪。王甲不具有帮助马某亲属入职某会计师事务所的职权，且王甲仅起到推荐作用，不存在不正当利益。

B市某中级人民法院经审理查明：

B市某中级人民法院经审理认为，被告人王甲身为国家工作人员，利用本人职权或者地位形成的便利条件，通过其他国家工作人员职务上的行为，为他人谋取不正当利益，数额巨大，其行为已构成受贿罪，依法应予惩处。B市人民检察院某分院指控被告人王甲受贿189.5万元的事实清楚，证据确实、充分，指控的罪名成立（未认定王乙给予的其他420万元及马某给予的20万元）。

宣判后，被告人王甲未上诉，B市人民检察院某分院提出抗诉，认为原判未认定王甲收受王乙420万元钱款属于认定事实有误，未认定王甲收受马某20万元钱款属于适用法律错误，原判量刑明显畸轻。

B市人民检察院支持抗诉意见为：原审被告人王甲虽然与王乙具有一定的情感关系，但王乙在二人相处期间多次向他人借款后给予王甲大额财物，并请托王甲为其职务晋升和减免领导责任提供帮助，王甲亦实施了利用其担任某银行董事所形成的便利条件向相关领导进行推荐、说情等行为，王甲的行为应整体上构成受贿罪。一审判决未能准确评价王甲的整个行为性质，造成减少部分犯罪事实。同时，王甲利用其对某会计师事务所年度工作进行评价及是否续聘上的一定决策权，经王乙介绍，帮助马某亲属入职毕马威会计师事务所，并收取20万元财物，亦应认定为受贿罪。此外，一审判决对于王甲使用受贿款项购买的房屋及理财所得，未按照司法解释的规定，对相关财产及收益予以追缴，系对涉案款物处理不当，依法应予纠正。

B市高级人民法院认为：（1）关于检察机关指控被告人王甲收受王乙609.5万元钱款的性质，要综合考虑二人间的情感背景、经济往来情况、请托事项与收取财物的对应关系等多方面因素。王甲受财行为与王乙请托事项之间的对应关系并不清晰、明确，不能排除二人以结婚为目的共同生活的合理怀疑。情人一方为另一方在事业提拔和责任追究方面建言献策、通风报信、出面斡旋有关领导，虽有违纪之嫌，但确属人之常情。王甲与王乙主观上并未将其视为一种交易，而是情感因素驱使下的自愿付出，因此不属于对国家工作人员职务行为廉洁性的收买。综上，王甲收受王乙给予 609.5 万元钱款的行为不应认定为受贿。（2）关于王甲收受马某钱款的性质，王甲身为国家工作人员，在利用此项职务便利的情况下，非法收受马某一方给予的感谢费 20 万元，为请托人马某的亲属谋取利益，完全符合受贿罪的犯罪构成。仅仅认为王甲依靠人际关系帮忙递交简历就安排他人入职，显然不能解释其作为国家工作人员在未付出相应劳动的情况下收受他人 20 万元的合法性。故对于检察机关的该项抗诉意见，予以采纳。除认定王甲收受马某 20 万元构成受贿罪外，对于 B 市人民检察院某分院的其他抗诉理由及 B 市人民检察院的其他支持抗诉意见，不予采纳。

【争议问题】

（一）被告人王甲收受情人王乙钱款的行为能否认定为受贿？

（二）被告人王甲向他人打招呼安排马某入职是否属于“利用职权便利”？

（三）对在案扣押的财物如何依法处置？

【问题解析】

（一）收受情人款项性质的认定

对本案被告人王甲收受其情人款项的行为能否认定为受贿罪，研究过程中存在两种观点：第一种观点认为，王甲利用职务上的便利，对王乙职务提升及危机化解提供帮助，故王乙给予王甲的钱款均应认定为受贿数额；第二种观点认为，王甲收受钱款行为与王乙请托行为之间缺乏对应，且王甲与王乙系情人关系，无法排除王甲收受王乙钱款行为系二人为重组家庭做准备的可能，故王甲收受王乙钱款的行为不宜认定为受贿行为。

我们同意第二种观点，具体理由如下：

在普通行贿、受贿案件中，无论收受财物与谋取利益之间的时间线被拉的再长，甚至是行贿、受贿双方约定国家工作人员在职时“办事”、退休后收钱，谋利与收钱之间的对应关系仍是不言自明的，一般不需要特别证明。但当行贿、受贿双方存在特定关系时，则需要进一步证明。本案中，无论是被告人王甲还是证人王乙，都对王甲为王乙谋取利益一事以及王乙将钱财交给王甲一事供证清晰。但本案中王甲为王乙谋利和王甲收取王乙钱财一事之间的对应关系尚未达到证据确实、充分的标准，存在合理怀疑。

1. 被告人王甲与王乙存在情人关系，且已到谈婚论嫁的地步，存在财产混同的情形

在案证据显示，从2009年8月至2012年10月，长达三年的时间内，被告人王甲与王乙二人从恋爱交往、约定各自离婚、购置“婚房”后同居、为子女出国筹备留学费用直至最后分手，保持长达三年的情人关系，虽然有不道德的因素，但二人在交往过程中是希望最终组成家庭的。并且王甲按照约定先与前夫离婚，后王乙在王甲的压力下曾两次起诉离婚，但又因为其他因素两次撤诉，直至2012年6月王乙在保证书中仍承诺尽快娶王甲为妻。二人在同居过程中存在财产混同。王乙将自己的工资卡等交由王甲保管，并不时将工资、奖金等打入此卡，共计98.86万元，公诉机关亦未将此部分数额计入犯罪金额，本身也表明公诉机关认可二人财产部分混同的情况。

2. 被告人王甲为王乙谋取利益以及王乙送钱给王甲，都不排除情感因素驱使下的自愿付出

《刑事诉讼法》第五十五条规定“证据确实、充分”要求“综合全案证据，对所认定事实已排除合理怀疑”。所谓“合理怀疑”，不能是概括的、模糊的，而应当是具体的，以普通人的判断标准和经验法则为基础，依据现有证据对法律事实进行判断，如果认为有其他结果可能性，即足以动摇事实认定基础，构成合理怀疑。

本案中，应当考虑二人具有重组家庭的计划和感情基础，在此情形下，情人一方为另一方在事业提拔和责任追究方面建言献策、通风报信、出面斡旋有关领导，虽有违纪之嫌，但确属人之常情。同样王乙送钱给被告人王甲根据二人的供述、证言，既有基于以后共同生活的想法，也有基于感情为了取悦、赢得对方信任或者不能离婚为了补偿对方而支付的因素，如王乙在分

手后借款 230 万元转给王甲，就不排除是因为分手而给予的财产切割或者精神补偿。倘若二人最终结为夫妻，双方间的财物往来就会成为二人的共同财产，二人就成为真正的利益共同体，就更不存在权钱交易的空间。王甲的供述与王乙的证言均能反映二人在主观上从未将其视为一种交易，而是情感因素驱使下的自愿付出。双方的供证还得到部分证据的佐证，如王乙两次起诉离婚的诉讼证据、王乙的保证书等。

综上，本案现有证据无法证实被告人王甲收受钱款行为与为王乙谋利之间存在对应性，更无法证实其有索贿行为。现有证据链无法得到唯一结论，且根据经验法则和逻辑规则，合理怀疑足以动摇事实认定，故不宜将被告人王甲收受王乙钱款的行为认定为受贿行为。

需要说明的是，收受情人款项的行为应当综合案件进行判断，如果仅仅是在权钱交易的同时进行权色交易，那么情人关系不影响受贿行为性质的判断，但如果是像本案这种情况，双方有共同生活的基础且有共同组成家庭的计划，则应当进一步研判，排除其他可能性。

（二）"利用职务上的便利"的准确认定

被告人王甲收受马某钱款的行为可否认定为受贿罪，关键在于如何认定"利用职务上的便利"。一审判决认定，王甲作为某银行董事，对与某银行存在合作关系的某会计师事务所具有一定的制约，但该种制约应认定为平等民事主体之间的业务制约关系，并非刑法意义上的隶属、制约关系。王甲向宋某请托为他人安排工作，属于利用业务上具有制约关系的非国家工作人员的职权为他人谋利，并收受财物，依法不构成受贿罪。对此，二审法院持不同意见，判决认定王甲的行为属于利用职务上的便利，构成受贿罪。我们赞同二审法院的认定。

根据 2003 年最高人民法院发布的《全国法院审理经济犯罪案件工作座谈会纪要》的规定，"利用职务上的便利"既包括利用本人职务上主管、负责、承办某项公共事务的职权，也包括利用职务上有隶属、制约关系的其他国家工作人员的职权。对于上述主管、负责、隶属、制约等关系的理解，不能仅限于直接的下属，而是应当结合国家工作人员任职单位的性质、职能、所任职务以及法律的规定、政策的影响、实践中的惯例、国情形成的制度安排等具体认定。尤其在中国传统的人情社会文化背景下，对于主管、负责、隶属、制约等关系的理解，不宜掌握过严，并以此否定被告人利用了职务便利，这也是依法从严惩治腐败犯罪的内在要求。

具体到本案中，某银行与某会计师事务所作为合同的委托方和被委托方，2005年至2014年，被委托方需要通过委托方的年度评价、审议，方可继续承担审计业务，故双方存在制约关系。被告人王甲当时担任某央企公司B部门某处主任、某银行董事，系具有一定职务权限的国家工作人员，其对某会计师事务所能否与某银行签订合同、继续合作具有一定的决定权和话语权。在这种情形下，不能简单根据形式要件认定某银行与某会计师事务所是合同双方的平等民事主体，应当认识到某银行以及王甲本人对某会计师事务所的制约及影响，王甲向某会计师事务所合伙人宋某“打招呼”后请托人亲属即能顺利入职也从侧面印证了这一点。因而，可以认定王甲向宋某“打招呼”利用了自身职务便利，其安排请托人亲属入职，并收受请托人钱财的行为应当认定为受贿罪。

（三）涉案财物的处理原则

《刑法》第六十四条中规定，犯罪分子违法所得的一切财物，应当予以追缴或者责令退赔。具体到受贿案件中，对于涉案财物，把握的原则是不能使犯罪人从违法犯罪中获利，对于犯罪分子违法所得及其收益，应当一并追缴。我们认为，对于查封、扣押的在案财物，应当按照以下原则、步骤进行处理。

首先，对于违法所得，一般应当追缴原物。比如，被告人收受行贿人所送房屋的，应当追缴房屋。近二十年来，房屋等不动产价格增长速度较快，查封时的房屋价值可能是收受时市场价格的十多倍，受贿数额应当根据被告人收受时房屋的价值进行认定，对此并无争议，但不能仅追缴当年收受时的房屋价值，而应当追缴房屋本身；对于被告人或者家属提出请求保留房屋而缴纳现金的，法院可以审查被告人及家属的实际居住情况，出于人道主义考虑同意的，应当以追缴的时间点为基准计算房屋价值，缴纳同等数额的现金。在实践中，大多数办案机关在扣押时对房屋做的价格鉴定意见，可以作为折算参考。对于被告人在收受房屋后一段时间变卖房屋的，在购房人善意取得的情况下，应当追缴被告人所获得的卖房款。

其次，对于受贿款的增值部分应当一并追缴。如被告人收受行贿人现金又将所得款项用于购买房屋的，原则上也应当追缴房屋本身或者与房屋追缴时等同价值的现金。对于房屋购买资金来源既有受贿款项，又有被告人及其家属的合法收入的，应当追缴房屋价值中受贿款项对应的份额及其收益。比如，行为人受贿 50 万元，连同家庭积蓄 50 万元一起购买了 100 万元的房产，案发后房屋价值 600 万元，应当追缴的份额则是 300 万元。

再次，对于被告人财物贬值的，被告人以其他财物折抵，可以允许，并视情况作为被告人“积极退赃”的一种表现。实践中，对于汽车、游艇等物品，贬损情况较为严重，追缴时价值一般低于收受时价值，按照法律规定一般也应当追缴原物，但司法机关查封、存储以及日后拍卖此类物品皆存在不便，对于此种情况，被告人主动提出以收受时价值的同等现金进行折抵，法院可以允许，并结合被告人其他的退赃表现综合认定是否属于“积极退赃”，进而在量刑中予以适当考虑。

又次，对被告人判处财产刑的，可以以查封、扣押的在案财物进行折抵。对于职务犯罪中的贪财型犯罪，法律通常规定应当并处罚金或者没收财产。实践中不少案件查封、扣押的在案财物金额大于被告人的犯罪所得及收益，有意见认为，在追缴犯罪所得及收益之后，对剩余的在案财产应当返还，因为财产刑执行与犯罪所得追缴是两个程序，不应当直接折抵。我们认为，主动执行财产刑是犯罪分子悔罪态度的一种表现，但财产刑是法律对于犯罪分子犯罪行为在经济上的惩罚，是一种强制性的刑罚手段，被告人对于财产刑没有选择缴纳或不缴纳的余地，对于被告人被判处财产刑的，法院可以从查封、扣押的在案财物中直接扣抵财产刑的部分。

最后，对于其他查封、扣押的在案财物，应当依法返还给被告人及其亲属。对于已经没收违法所得及收益、缴纳等额的罚金或者没收部分财产的财产金额后（没收个人全部财产除外），查封、扣押的在案财物依然有剩余的，应当依法予以返还。即使犯罪人罪行严重，对其合法财产权益仍然应当予以维护，查封、扣押在案并不意味着可以对上述财产肆意处置，要确保惩治犯罪与保障人权相统一。

本案中，本案公诉机关指控被告人王甲收受其情人王乙及马某 629.5 余万元，一审法院认定其中的189.5万元为受贿金额，并根据认定的犯罪事实解封了扣押的房屋及部分银行账户。检察院提出抗诉，认为未认定的420万元亦应认定为受贿款项，王甲使用受贿款项购买的房屋及理财所得应当予以追缴。一审判决与检察机关对财物处置的不同意见归根结底是基于对事实的不同认定。

根据上文分析，二审认定被告人王甲与王乙之间的钱款往来行为不构成为受贿罪，王甲收受马某20万元贿赂构成受贿罪，法院在判处主刑的同时判处王甲罚金20万元。而本案审理过程中，王甲家属代为退缴案款209.5万元，在案扣押的财物包括女士手表1块，钻戒1枚及银行卡1张。另在案查封房屋1套。鉴于在案扣押的款项足以缴纳违法所得及折抵罚金，王甲收受王乙钱款购买的房屋不宜认定为违法所得，故对剩余钱物应予以返还，相关账户予以解封。

综上，二审综合全案事实、证据，认定被告人王甲收受其情人王乙609.5万元的部分不构成受贿罪，利用职务便利收受马某20万元的部分构成受贿罪，并依法对涉案财产进行处置，是正确的。

（撰稿：北京市高级人民法院　朱锡平
北京市东城区人民法院　石　魏
最高人民法院刑二庭　段　凰
审编：最高人民法院刑二庭　于同志）

［编号 007］

概括故意型受贿案件中相关问题的认定

内容摘要： 受贿人具有利用手中职权收受贿赂的概括故意，即使没有直接经手具体的受贿事项，也不影响对其受贿犯罪的认定。在概括故意下，应当考虑行为人的客观行为及其结果，按照主客观统一的原则认定受贿犯罪数额；并考虑行为人对所得财物的所有权转移是否存在明知，结合财物转移的实际情况认定既未遂。

关键词： 受贿罪　概括故意　受贿既遂　受贿共犯

【基本案情】

2007 年至 2019 年，被告人陈某利用担任 N 市政府党组成员、副市长、J 省体育局党组书记、局长的职务便利，在赛事申办、资金申请、项目承接、转业安置、干部提拔等方面为他人谋取利益，以及利用上述职权、地位形成的便利条件，通过其他国家工作人员职务上的行为，为他人谋取不正当利益，收受 A 公司法定代表人李某甲、B 公司实际控制人刘某、C 公司法定代表人刘某甲等 41 人贿赂的财物，折合人民币 1534.0092 万元。其中 2016 年至 2019 年，陈某利用担任 J 省体育局党组书记、局长的职务便利，为 A 公司、B 公司等在赛事申办、资金申请、项目承接等方面提供帮助。为筹集购房资金，陈某经与 J 省体育局办公室原主任李某（另案处理）商议，于 2018 年 9 月至 12 月通过李某先后收受李某甲、刘某、刘某甲等 3 人所送现金 1200 万元。

公诉机关指控被告人陈某犯受贿罪。被告人及其辩护人提出：陈某收受 1200 万元现金的受贿犯罪事实应当属于受贿未遂。理由是陈某与李某共谋的犯罪对象是购买涉案702房产的购房款，李某实施了超过原共同谋定的故意范围以外的犯罪行为，其行为属于共同犯罪中的实行过限，应由李某自己承担；陈某共同受贿行为只停留在共谋阶段，属于受贿未遂，依法可以比照既遂犯从轻或者减轻处罚。

【争议问题】

（一）如何认定受贿案件中受贿人的概括故意？

（二）如何认定概括故意型案件中的受贿金额？

（三）如何认定概括故意型受贿行为是否既遂？

（四）如何区分概括故意型受贿中的共犯与介绍贿赂罪？

【问题解析】

（一）受贿案件中受贿人的概括故意的认定，应该根据行为人的认识因素和意志因素进行认定

对于本案被告人陈某的主观故意存在以下两种观点：第一种观点认为，本案受贿具体事项均由J省体育局办公室主任李某具体操作，陈某对于受贿人、受贿具体金额、具体细节都不清楚。因此不具有受贿犯罪的故意，进而不应认定为受贿犯罪。第二种观点认为，陈某虽然没有直接具体地经手受贿事项，但是其主动指使李某去筹集明显无法由正规途径解决的巨额购房款，陈某具有收受贿赂的概括故意。

我们同意第二种观点。行为人主观故意的认定需要从意志因素和认知因素两个方面来分析，概括故意的认定同样需要考虑这两个方面的因素。在概括型受贿案件中，受贿人的认知因素通常明确而不具体，往往表现为受贿人对于收受财物有确定、笼统、大概的认识，但对于收受财物的具体金额、收受形式、时间等细节不清楚。同时，受贿人的意志因素是清晰的，即行为人希望或者默许收受他人财物，积极或者放任权钱交易的发生。本案中，李某在被告人陈某授意下为其处理金钱往来，陈某虽然对受贿的具体金额、手续办理等细节不知情，但陈某有意利用自身职权换取利益，授意李某具体帮助

其接受贿赂，其对具体细节的不知情或者有意规避应不影响对其受贿行为的认定，主要理由如下：

1. 被告人陈某具有收受贿赂的强烈意图。陈某与现任妻子属于再婚，双方在前一段婚姻中各育有一子一女，再婚后未再生育。二人结婚时由女方出资购买了一栋别墅，陈某进行了装修，办理产权证时陈某希望能写上自己的名字，但遭到妻子的拒绝，故其想在 N 市主城区拥有一套属于自己和前妻所生儿子（在国外，平时回国均住在宾馆）的房子的意愿特别强烈。其多次跟李某提出想购房并且随李某选看了几个楼盘，后在李某居住的小区选了一套和李某同一楼栋同一套型的二手房 702 室，陈某在实际查看 702 房产后，对房产地段、面积都表示满意，二人对该房产总费用（房主报价 1250 万元，各种税费 50 多万元，装修款约 150 万元）心知肚明。但是在房屋购买和装修过程中，陈某向李某表示，其只愿也只能出 100 万元，远低于房屋总价格。陈某主观上明知以个人的经济收入情况，无法负担所需的购房款和装修款，却要求李某负责筹集款项，所以陈某主观上通过收受他人的贿赂来获得购房款的故意明确。

2. 被告人陈某具有以权谋私、权钱交易的意思。陈某与李某通谋了募集购房资金的方式和总数额，决定以体育局信息化项目作为筹码向与省体育局有业务往来的单位负责人弄钱。李某甲公司长期同体育局存在业务往来。李某甲提出为陈某买房出资 300 万元，陈某表示认可。之后，李某将信息化平台建设项目（需要经过时任体育局局长陈某的同意）交给刘某、刘某甲的公司进行前期调研，陈某明知刘某、刘某甲公司对于开发此类项目毫无经验，但在知道两人向其行贿了购房款后，同意两公司进入了项目的前期调研，以便于在接下来的招投标过程中拥有优势条件，其意图通过利益交换、收受贿赂的故意明显。虽然款项由李某出面收受，但是行贿人均明确认为钱款是通过李某经手后送给陈某的，陈某也明确认识到收受李某甲、刘某、刘某甲三人的财物是自己的职权为他人谋取利益的对价。

3. 陈某有意规避受贿细节。陈某作为学历高、职称高、级别高的领导干部，对于其行为危害很清楚，也抱有畏惧心理，在各个环节均设置了他所认为的“安全”环节。陈某要求李某全权负责具体操作细节，无须向其汇报，注意保密；其不亲自与行贿人联系，甚至连装修图纸都不让李某发到他手机上，而只在李某手机上进行修改；陈某还同李某约定，该房屋由李某侄女李某乙代持，但害怕李某乙结婚后对该房产权属变更造成影响，也害怕其退休后，李某不按约定把房屋转交给自己，又约定于退休前一年进行权属变更手续，并要求李某签订承诺书等。但相关证据反映上述行为仅是陈某自欺欺人的掩饰，如陈某经不住对拥有该房产的诱惑，一再参与选房、装修设计、与李某商议以单位信息化项目作为筹码向有关单位弄钱，甚至主动跟李某建议让刘某、刘某甲参与信息化项目的前期调研以便于让两人公司获得后期的竞标优势，为李某甲公司在赛事承办、政府资金资助上提供帮助等；又如，在该房屋后期装修设计过程中，陈某按照自己喜欢喝茶，身材较高等特点，多次修改设计和去现场指导，安排在阳台上设置茶座，改造餐厅、客厅房间挑高，整个房屋装修要求均以其喜好安排等。在整个受贿过程的关键环节上，李某也都与陈某进行了汇报。上述事实、证据充分证明了陈某对受贿细节的不清楚、不了解是有意为之、规避侦查的结果，不影响对其主观故意的认定。

（二）概括故意型受贿案件中受贿金额的认定应当根据主客观统一原则确定

概括故意是行为人对于认识的具体内容并不明确，但明知自己的行为会发生危害社会的结果，而希望或者放任这种结果发生的心理态度。概括故意可以表现为对行为细节认识不明确、对行为对象认识不明确及对危害结果认识不明确等。在受贿案件中，概括型故意经常表现为行为人对收受的财物价值没有明确认识。对此类案件的犯罪数额，应当考虑行为人的客观行为及其结果，在概括故意的范围内按照主客观统一的原则予以认定。对此，《最高人民法院、最高人民检察院关于办理商业贿赂刑事案件适用法律若干问题的意见》第八条中也有所体现，该条规定“收受银行卡的，不论受贿人是否实际取出或者消费，卡内的存款数额一般应全额认定为受贿数额。”行为人收受银行卡时，即使不知道数额，卡内的存款数额一般也应全额认定为受贿数额，这就是基于行为人的概括故意，除非被告人能提出明确的相反证据证明其中有认识错误。

本案中，首先，受贿数额未超出被告人陈某概括故意的认知范围。陈某在选中涉案 702 房产后，明知房产价格为 1300 余万元，其所出 100 万元远低于购房款，为解决购房资金问题，与李某共同商议，通过向与省体育局有业务往来的单位负责人筹集资金用以购房。陈某安排李某具体操作，二人共同收受的 1200 万元未超过二人共谋的数额范围。

其次，被告人陈某对受贿数额有大致了解。陈某对李某甲行贿 300 万元的事实明知，又与李某商议，决定由李某通过运作体育局信息化项目圈钱，目的是筹集购房款中除李某甲行贿的 300 万元外的剩余款项。陈某同意李某推荐的刘某、刘某甲两人参加信息化项目的前期调研后，李某告知陈某购房款已经解决，证明其客观上默许了两人的行贿行为。李某在接收到三名行贿人的受贿款后，向陈某汇报购房款已经解决，陈某也供述，认可 1300 多万元都解决了。由此可见，陈某对总受贿金额可以满足其购房和装修房屋的需求有概括性认知。

综上，被告人陈某主观上具有收受他人财物的概括故意，客观上默许李某实施收受 1200 万元的行为，认定其通过李某受贿 1200 万元符合主客观相一致原则。辩护人所提出的李某实施了超过原共同谋定的故意范围以外的犯罪行为，属于共同犯罪中的实行过限，陈某对此不应负刑事责任的观点与案件事实不符，不能成立。

（三）概括故意型受贿案件中既未遂的认定

对于以普通财物为贿赂的受贿犯罪，国家工作人员只要非法收受了他人财物，财物所有权即发生转移，受贿罪视为既遂。对于收受房屋、汽车等需要变更登记转移所有权的，情况则稍微复杂，2007 年 7 月 8 日最高人民法院、最高人民检察院发布的《办理受贿案件意见》第八条第一款规定："国家工作人员利用职务上的便利为请托人谋取利益，收受请托人房屋、汽车等物品，未变更权属登记或者借用他人名义办理权属变更登记的，不影响受贿的认定"，但这仅是认定了罪与非罪，对于如何认定既遂、未遂没有做详细规定。实践中应当考虑受贿人对房屋有无实际取得和控制进行客观认定。在普通的行受贿案件中，行受贿双方可能采取面对面、甚至是一对一的形式，双方对于财物的转移或者实际控制认知明确。但是在概括故意型受贿案件中，受贿人可能并不清楚收受财物的进程，对于自己是否已经获得财物不明知。我们认为，此种情形下，只要受贿物品的转移不违背被告人的概括故意，就可以根据实际收受情况进行认定。本案被告人陈某的辩护人提出，涉案钱款和房屋均由李某实际取得、控制、处置，房屋能否转移给陈某并不确定，陈某属于受贿未遂，应当比照既遂犯从轻或者减轻处罚。我们认为，本案既遂、未遂的认定需要把握以下两个问题：

首先，被告人陈某收受的应当是钱款而非房屋。陈某与李某共谋是通过体育局业务圈钱。李某在向李某甲、刘某、刘某甲三人要钱时也表示是要用于为陈某购买房屋来筹钱，李某仅是代为结算房款，作为受贿所得的钱款去向，三名行贿人对于这笔钱是否真正用于购买房屋也不存在清晰的认识，所以应当认定陈某收受的为购房款而非房屋。购买的702房产应当作为李某与陈某合意后的钱款去向。另外，虽然有500万元由李某安排借给了其情人朱某某，但是这500万元应当作为剩余购房款认定。李某在供述中交代这笔钱就是陈某的，以后肯定是要拿回来的（案发前装修款还未结算，不足房款和税费均由李某贷款600万元付清，利息由李某每月支付，陈某对贷款不知情。李某供述，如果不是案发，他还会想其他办法弄钱，实在不行就由他送给陈某），其在将房屋交付给陈某时肯定是要将所有的房款付清，所以可以明确702房产的购房款除去已经支付的部分，缴纳剩余购房款的义务依旧由李某承担，陈某无须缴纳。而陈某对于李某已经“筹到”足额的房屋款是明知的。

其次，被告人陈某清楚购房款的去向并已经实际控制了房产。房产已经过户至陈某与李某事先商议指定的李某乙名下，702房产已为陈某所实际控制，这主要表现在他对于702房产购买和装修的认可，并亲自商量房屋登记细节，约定由李某侄女李某乙代持并要求李某签订承诺书等。

综上，被告人陈某、李某共同收受现金的行为已经完成，两人合意共同受贿的最初目的已经实现，1200万元的购房款陈某已经全部实际占有，其受贿罪属于既遂。

（四）本案中李某应当认定为概括故意型受贿中的共犯

对于李某行为的定性，存在以下两种观点：一是认为李某在被告人陈某和行贿人之间起到了撮合、沟通的作用，但是其没有对受贿所得实际占有，所以应当认定为介绍贿赂罪；二是认为李某作为省体育局办公室主任与陈某积极合谋，同时利用其本人的职务便利为行贿人谋取利益，又积极促使两名行贿人行贿，侵犯了国家机关的正常管理活动，应认定为受贿罪的共犯。

我们同意第二种观点，理由如下：

介绍贿赂罪是指在行贿人与国家工作人员之间进行引见、沟通、撮合，促使行贿与受贿得以实现的行为。鉴于介绍贿赂罪与行贿罪、受贿罪共犯界限的模糊性，实践中准确区分介绍贿赂罪与贿赂罪共犯并不容易。

《办理受贿案件意见》第七条第二款规定："特定关系人与国家工作人员通谋，共同实施前款行为的，对特定关系人以受贿罪的共犯论处。特定关系人以外的其他人与国家工作人员通谋，由国家工作人员利用职务上的便利为请托人谋取利益，收受请托人财物后双方共同占有的，以受贿罪的共犯论处。"因此，特定关系人以外的其他人构成共同受贿，除通谋外，还需共同占有受贿财物，而特定关系人因与国家工作人员已有共同利益关系，故不要求共同占有要件。该规定主要是出于限缩刑事打击面的考虑，因受贿行为具有复合性，由两部分组成：一是为他人谋取利益；二是收受他人财物。一般特定关系人以外的其他人不具有国家工作人员身份，无法实施为他人谋利行为，若再未共同占有财物，即无受贿罪的实行行为，不符合受贿罪的犯罪构成。但该条规定只是排除了不具有国家工作人员身份的非特定关系人没有共同占有财物时构成受贿共犯，并不当然排除国家工作人员之间未共同占有财物时共同受贿的认定。

本案中，李某是国家工作人员，属于特殊主体，并且作为省体育局办公室主任，是信息化项目的直接负责人，其积极联系省体育局业务单位相关人员，并利用自己的职务便利向被告人陈某推荐行贿人的公司进入信息化项目的前期调研，本身也实施了利用职务便利为他人谋利的行为。而且，李某与陈某事前通谋筹集购房资金的方式，负责实施向省体育局业务单位负责人筹款的行为，并将筹集房款情况告知陈某，亦实施了收受他人财物的行为。虽然李某并未参与分得赃款，但其有自己的如意算盘：李某一心想求陈某提拔他为省体育局副局长，解决副厅级，成为省级机关中的高级干部，事实上，在案发前陈某已将其调整至体育局人事处处长的岗位上，为下一步提拔做好了准备，所以，当他知道陈某购房的想法时，便积极迎合、策划。李某作为国家工作人员，为满足其私欲，利用自身及陈某的职务便利为他人谋取利益，并收受他人财物的行为，已构成受贿罪，同时其事前与陈某通谋进行受贿，并在陈某授意下将贿款用于缴纳房款，符合刑法共同犯罪的相关规定，应认定为受贿罪的共犯。

另外，从刑罚设置角度看，介绍贿赂罪的法定刑为 3 年以下有期徒刑或者拘役，且情节严重的才入罪，其入罪条件和处罚标准远低于受贿罪和行贿罪。本案中，李某在行贿人与受贿人之间沟通联系、撮合条件，并利用其自身的职务便利促使贿赂犯罪得以实现，完全符合贿赂共犯的构成，如果单独以介绍贿赂罪论处，将导致罪责刑不统一，也会背离严惩腐败犯罪的政策导向。

综上，李某与被告人陈某共谋，利用自身及陈某的职务便利为他人谋取利益，并收受他人财物的行为，依法与陈某构成共同受贿犯罪，且在整个受贿犯罪中地位、作用突出，不应以介绍贿赂罪论处，而应以受贿罪追究其刑事责任。

（撰稿：江苏省纪委监委　陈静芳

审编：最高人民法院刑二庭　于同志）

［编号 008］

法院指定的破产管理人工作人员利用职务便利收受贿赂的定性

内容摘要：准确认定法院指定的破产管理人工作人员利用职务便利收受贿赂的行为性质，关键在于正确理解刑法意义上的国家工作人员身份。是否认定国家工作人员，需要从两个方面分析判断：一看形式要件，即是否经过法定程序任命、国有委派、法律授权等方式从事公务；二看实质要件，即是否从事公务。破产案件涉及社会方方面面的利益，作为法院指定的破产管理人工作人员，所从事的不仅是技术专业性工作，更是涉及社会公共利益，应认定系其他依照法律从事公务的人员，在行使管理人相关职权过程中为他人谋取利益并收受贿赂的行为应认定构成受贿罪。

关键词：破产管理人工作人员　国家工作人员　受贿罪

【基本案情】

被告人蔡某某系某律师事务所律师。2018 年 4 月，Y 中级人民法院裁定受理某国有公司进行破产重整的申请，并于同年 5 月指定某律师事务所作为破产管理人之一，蔡某某作为资产管理组成员参与管理人工作，负责对重整企业破产事务的管理。2019 年 7 月，管理人发布拍卖公告，将该申请破产公司享有的债权打包拍卖。涉案债务人冯某某等四人为顺利拍得债权包，向蔡某某寻求关照，并承诺除其债务之外的应收债权执行款到位后，拿出 40% 作为好处费给蔡某某。蔡某某同意并利用起草拍卖公告、资产打包、竞拍资格审查等职务便利，指导冯某某等人成立新公司规避竞拍限制，帮助冯某某等人以底价顺利拍得债权包。后冯某某按约定向蔡某某指定的银行账户汇款约

280万元。

公诉机关指控被告人蔡某某犯受贿罪。

被告人蔡某某及其辩护人提出：（1）蔡某某参与破产管理工作受律师事务所指派，其所在律师事务所是一个社会中介机构，不是国家单位，不具有公权力的性质，由Y中级人民法院指定担任管理人，并非受法院委托；（2）破产法所调整的是企业进入破产后的经济活动，不属于行政事务管理或社会公益事业，破产管理人是独立机构，既不代表债权人、债务人，也不代表法院，只是受法院监督；（3）公务主要表现为与职权相联系的公共事务以及监督、管理国有资产的职务活动，本案中破产管理人及蔡某某所提供的仅系有技术专业特点的一些劳务活动；（4）蔡某某不是资产管理组的负责人，其主要负责诉讼工作和资产包拍卖手续等。

【争议问题】

被告人蔡某某的行为构成受贿罪还是非国家工作人员受贿罪？

【问题解析】

对被告人蔡某某行为的定性是本案争议的焦点。蔡某某的行为构成受贿罪还是非国家工作人员受贿罪，区分的关键是其作为法院指定的破产管理人工作人员，是否认定为国家工作人员。围绕该问题，对蔡某某行为的定性形成以下两种意见：

第一种意见认为，不能将被告人视为国家工作人员，对其行为应以非国家工作人员受贿罪定罪处罚。主要理由是：（1）《刑法》第九十三条中的“其他依照法律从事公务的人员”必须具有明确的法律授权。这里所依照的“法律”不包含《企业破产法》，《企业破产法》的相关规定没有赋予破产管理人公共事务管理职权。此处所指的“法律”只能是规范国家公权力行使的法律，如宪法、国家机构组织法、行政法等。法院的“指定”不属于公共职权的授予方式。（2）根据《企业破产法》的规定，破产管理人从事的事务属于民商管理事务而非公务。管理人不是代表法院，也不是代行法院职权，律师事务所属于社会中介机构，破产管理人职责不是公务，破产管理人是否尽责的核心是业务上的评价而非公务上的评价，《企业破产法》之所以规定法院“指定”破产管理人，是为了保持独立性、中立性，这与《民法典》中人民法院“指定监护人”“指定财产代管人”的性质无根本不同，本案中被告人主要的行为包括资产包打包、故意泄露拍卖公告条款等，行为更多体现的是劳务性，带有技术专业特点。（3）破产管理人责任自负。如果认定破产管理人从事公务，其应以法院的名义进行工作，并由法院承担相应的责任和后果，而实践中破产管理人是责任自负。（4）根据2008年《关于办理商业贿赂刑事案件适用法律若干问题的意见》第六条的相关规定，在政府采购事务中，评标委员会中的非国家工作人员身份的组成人员并不因“政府评标采购”而成为国家工作人员，因此，破产管理人工作人员也不应因为法院指定而成为“国家工作人员”，应按照非国家工作人员受贿论。

第二种意见认为，对法院指定的破产管理人工作人员应以国家工作人员论，被告人的行为构成受贿罪。主要理由是：破产管理人系法院根据法律规定指定，赋予其代表破产案件、破产程序中所有参与者利益而从事公务活动，一定程度上代表法院行使职权，应视为法院根据法律规定而授权从事公务的人员，其所从事的不仅是技术专业性工作，更是涉及社会公共利益，不单纯是一般的商事行为，其所从事的是公务行为。

我们同意第二种意见，具体理由如下：

《刑法》第九十三条规定，“本法所称国家工作人员，是指国家机关中从事公务的人员。国有公司、企业、事业单位、人民团体中从事公务的人员和国家机关、国有公司、企业、事业单位委派到非国有公司、企业、事业单位、社会团体从事公务的人员，以及其他依照法律从事公务的人员，以国家工作人员论。”根据这一规定，刑法意义上的国家工作人员有以下四种情形：

一是在国家机关中从事公务的人员。这里又分为两类：一类是通过任命等一系列程序确定的正式国家机关工作人员；另一类是基于聘用等方式在国家机关中从事公务的人员。

二是在国有公司、企业、事业单位、人民团体中从事公务的人员。这类人不是在国家机关中，而是在相关负有公共事务管理职能的机构中从事公务。

三是由上述两类负有公共事务管理职能的机构委派而从事公务的人员。

四是其他法律规定或授权从事公务的人员。

从上述四种情形我们可以发现，是否认定为国家工作人员，需要从以下两个方面进行分析判断：

（一）形式要件

即是否经过法定程序任命、国有委派、法律授权等方式从事公务。本案某律师事务所作为一家私营的法律服务中介机构，确实既不是国家机关，也不是国有公司、企业、事业单位、人民团体，被告人蔡某某是该律所律师，不属于前两类。因此，是不是国家工作人员，关键看被告人有没有基于委派或其他法律规定或授权从事公务，即是否属于《刑法》第九十三条第二款规定的“其他依照法律从事公务的人员”。

人民法院受理破产案件后，为使破产案件得到妥善处理，维护破产案件涉及的社会各方的利益，需要接管破产企业，调查破产企业的财产和业务状况，负责执行破产财产管理、变价、分配等破产清算事务，这是一项十分复杂繁重的工作，需要有专人来协助。为此，《企业破产法》第十三条规定，“人民法院裁定受理破产申请的，应当同时指定管理人。”该法第二十五条及其他有关规定表明，管理人应依法履行的职责和应参与处理的事务，都是人民法院受理破产案件后，处理案件直接或间接涉及的相关事务，都在广义的司法公务的范围内，故该法第二十三条第一款规定，“管理人依照本法规定执行职务，向人民法院报告工作”。另外，该法第二十八条和第二十九条还分别规定，管理人的报酬由人民法院确定，管理人辞去职务应当经人民法院许可。从这些规定不难看出，破产管理人本质上是在法院处理特定破产案件的过程中，依法协助法院从事国家司法公务的辅助人，依据《企业破产法》被授权指定的协助法院处理破产案件的工作人员，其依法从事的是与破产案件相关的事务，是一种司法公务，符合《刑法》第九十三条第二款规定的“其他依照法律从事公务的人员”的特征。

本案中，Y中级人民法院在受理破产重整申请后，指定某律师事务所作为破产管理人之一，蔡某某作为资产管理组成员参与管理人工作，负责对重整企业破产事务的管理。本案证据表明，某律师事务所作为破产管理人，需要向人民法院报告工作，并接受债权人会议和债权人委员会的监督等；破产管理人在法院的领导下，开展资产监督工作，报法院批准后施行；破产管理人的工作制度需报人民法院备案。这些证据均指向一个事实，破产管理人系法院根据法律规定指定，代表法院行使职权。

（二）实质要件

即是否从事公务。根据 2003 年《全国法院审理经济犯罪案件工作座谈会纪要》的规定，从事公务，是指代表国家机关、国有公司、企业、事业单位、人民团体等履行组织、领导、监督、管理等职责。公务主要表现为与职权相联系的公共事务以及监督、管理国有资产的职务活动。“从事公务”是国家工作人员的本质特征，是构成国家工作人员的核心因素。

具体而言，第一，公务不同于劳务。劳务通常仅限于被聘用或雇佣，其工作主要是从事体力性劳动，对某项事务没有决策、管理等权力。而公务主要是指实现国家某项职能的智力性活动，是对国家、集体事务的决策和管理，具体表现为组织、领导、监督等行为。第二，公务活动与行为人的职务身份具有一定的依附性。公务与行为人的职务身份相关联，是职权和职责的表现，它是行为人从事公务活动的前提。没有一定的职务身份，行为人擅作的行为不是公务活动，不具有影响公共事务的效力。第三，公务活动直接或间接体现国家对社会的管理，其最终目标是保证社会和经济的稳定有序、健康发展。

一个破产案件，内有员工安置、工资补偿等，外有债权债务、社会责任等，往往涉及多方面的利益。而破产管理人，负有在破产程序中对破产企业的事务进行决策管理、组织实施和监督领导的职责，如接管破产企业，调查破产企业的财产和业务状况，负责执行破产财产管理、变价、分配等破产清算事务；从行为的目的看，其在破产程序中对债权人的所有债务进行清偿，涉及债务人、债权人及其他利害关系人的利益，是实现保护上述人员的利益、维护国家正常经济秩序、社会和谐稳定以及实现公平公正的需要。一旦存在利益勾兑，则可能造成多方面的损失。因此，经法院指定的破产管理人，所从事的不仅是技术专业性工作，也不单纯是一般的商事行为，更是涉及社会公共利益的公务行为。

本案中，某律师事务所由 Y 中级人民法院根据破产法指定担任管理人，被告人蔡某某作为资产管理组成员参与管理人工作，主要负责资产包的打包、拍卖公告的拟定等工作。资产包含有冯某某等四债务人约6.1亿余元债务。四债务人意欲通过底价竞得资产包方式免除自己的债务，故向被告人寻求帮助，事成后支付对价。根据在案证据，被告人为上述四债务人即行贿人提供帮助的主要行为包括：(1) 指导行贿人规避“债务人不得参与拍卖”的拍卖规则，成立新公司获得竞拍参与权；(2) 在资格审查时，隐瞒涉案公司与行贿人即债务人有关联的真相，在有人举报、管理人进行调查时，指导对方公司应对调查，使行贿人违规获得竞拍资格；(3) 在资产包公告的时候故意隐瞒已知执行到位或即将执行到位的债权，突出风险提示，降低资产包的拍卖诱惑力，帮助行贿人减少竞争者，最终底价竞得资产包。被告人利用了担任管理人的职务便利，不仅积极指导行贿人伪造身份，滥用资格审查权故意隐瞒真相使行贿人获得竞拍资格，还在资产包打包和拍卖公告拟定等环节利用职务便利帮助行贿人底价拍得资产包，具有利用职务便利为行贿人谋利的明显行为特征，非一般的技术工作可以完成。最终，行贿人依约支付了对价，被告人收受了对应的受贿款，没有特定的职权，行贿人是不会愿意支付这高昂对价的。这一行为的后果，使本可能获得数亿元债权包的竞拍者放弃竞拍或者失去竞拍优势，使本可能拍出更高价格的资产包由不适格的债务人违规以底价拍得，使破产企业的债权人失去追回的6.1亿余元债权的机会，显然损害了其他债权人、破产企业及其员工的利益，使公众对法院破产程序和处理结果的公正性产生了质疑，破坏了公权力职务的廉洁性和权威性。

综上，被告人蔡某某作为人民法院指定的破产管理人工作人员，其在从事破产管理人工作期间，属于《刑法》第九十三条第二款规定的“其他依照法律从事公务的人员”，应当认定为国家工作人员。其利用职务便利，使行贿人违规获得竞拍资格并最终底价拍得资产包，收受他人财物的行为，构成受贿罪。

（撰稿：最高人民法院刑二庭　曹吴清

审编：最高人民法院刑二庭　黄　嵩）

［编号 009］

挪用型与占有型职务犯罪的区分

内容摘要： 挪用型职务犯罪和占有型职务犯罪有时会呈现相同的行为特征，都可能使用骗取、窃取等手段和方法，区分二者行为性质的关键在于主观方面是否具有非法占有的目的，即实施骗取、窃取行为当时及之后是否打算或者愿意以及有无能力归还。非法占有目的是占有型犯罪的实质构成要件，不能根据骗取、窃取的行为手段就直接推定被告人具有非法占有目的，而是要进行具体的、实质的司法判断。在没有口供的情况下，对被告人的主观意图需要通过对客观的间接证据的综合分析来认定。

关键词： 挪用公款罪　诈骗罪　非法占有目的

【基本案情】

被告人殷某于 2015 年经 H 银行（系国有参股上市公司）H 分行党委会研究，被聘任为 H 银行 B 支行副行长，工作职责是配合正职做好网点日常运营管理工作。2016 年 6 月初，殷某为完成工作业绩，让被告人于某为 H 银行 B 支行拉存款和办理贷款，告知于某可以用公证书办理存款挂失、解挂、转存业务，银行不向公证处核实公证书真伪。于某产生利用假公证书骗取银行钱款的想法。6 月 22 日，于某指使妻子被告人陈某以存单丢失委托于某办理挂失、解挂、转存的虚假事由，到 Y 市 M 区公证处办理了一份公证书，获取到公证书样本。6 月 24 日，于某与中介人孙某签订居间协议，以支付 600 万元贴息费方式，由孙某通过中介人员找到存款人王某。王某收到贴息费 360 万元，于 6 月 29 日下午在 H 银行 B 支行办理一年定期存单，存入 6000 万元。于某依据陈某所办理的公证书样本和王某存单及身份证复印件，伪造王某委托于某办理挂失、解挂、转存等事宜，落款日期为2016年6月30日的委托书、Y市M区公证处公证书及王某临时身份证。6月30日上午，于某、陈某携带上述虚假材料来到H银行B支行，找殷某办理王某存单挂失、解挂、转存业务。殷某明知于某提供的公证书及王某临时身份证均为虚假，并在银行柜员发现于某提供的是当日公证书不合常理后，编造理由，表示不用核实，继续授权银行柜员为于某办理业务，将王某6000万元存款挂失、销户，转存到于某的银行卡中。于某从该银行卡中拿出5000万元办理了定期存单，质押给H银行D支行贷款4500万元。上述6000万元被于某用于购买土地、汽车等山某项目经营，以及支付贴息费、偿还4500万元质押贷款利息、偿还个人欠款和日常消费等。

一年后，2017年6月下旬，被告人于某因无力偿还到期的6000万元存款，让孙某与存款人王某联系延期一个月取款，于某给付孙某贴息费100万元。王某收到60万元贴息费后，同意延迟取款。其间，被告人殷某多次找H银行D支行借款帮助于某偿还贷款未果。6月29日，于某以为银行拉存款、冲量为名，支付820万元贴息费、服务费，让孙某联系6000万元一年定期存款用以偿还王某的存款，以及1亿余元短期存款。孙某通过中介人员找到存款人方某。方某于当日在B支行办理了一张6000万元的一年定期存单。殷某将方某存单及身份证复印件拍照发送给于某。7月6日，被告人陈某虚构事由，再次到Y市M区公证处办理了一份公证书，获取文书样本后，于某伪造了方某该存单丢失、委托陈某办理挂失、解挂、转存等事宜的委托书、公证书及方某临时身份证。7月8日，陈某持伪造的材料来到H市B支行，殷某在明知陈某提供的材料均虚假的情况下，帮助其办理了方某存单挂失、解挂、转存业务，将6000万元转到陈某银行卡中，陈某将该卡交给殷某保管。7月10日，存款人方某查询发现其存单被销户，钱款去向不明，于次日到B支行要求取款，殷某只得从陈某的银行卡中将该款本息6000.35万元返还给方某。后B支行报案。7月下旬，存款人王某按照延期取款约定，到B支行取款，B支行发现该款已于一年前挂失转存，遂再次报案。8月30日，B支行返还王某所存本息6118.72万元。

公诉机关指控被告人于某、陈某、殷某犯诈骗罪。

被告人于某及其辩护人提出，于某虽然采用非法手段占有了银行存款，但将资金大部分用在其山某公司的山某项目中，在主观上没有非法占有的故意，且具有还款能力，于某的行为不构成诈骗罪。

被告人陈某及其辩护人提出，陈某虽然明知于某让其办理内容虚假的公证书，但无证据证实陈某具有非法占有目的；陈某作为于某的妻子，只是想帮助于某，起到的是次要、辅助作用，请求对其从轻处罚。

被告人殷某及其辩护人提出，殷某的目的是为完成单位的揽存和放贷业绩任务，不具有非法占有目的，殷某的行为不构成诈骗罪。

一审法院认为，被告人于某、殷某、陈某以非法占有为目的，虚构事实，骗取他人财物，数额特别巨大，其行为构成诈骗罪。三人在共同犯罪中均起主要作用，均是主犯。

宣判后，于某、殷某、陈某均不服，提出上诉。

二审出庭检察员认为，于某、陈某构成诈骗罪；殷某在于某和陈某实施诈骗行为时，利用其业务授权、管理传票等职务便利，为二人将银行存款取出使用提供帮助，不具有非法占有目的，具有挪用资金故意，其行为应构成挪用资金罪。

二审法院认为，上诉人于某伙同上诉人陈某伪造公证书、临时身份证等虚假材料，虚构存款人王某、方某存单丢失的事实，致使银行柜员陷入错误认识，通过存单挂失、注销、转存等方式，将银行存款非法占有，数额特别巨大，其行为构成诈骗罪。上诉人殷某是国有出资企业H银行H分行党委会任命的B支行副行长，其身为国家工作人员，利用职务之便，将公款挪用给于某、陈某使用，其行为构成挪用公款罪。于某、陈某共同诈骗，均是主犯，诈骗数额特别巨大。殷某挪用公款给他人使用，数额巨大未退还，应依法惩处。

【争议问题】

被告人殷某的行为是构成诈骗罪还是挪用公款罪？

【问题解析】

对被告人殷某行为的定性是本案的争议焦点，殷某的行为应当构成诈骗罪还是挪用公款罪，区分的关键是其是否具有非法占有目的。围绕该问题，对殷某行为的定性主要形成以下两种意见：

第一种意见认为，被告人殷某具有非法占有的故意和行为，构成诈骗罪。主要理由是，殷某明知被告人于某、陈某在存款人王某不知情的情况下将存单挂失转存，且在银行柜员发现公证书存疑时借口不用核实，骗取银行柜员信任，并授权办理业务，使于某顺利将存款非法占有；在明知于某、陈某无力返还骗取的王某存款的情况下，殷某给于某发送存款人方某的存单、身份信息，为于某制作虚假的公证书、临时身份证提供帮助，继续违规授权，在方某不知情的情况下实施挂失转存行为。殷某对于其行为可以帮助于某、陈某实现非法占有他人存款的后果完全清楚，但仍然积极实施，且在实施中起了关键性作用，说明殷某与于某、陈某共同追求将他人存款转入二人名下的犯罪目标，具有共同诈骗故意。完成揽存和放贷任务只是殷某实施犯罪的动机，该动机导致的结果是殷某帮助二人非法占有他人存款，至于殷某自己是否实际占有，不影响诈骗性质。

第二种意见认为，本案中认定被告人殷某具有非法占有目的的证据不足，殷某不成立诈骗罪。主要理由是，根据被告人于某、殷某的供述及二人的微信聊天记录，不能认定殷某具有诈骗的共谋；也没有充分的证据证实殷某具有非法占有目的或者明知用款人具有非法占有目的而提供帮助。

我们同意第二种意见，以下分三方面详述理由：

（一）欺骗手段不能当然推断出非法占有目的

被告人殷某与被告人于某、陈某合谋使用虚假手段，将他人银行存款取出的事实清楚。但以虚假手段将存款取出，不等于具有非法占有目的。非法占有目的是诈骗、职务侵占、贪污等占有型犯罪的实质构成要件，不能根据骗取、窃取的行为手段就直接推定行为人具有非法占有目的，否则可能违背主客观相一致原则，造成非法占有目的认定的不当扩大，并大大压减挪用型犯罪的适用空间。

本案中，被告人殷某并没有实际占有存款，因此其行为是构成诈骗罪还是挪用公款罪，关键在于殷某主观上是否明知被告人于某具有诈骗故意而帮助实施。殷某的行为构成何罪是一个法律适用问题，但具体到非法占有目的，系对被告人主观方面的认定，因此归根结底是一个事实认定问题。客观证据证实其主观方面，在不具备口供的条件下，认定非法占有目的只能通过客观方面的间接证据获得，在此有必要进一步进行本案的证据分析。综合全案看，没有充分的证据证实殷某明知被告人于某、陈某具有非法占有目而提供帮助。在案间接证据表明：

1. 被告人殷某不认为有还款风险，并期待晋升。根据殷某与被告人陈某的微信聊天记录，殷某始终感谢姨夫于某此前拉来大额存款帮其提升工作业绩，直到 2017 年 7 月陈某把第二笔方某的存单挂失转存前后，还用银行奖励和客户经费给陈某买礼物表示感谢，并期待升职，谈到依赖夫妇二人的帮助，其去年存、贷业绩双 A，有很大晋升机会。这与认定其明知被告人于某骗取钱款在情理上相矛盾。

2. 被告人殷某不知被告人于某真正实力。根据户籍信息和于某、殷某的供述，殷某与于某、陈某夫妇二人不居住在一个城市，殷某在 2016 年 6 月之前没有与于某见过面，是通过亲戚联系上的。虽然于某在 2017 年四五月贷款将要到期时出现还款困难，但后来通过直接扣划存单还款，没有出现风险，2017 年 6 月还帮 H 银行 B 支行拉了 1 亿余元 10 天短期存款。殷某认为于某具有经济实力。

3. 在对山某项目真实情况的认知上，被告人于某、陈某、殷某是不同的。6000 万元资金的主要去向是于某的山某项目，证据表明，该项目还仅处在拿地阶段，且在资金和政策上面临“瓶颈”，最终能否建成盈利充满不确定性。对此情况公司实际控制人于某明知；陈某作为于某的妻子，亦参与项目相关事项，应当明知；而殷某认知的情况却是于某有个项目要用钱，微信聊天记录证明，陈某告诉殷某，该项目能够成为政府项目或者获得政府拨款。殷某相信于某具有还款能力。

上述证据表明，被告人殷某的犯罪动机是揽存放贷提升业绩，其行为是利用职权为被告人于某挪用存款，并不是帮助于某非法占有存款，主观方面能够认定挪用的故意，不能认定诈骗的故意。

（二）殷某的行为性质不必与于某、陈某相同

被告人殷某虽然与被告人于某、陈某系共同犯罪，但不必然与于某、陈某构成相同罪名。共同犯罪人在基于犯意联络共同实施犯罪行为的过程中，各自的具体主观方面可能是有差异的。这一情况在非法集资犯罪中较为常见，非法集资公司的实际控制人对集资款具有非法占有目的，构成集资诈骗罪，而公司业务员等不具有对集资款的非法占有目的，仅具有开展非法吸存业务、获得业绩提成的故意和目的，构成非法吸收公众存款罪。本案中，在使用虚假手段从银行取走存款这件事上，三人主观方面的认识和意志因素相同，但在是否将存款据为己有不再归还这件事上，从在案证据看，殷某与于某、陈某的认识和意志因素是不同的。于某、陈某的心态是把钱骗走用于项目一时急需，之后如果有钱了再说补窟窿的事，暂时补不上就继续拆东墙补西墙，最后实在补不上了就只能案发。殷某的心态是亲戚于某作为优质大客户，既可以拉来大额存款又可以办理贷款，不管存款是谁的，均有助于其提高业绩和晋升职务，为此可以容忍用非法手段帮助于某、陈某把资金挪走使用，但其主观上认为于某、陈某资金实力雄厚，有大项目运作，相信于某能够及时归还，或者到期后接续有存款进来替补，就不会败露。由于这方面主观心态的不同，殷某与于某、陈某的行为性质在本质上不同。

（三）根据现有证据可以认定殷某构成挪用公款罪

根据证据综合认定规则，即便采信被告人殷某的辩解，仍可认定其行为构成挪用公款罪。殷某辩解称，其认为第一笔王某的存款是于某可以支配的，一年后于某虽还不上质押贷款，但后来通过强制扣划存单还贷，其认为这笔就了结了，且银行没有风险和损失。但第二笔方某的存款，证明殷某伙同被告人于某、陈某使用欺诈手段非法取走存款的证据确实充分，一是于某和陈某再次使用挂失转存方式，事实逻辑上不合理；二是监控和微信记录证明，殷某违规拍照方某存单和身份证发给于某，这明显是为于某制作假公证书和假临时身份证提供帮助；三是于某、殷某供述，陈某与殷某的微信聊天记录共同证明，关于第二笔存款的来源，于某、陈某给殷某的说法是找的项目合作公司的钱，不是于某自己公司的钱；四是陈某与殷某的微信聊天记录证明，

殷某在方某存款两天后告诉陈某可以把方某的短信签约改个号码，这样转走钱时方某也收不到短信，可以证明殷某明知于某对该笔钱款无支配权，仍伙同陈某以非法方法转走，还准备采取措施防止存款人方某发现。殷某在第二笔存款中构成挪用公款罪的证据确实充分。

综上，依据现有证据，可以证明被告人殷某伙同被告人于某、陈某以虚假的公证委托手续欺骗银行，将他人存单通过挂失销户转存的方式取出给于某使用，但认定殷某与于某、陈某具有共同的非法占有目的证据不足。鉴于殷某主观方面非法占有目的欠缺，相较而言不认定其构成诈骗罪更为妥当。H银行系国有参股银行，殷某副行长职务系经H银行H分行党委会任命，依法属于国家工作人员，其利用担任B支行副行长的职务之便，将银行存款挪给他人使用，应当构成挪用公款罪。

（撰稿：北京市第三中级人民法院　王　硕
审编：最高人民法院刑二庭　于同志）

[编号 010]

在招商引资过程中，国家工作人员违规给国家参股企业减免土地出让金、契税等，在认定其行为造成的“公共财产损失”时，国有股份所对应的减免数额是否应予扣除

内容摘要：在招商引资过程中，国家工作人员违规给国家参股企业减免土地出让金、契税等，在认定滥用职权罪造成的公共财产损失时，应当坚持损失是具体的而非抽象的观点，并结合具体情况区分国有资产的不同主体，以准确甄别和客观把握国有资产的范围，一般不宜将国有股份对应的减免数额从公共财产损失数额中扣除。

关键词：滥用职权罪　土地出让金返还　公共财产损失　国有参股企业

【基本案情】

2008 年 8 月，H 公司到 T 市经济技术开发区洽谈投资铜箔项目。时任 T 市开发区管委会主任的崔某某代表开发区管委会，与 H 公司签订协议书，约定 H 公司在 T 市开发区建设电解铜箔项目，项目土地挂牌价与实际出让价之间的差价部分由开发区管委会另行补偿，且该项目由 T 市开发区管委会下辖的 X 投资有限责任公司占 20% 股份。2009 年 8 月，H 公司通过招拍挂程序以 3100 万元价格拍得一块工业用地。后崔某某在明知国家禁止返还土地出让金的情况下，未经 T 市开发区管委会会议研究或上报审批，擅自决定由开发区财政局于 2009 年 8 月返还 H 公司用地差价部分契税 85.552 万元、土地出让金 2138.8 万元，共 2224.352 万元。2016 年，H 公司被法院裁定宣告破产。

项目投资方也未按照约定回购 T 市开发区投资的 20% 股份。

检察机关指控被告人崔某某犯滥用职权罪。崔某某及其辩护人对公诉机关指控的犯罪事实没有异议，但均表示违规决定返还 H 公司土地出让金、契税，主要是在当时招商引资的政策背景下做出的决定，具有一定特殊性，请求法院酌情从轻处罚。

【争议问题】

被告人崔某某违规给国家参股企业减免土地出让金、契税等，在认定造成公共财产损失时，国有股份所对应的减免数额是否应予扣除？

【问题解析】

在案件处理过程中，存在以下两种不同意见：

第一种意见认为，崔某某违规决定并返还 H 公司土地出让金和契税 2224. 352 万元，国有股相应比例的 444. 8704 万元应当从公共财产损失数额中扣除。理由为：国有资产损失通常应理解为国有资产的损毁、灭失，或转为其他主体所有，国家不再享有所有权或相应权益；如流转于不同国有单位之间，或作为资本投入非国有企业，国家由此享有股东权益，不应简单地视为损失。如国家工作人员滥用职权，违反国有资产管理规定，在国有单位之间肆意划拨国有资产或以国有资产对外增加投资等，属于违反甚至严重违反财经纪律、行政法规的行为，但如果没有造成国有资产损失则不能作为刑事犯罪处理，视情可给予党纪、政纪处分。因此，在计算公共财产损失数额时，应当从有利于被告人的角度对国有股份对应损失数额予以扣除。

第二种意见认为，滥用职权所造成的公共财产损失，不能只关注是否有国有资本参股的问题，而应从全面整体来考量，否则就会错误地认为领导干部只要是为国企滥用职权，就可以不以犯罪论处。因此，崔某某违规给国家参股企业减免土地出让金、契税的行为，在认定造成公共财产损失时，国有股份所对应的减免数额不应予以扣除。

我们同意第二种意见。具体理由如下：

(一) 认定滥用职权罪造成的公共财产损失，应当坚持损失是具体的而非抽象的观点

首先，从《刑法》、司法解释规定及其精神来看，作为滥用职权罪成立要件的公共财产损失应当是具体的而非抽象的，应明确到某一个特定主体。在案证据显示，案发时T市政府已经实行土地出让金“收支两条线”管理制度，H公司缴纳的土地出让金按照规定应由市财政局统一管理和支配，而被告人擅自决定将土地出让金直接返还给H公司并从市财政局申请将上述土地出让金全额拨回，客观上侵害了市级财政的整体利益。其次，对于国有资产的“损失”不宜单纯理解为财物在物理意义上的毁损、灭失，未经法定程序或正当事由的财产流转以及财政资金未能“专款专用”亦有可能造成国有资产的损失。按照国务院办公厅《关于规范国有土地使用权出让收支管理的通知》规定，土地出让金的主要用途包括被征地农民安置补助费、地上附着物和青苗补偿费和拆迁补偿费用、被征地农民社会保障支出、土地开发支出、基础设施建设支出等，即土地出让金具有“专款专用”的特定用途。如果不顾土地出让金的基本用途而返还给企业，且在前述所列的基本支出事项仍需完成的情况下，则很可能会导致其他财政资金被挤占、挪用，在客观上亦会造成公共财产、国家利益受到损失的结果。因此，在计算国有资产损失时，应当避免以是否实际毁损、灭失为标准而人为缩小“财产损失”的范围。最后，对于第一种意见所提“在计算公共财产损失数额时，应当从有利于被告人的角度对国有股份对应损失数额予以扣除”，我们认为“有利于被告人”原则一般适用于查明事实和证据审查、判断方面。本案中被告人崔某某违规决定返还的土地出让金和契税数额确定，国有持股的比例确定，并不涉及事实认定问题。因此，对于本案中公共财产损失的认定，应当结合案件的具体情况进行分析，而不宜适用“有利于被告人”原则。

(二) 对于“国有资产”不宜进行抽象解释，而应结合具体情况并区分不同主体，以准确甄别和客观把握国有资产的范围

首先，由于我国当前财政体制实行“分灶吃饭，分级所有”的模式，即中央与地方之间，地方不同层次的国家机关、国有企业、事业单位之间均为独立核算的法人。因此，不同国有主体之间的资产不能随意置换，即使进行

流转也应当遵循必要的法定程序。尽管从宏观角度和整体意义看，上述单位的全部资产和收入均属于“国有资产”或“全民所有财产”，但在实际运行中仍然需要根据监管、运营主体的不同来确定国有资产的具体负责单位。不能简单地将国有资产在不同国有主体之间的流转视为“左口袋倒右口袋”，或者认为只要最终所有权属于国家，则无论怎样分配都不会造成国家利益的损失。该案中，虽然违规返还土地出让金可能使国有参股企业中的国有股份在一定程度上“受益”，但违规返还土地出让金客观上不仅造成了市级财政的“损失”，也导致国家既出让了国有土地使用权，又丧失了对该笔土地出让金和契税的占有、控制，由此产生的国有资产损失不宜予以扣除。其次，国有资产和公司法人财产并非同一概念。国有公司入股H公司代表的是国有股东利益，但入股完成后的经营活动实际上是公司行为，且因H公司并非国家绝对控股或相对控股的公司，国家投入相应资产后，不能完全决定或支配公司经营利润的分配，国有资产账面仅反映具体投入的数额，而不反映相应资产的损益，在合资企业解散或破产前，相应国有资产权益也无法实现。因此，不宜将公司利益等同于（国有）股东利益。最后，公司中的国有股份，系T市开发区管委会为完成招商引资任务而对H公司的入股，并约定H公司三年后回购国有股份，有关证人证言亦证明开发区管委会当时并非为赚取投资利益。而公司最终亦未按约定回购国有股份，且因该公司破产，客观上造成了相应国有资产的损失。故就本案而言，减免土地出让金、契税与国有参股企业国有资产的增损之间没有必然的因果关系。

（三）从案件处理效果来讲，不宜将国有股份对应的土地出让金从公共财产损失数额中扣除

首先，根据相关法律和政策规定，在社会主义市场经济中国有企业和民营企业是平等参与经济活动的市场主体，对于国有企业和民营企业应当一视同仁，实行平等保护、同等对待原则。在计算犯罪数额或者犯罪行为造成财产损失方面，不宜根据企业性质或是否包含国有股份而区别对待，本案中H公司违规获取土地出让金和契税，应当视为整体上造成了国家损失，不宜将国有参股部分从民营企业中扣除并单独评价。其次，本案中还涉及另一起被告人违规返还民营企业土地出让金而认定滥用职权罪的事实，鉴于两起事实

的行为方式及性质基本一致，不能因为土地出让金返还的对象是纯民营企业，就将其违规获得的土地出让金全部认定为公共财产损失；而对于国有参股企业，就将国有股份抵扣。如对两起事实分别认定，可能会导致同一个案件处理的不平衡。最后，国有参股企业的实际经营状况较为复杂、多样，除本案直接持股的情形外，还存在交叉持股、多重持股、间接持股、股份代持等情形，如直接将国有股份对应的公共财产损失予以扣除，将可能面临无法准确认定国有股份对应数额的难题。

综上，被告人崔某某在招商引资过程中，未经管委会集体讨论，在明知国家已经明令禁止向企业返还国有土地出让金和契税的情况下，仍违规给国家参股企业减免土地出让金、契税，构成滥用职权罪。在认定公共财产损失时，国有股份对应的减免数额可不予扣除。同时，考虑到国有资产相关问题的政策性较强，司法实践中国有资产或财政资金流转的情况复杂、多样，对于认定是否造成公共财产损失及损失数额，仍需进一步结合案件的具体情况予以准确认定。

（撰稿：最高人民法院刑二庭　于同志
天津市第一中级人民法院　张文波
审编：最高人民法院刑二庭　逄锦温）

[编号 011]

受招生办委托行使招生职责的高中工作人员滥用职权导致他人被冒名顶替上大学的行为定性及相关追诉时效问题

内容摘要：冒名顶替类案件中，招生考试机构、学校等单位的工作人员在招考录取、办理考生学籍档案等工作中滥用职权、徇私舞弊或者玩忽职守，符合《刑法》有关规定的，应根据案件具体情况区分行为人的身份和工作性质，分别以滥用职权罪、玩忽职守罪、招收学生徇私舞弊罪或者国有事业单位人员滥用职权罪、国有事业单位人员失职罪定罪处罚；对于以“造成恶劣社会影响”作为入罪情形的渎职类案件，追诉时效不宜从媒体披露后出现“恶劣社会影响”之日起计算追诉期限。

【基本案情】

2003 年 9 月初，被告人张某某经被告人王某某（时任某省某市建设银行某分理处主任）介绍，请托某校高中教学处负责高考招生（以下简称高招）工作的被告人胡某某，利用胡某某的职务便利，取得该校学生王某甲的录取通知书。后张某某之女张某甲冒名顶替王某甲，到某市职业技术学院报到入学。2015 年 11 月王某甲发现后，与张某某就假学籍注销及民事赔偿问题协商未果，遂向媒体求助。2016 年 2 月，王某甲被冒名顶替上大学事件经“央视新闻”栏目曝光，被多家媒体报道、网站大量转载，造成了恶劣影响。另外，案发时某市职业技术学院已开学，王某甲尚未领走录取通知书，不排除其主动放弃入学资格的可能性。

【争议问题】

（一）三被告人的行为如何定性？

（二）对于以“造成恶劣社会影响”作为入罪情形的渎职类案件，其追诉时效能否以媒体曝光炒作造成恶劣社会影响作为起算时间点？

【问题解析】

（一）关于本案的定性

在案件处理过程中，对被告人的行为定性存在以下几种不同意见：

第一种意见认为，三被告人的行为构成滥用职权罪。理由是：被告人胡某某身为某校高中的高招工作负责人，利用受委托管理大学招生工作的职权，擅自将王某甲的大学录取通知书给了王某某、张某某，致王某甲被冒名顶替上大学事件发生，该事件在“央视新闻”栏目曝光之后，先后被中央电视台多个栏目报道了40多次，又被其他新闻媒体和网络大量转载，造成了恶劣的社会影响，其行为已构成滥用职权罪。被告人张某某与王某某、胡某某共谋并直接让他人实施了制作假准考证和假高考档案，导致王某甲被冒名顶替事件发生，属滥用职权罪的共犯。

第二种意见认为，三被告人的行为构成伪造事业单位印章罪。理由是：被告人胡某某利用受委托管理大学招生工作职权，擅自将王某甲的大学录取通知书交给王某某、张某某，与张某某共谋并实施了伪造事业单位公文、印章的行为，严重扰乱了国家机关对高招工作的监管秩序，该行为已构成伪造事业单位印章罪。

第三种意见认为，三被告人的行为构成国有事业单位人员滥用职权罪。理由是：被告人胡某某作为高招工作的负责人，其行为属于协助某县招生办履行职务。某县招生办系事业单位，胡某某亦是国有事业单位的工作人员，故胡某某的身份应认定为“国有事业单位人员”。胡某某违规将王某甲的录取通知书交给张某某、王某某，为张某甲冒名顶替王某甲上学起到了关键作用，属于在工作中严重不负责任、滥用职权。张某甲冒名顶替王某甲上学，后引发媒体广泛关注、造成恶劣社会影响，属于“致使国家利益遭受重大损失”。

依照《刑法》第一百六十八条第一款、第二款之规定，本案构成国有事业单位人员滥用职权罪，三被告人系共同犯罪。被告人张某某虽有伪造事业单位印章的行为，但其行为触犯两个罪名，相比较而言，国有事业单位人员滥用职权罪法定刑较重，应以国有事业单位人员滥用职权罪定罪处罚。

我们同意第三种意见。具体理由如下：

1. 从被告人的主体身份和工作性质上区分，滥用职权罪的主体为“国家机关工作人员”，而根据公诉机关补查证据《关于印发某县招生办公室机构编制方案的通知》，某县招生办公室为副科级事业单位。被告人胡某某作为该县某校高中高招工作的负责人，受县招生办委托行使本科、专科招生职责，其主体身份应按照县招生办性质确定，县招生办系事业单位，而非国家机关，故胡某某系国有事业单位人员，其行为不符合滥用职权罪的主体要件，不构成滥用职权罪。被告人王某某、张某某与胡某某系共同犯罪，亦不能构成滥用职权罪的共犯。

2. 从立法本意和现实需要上权衡，根据《刑法》第一百六十八条以及国有事业单位工作人员滥用职权罪的立案标准等相关司法解释，本罪中“国家利益遭受重大损失”主要限定为财产、经济方面的损失。但是，鉴于冒名顶替上大学相关违法犯罪的情况复杂、类型多样，情节、危害后果不同，应区别对待、突出重点、精准打击，对于其中构成犯罪的，应当严格依法追究刑事责任，具有下列情形的，应当依法从严惩处：采取截取录取通知书等手段导致被冒名顶替者不知道自己已被录取的；导致被冒名顶替者丧失重要的受教育机会，或者严重影响被冒名顶替者学习、工作、生活的；组织策划冒名顶替的；国家工作人员利用职务便利实施的；造成其他严重后果或者恶劣社会影响的。

本案中，被告人胡某某系国家事业单位工作人员，利用其负责高招工作的职务便利，将由其负责保管发放的录取通知书截取，导致被冒名顶替的王某甲不知道自己已经被录取，失去了上大学的机会，冒名顶替上大学的行为严重践踏了教育公平，挑战社会公平正义的底线；王某甲被冒名顶替上大学之事被媒体报道后，在社会上引起了广泛关注和强烈反响，社会影响极其恶劣，应当依法从严惩处。

鉴于坚决依法惩处冒名顶替上大学违法犯罪行为的现实需要，招生考试机构、学校等单位的工作人员，在招考录取、办理考生学籍档案等工作中滥用职权、徇私舞弊或者玩忽职守，符合《刑法》第一百六十八条、第三百九十七条、第四百一十八条规定的，可根据案件具体情况，区分行为人的身份和工作性质，分别以滥用职权罪、玩忽职守罪、招收学生徇私舞弊罪或者国有事业单位人员滥用职权罪、国有事业单位人员失职罪定罪处罚。综上，本案三被告人的行为应以国有事业单位人员滥用职权罪追究刑事责任。

（二）关于入罪情节及追诉期限

冒名顶替上学的行为被称为“偷窃他人的人生”，给被顶替者造成难以逆转的人生境遇，被顶替者不仅失去了受教育权，而且其后的工作机会、经济收入等生活状态都随之改变，社会危害性明显重于盗窃、诈骗等行为。因此，在《刑法修正案（十一）》征求意见的过程中，各方普遍认为，社会上发生的冒名顶替上大学等事件，严重损害他人利益，破坏教育公平和社会公平正义底线，应当专门规定为犯罪。最终增设《刑法》第二百八十条之二“冒名顶替罪”，对盗用、冒用他人身份，顶替他人取得的高等学历教育入学资格、公务员录用资格、就业安置待遇的，应追究刑事责任，切实维护人民群众的“前途安全”。但是在增设该罪名之前，只能对冒名顶替行为的手段行为构成犯罪的，严格依法追究刑事责任。当然，对于该类案件中国有事业单位人员的失职、渎职行为符合《刑法》第一百六十八条规定的，可以国有事业单位人员滥用职权罪、失职罪定罪处罚。

在冒名顶替上大学类案件中，能否将发生在二十多年前的滥用职权行为，引发当前社会广泛关注、舆情负面炒作，导致民众极度不满，出现了“特别恶劣社会影响”这一新的危害后果作为追究当年滥用职权的入罪情节，并以该结果出现时起算追诉时效，实践中存在以下争议：

第一种意见认为，本案没有超过追诉期限。理由是：（1）参照《最高人民法院、最高人民检察院关于办理渎职刑事案件适用法律若干问题的解释（一）》（以下简称《渎职解释（一）》）第一条的规定，“造成恶劣社会影响的”也应当认定属于《刑法》第一百六十八条第二款规定的“致使国家利益遭受重大损失”的情形，属于渎职行为的危害后果之一。具体到本案，被告人胡某某等人滥用职权行为系偷偷摸摸进行，被害人 2003 年并不知道自己被他人冒名顶替上大学，被顶替的危害后果持续存在，直到 2015 年被害人王某甲办理信用卡时，被银行告知其所填写学历信息错误，方才发现当年被他人冒名顶替，后经媒体报道，该事件产生了恶劣的社会影响。该社会影响应认定为胡某某等滥用职权行为所造成的后果之一。（2）根据《渎职解释（一）》第六条的规定，以危害结果为条件的渎职犯罪的追诉期限，从危害结果发生之日起计算；有数个危害结果的，从最后一个危害结果发生之日起计算。国有事业单位人员滥用职权罪亦是结果犯，本案的危害结果既包括对王某甲合法权益的侵害，该危害结果从王某甲被他人冒名顶替上大学时就发生了；也包括造成恶劣社会影响的结果，该结果是王某甲被冒名顶替上大学事件于 2016 年被媒体曝光，引起社会广泛关注时发生。依据前述司法解释精神，本案并未超过追诉时效。

第二种意见认为，本案已经超过追诉期限。理由是：（1）从 2016 年媒体曝光引发公众关注之日起计算追诉时效不妥，以案件是否被媒体曝光引发关注，判断行为是否造成恶劣社会影响，进而认定产生新的危害结果，重新起算追诉时效，具有一定主观性、随意性，有违刑法严格追诉时效的立法初衷。近年来媒体曝光的几起陈年命案，尚需报最高人民检察院核准追诉，本案因媒体曝光即可重新计算追诉时效恐引发质疑，甚至对司法公信力产生不良影响。（2）本案以国有事业单位人员滥用职权罪定性，直接适用国家机关工作人员渎职犯罪相关司法解释不妥。该解释对国家机关工作人员从严把握，将“造成恶劣社会影响”规定为滥用职权罪的入罪情节，即“致使国家利益遭受重大损失”，不宜对非国家机关工作人员参照适用。而将引发媒体关注等无形损失认定为国有事业单位人员滥用职权罪的“致使国家利益遭受重大损失”并不妥当。（3）与类似案件处理标准不一致。据了解，全国各地多起类似案件中认定了相关人员构成滥用职权罪的加重情节，对应最高刑为 10 年有期徒刑，均从行为完成之日起计算追诉时效（15 年），而未以媒体曝光日起算。

肯定说，有利于维护被冒名顶替者的合法权益，但如果推广使用到其他渎职类案件，会导致追诉时效制度的实际架空；否定说，更符合司法实践的惯例，但是否会导致相关案件难以被追究刑事责任甚至放纵犯罪，也不无异议；还有意见认为，此类案件兼具隐蔽性和长期性，鉴于情况特殊可考虑从被害人发现自己被冒名顶替之日起计算追诉时效。上述争议表明，究竟应如何寻求解决上述问题的“最大公约数”，如何实现严格依法惩处、加强权利救济和维护教育公平相统一，在实践中确属难题。

经全面考虑及权衡，我们同意第二种意见，具体分析如下：

首先，不宜将引发媒体关注等损失认定为国有事业单位人员滥用职权罪的“致使国家利益遭受重大损失”。渎职类犯罪属于结果犯，渎职行为与损失后果之间应有直接的、必然的因果关系。渎职类犯罪的因果关系和结果归属有其自身特点，应当客观评价渎职行为与危害后果之间的因果关系及介入行为的影响。比如，负有监管职责的国家机关工作人员没有认真履行监管职责，从而未能有效防止危害结果发生，那么对于这些危害结果具有原因力的渎职行为，应当认定与危害结果之间具有刑法意义上的因果关系；对第三者介入的行为则需考虑国家机关工作人员对介入行为是否具有监管职责，如果有义务监管第三者的介入行为，原则上应当将介入行为造成结果归属于国家机关工作人员的渎职行为。具体到本案中，由于三被告人的滥用职权行为，导致被害人被顶替失去上大学的机会是直接的危害结果，而其被顶替多年后所产生的媒体曝光炒作是一个偶发因素，与被告人的滥用职权行为并没有直接的、必然的因果关系，而媒体介入造成的恶劣社会影响，即为典型的第三者介入行为，被告人对于该介入行为不具有监管职责或者预见义务，因此不能将该危害结果归属于被告人此前的滥用职权行为。

其次，不宜从媒体披露后出现“恶劣社会影响”之日起计算追诉期限。主要考虑如下：一是刑法理论与实践均倾向认为滥用职权追诉时效以犯罪成立之日起为起算点。该滥用职权行为的危害后果当年即已发生，现在舆情带来的负面影响并没有侵犯新的法益。如果将事发几十年后舆情扩大结果也作为滥用职权罪的构罪要件，既不符合刑罚归责的主客观相一致原则，也会引发类似顶替案件司法认定不统一问题。二是从社会效果方面，若将滥用职权罪的结果要件扩大认定到如今媒体曝光造成恶劣社会影响的时间节点，进而将刑法追诉时效进行延伸，势必会出现此类事件均可追究相关国家机关工作人员滥用职权罪的局面，这样可能会带来刑事打击面过大造成社会局面不稳等新问题，使职务犯罪的追诉时效形同虚设。三是对滥用职权是否达到“情节特别严重”需要综合考虑行为手段、情节、危害后果，包括冒名顶替者是否盗用他人入学资格、滥用职权行为人是否知情、被冒名顶替者是否自愿放弃报考资格等因素，区分情况进行认定，不宜搞“一刀切”，更不宜一律认定为“情节特别严重”，同时，还要考虑与其他滥用职权行为的量刑平衡问题。对相关案件应当进一步查证实际情况，查实行为及后果，根据法律、司法解释并结合相关规定的精神具体把握，也可以灵活运用党纪政纪手段。涉及冒名顶替滥用职权案件性质恶劣的，应当严肃处理，对于因已过刑事追诉时效不能依法追究刑事责任的，应当用好党纪或行政处罚，从严追究相关人员的党纪政纪责任。

综上，本案三被告人的行为应当以国有事业单位人员滥用职权罪追究刑事责任，但追诉时效从 2003 年犯罪实行完毕、王某甲被冒名顶替入学之日起计算，本案已过追诉时效。具体来讲，国有事业单位人员滥用职权罪的最高刑期是 7 年，依据《刑法》第八十七条之规定，经过 10 年不再追诉。王某甲 2015 年 11 月发现自己被他人冒名顶替时已经过去了 12 年，超过了追诉时效。根据《刑事诉讼法》及相关司法解释，犯罪已过追诉时效的，人民法院可建议检察机关撤回起诉，或依法裁定终止审理。对本案被害人的合法权益，可通过调解或诉讼、救济或救助等手段解决其维权问题，而对相关涉案人员的责任追究，若符合党纪政务处分规定的，可移送有关部门依规依纪处理。

（撰稿：最高人民法院刑二庭　初立秀

审编：最高人民法院刑二庭　高洪江）

［编号 012］

如何理解与适用违法所得没收程序中高度可能的证明标准

内容摘要：违法所得没收程序中证明犯罪事实的证据标准与犯罪嫌疑人、被告人在何种诉讼阶段死亡无关，被告人在案件发回重审期间因病死亡，检察机关随后提出违法所得没收申请，法院对是否涉嫌犯罪应适用“有证据证明”的证明标准，对申请没收的财产属于违法所得应适用“高度可能”的证明标准。违法所得没收程序中高度可能证明标准的认定应重点从以下几个方面考量：（1）申请机关出示的申请没收的财产属于违法所得的证据是否连贯、完整；（2）利害关系人是否提出申请没收的财产属于合法财产的证据；（3）申请机关所提出证据的证明力是否明显大于利害关系人一方所提出的证据；（4）认定申请没收财产属于违法所得是否符合逻辑推理和生活经验。

关键词：违法所得没收程序　高度可能　证明标准

【基本案情】

被告人王某某实施了受贿犯罪，检察机关查封的王某某长女婿李某名下某市 1 号房产一套，该套房产购房款中的 238.48 万元及房屋增值部分所对应的收益、某市商铺四套，均属于王某某实施受贿犯罪所得。具体事实如下：

一、没收违法所得申请书载明的被告人王某某实施受贿犯罪的事实

（一）实施受贿行为事实

被告人王某某利用担任某市国土资源局局长的职务便利，于 2003 年至 2005 年，为 J 房地产开发公司等单位或个人谋取利益，先后收受他人贿赂的

钱款共计103.811万元；2号房屋一套，价值113.4287万元；商铺四套，价值83.774万元；共计301.0137万元。

（二）综合事实

被告人王某某于2001年4月担任某市国土资源局局长，2009年12月退休。2017年7月4日，王某某因病死亡。

二、申请没收的财产属于被告人王某某违法所得及其他涉案财产的事实

1. 申请没收的财产中，有位于1号房产一套，被告人王某某的长女婿李某支付购房款313.568万元，其中238.48万元系王某某收受J房地产开发公司董事长贾某某贿赂的房屋的售房款，属受贿犯罪所得，占1号房产购房款比例的76.05%，该套房产已被侦查机关查封。故该238.48万元购房款及其增值部分系王某某的违法所得，应予没收。

2. 申请没收的财产中，有位于商铺四套，系被告人王某某收受黄某贿赂所得，应予没收，上述四套商铺已被侦查机关查封。

公诉机关于2018年10月29日向法院提出没收被告人王某某违法所得申请。

利害关系人（王某某的妻子、女儿、女婿等人）及其诉讼代理人提出：（1）本案不应适用高度可能的证明标准认定涉案2号房屋系王某某受贿所得。《最高人民法院、最高人民检察院关于适用犯罪嫌疑人、被告人逃匿、死亡案件违法所得没收程序若干问题的规定》（以下简称《没收规定》）第十六条规定的违法所得没收程序中高度可能的证明标准，是基于犯罪嫌疑人、被告人逃匿或死亡，侦查机关无法进行取证、取证不充分，或审判程序不完整，举证、质证等刑事诉讼程序无法进行等情况。本案被告人王某某系在发回重审期间死亡，王某某受贿案侦查机关取证完整、充分，且经过了一审、二审审理程序，举证、质证、法庭辩论等刑事诉讼程序已经完整进行，故本案不应适用高度可能的证明标准认定违法所得。（2）即使本案适用高度可能的证明标准认定违法所得，申请机关提供的证据亦未达到高度可能的证明标准，涉案2号房屋系王某某家庭合法财产购买。

【争议问题】

涉案1号房产中的238.48万元购房款及其增值部分是否属于违法所得转化后的财产，是否应予以没收？审理中应当适用何种标准？

【问题解析】

王某某收受贾某某所送2号房屋后，将该房屋作价238.48万元，用于折抵购买1号房屋的购房款。利害关系人及其诉讼代理人与检察机关对涉案2号房屋是否属于违法所得有不同意见。

（一）违法所得没收程序中对于犯罪事实的证明标准是“有证据证明有犯罪事实”，是涉嫌犯罪，不是定罪，与犯罪嫌疑人、被告人死亡时所处的刑事诉讼阶段无关

2015年，某市检察机关指控被告人王某某犯受贿罪，某市中级人民法院经审理认为，王某某的行为构成受贿罪。之后，王某某提起上诉。某省高级人民法院认为，原判决认定王某某犯受贿罪的部分事实不清、证据不足，裁定撤销原判决，发回重审。在重审期间，王某某因病死亡。对于发回重审期间被告人死亡的受贿案件，检察机关随后提起违法所得没收申请。对于在违法所得没收程序中是否还需要对普通刑事审判程序中某省高级人民法院发回重审认为事实不清的部分进行补查、审理，我们认为，对于不影响违法所得认定的部分没有必要继续审查。理由如下：

《没收规定》第九条规定：“对于没收违法所得的申请，人民法院应当在三十日内审查完毕，并根据以下情形分别处理：（一）属于没收违法所得申请受案范围和本院管辖，且材料齐全、有证据证明有犯罪事实的，应当受理……”由此可见，违法所得没收程序对于犯罪事实采用“有证据证明有犯罪事实”的标准而非“事实清楚、证据确实充分”的标准。需要强调的是，这一标准是立案审查的标准。对于案件已经进入违法所得没收程序，审查的重点是申请没收的财产是否属于违法所得及其他涉案财产的问题，而不是被告人能否被定罪量刑的问题。

具体到本案中，被告人在重审期间死亡，对其刑事审判程序已经终止。

检察机关提起了违法所得没收申请，根据《刑事诉讼法》及《没收规定》，人民法院在立案时根据“有证据证明有犯罪事实”标准进行审查，具体而言包括：有证据证明发生了犯罪事实；有证据证明该犯罪事实是犯罪嫌疑人、被告人实施的；证明犯罪嫌疑人、被告人实施犯罪行为的证据真实、合法。本案有行贿人贾某某的证言，证人顾某某、李某等多人的证言，相关房屋交易产权证明，银行交易流水等证据和被告人王某某在侦查阶段的供述等，可以证明王某某有受贿犯罪事实，故本案符合违法所得没收案件的立案标准。对于之前刑事审判程序中二审法院认为事实不清、证据不足的部分，如果影响到对违法所得的认定，需要进一步查明；相反则不属于违法所得没收程序中的审查内容。

（二）关于对“申请没收的财产属于违法所得”适用“高度可能”证明标准

本案的第二项争议焦点为检察机关提出“申请没收的财产属于违法所得”的证据是否达到高度可能的证明标准。利害关系人及其诉讼代理人提出，即使本案适用高度可能的证明标准认定违法所得，检察机关所提供的证据亦未达到高度可能的证明标准。

检察机关认为，本案应适用高度可能的证明标准。理由是《没收规定》第十七条第一款规定：“申请没收的财产具有高度可能属于违法所得及其他涉案财产的，应当认定为本规定第十六条规定的‘申请没收的财产属于违法所得及其他涉案财产’”。本案属于违法所得没收程序，不同于普通刑事诉讼程序，应适用高度可能的证明标准认定申请没收的财产与受贿犯罪的关联性，违法所得没收程序中高度可能证明标准的适用与被告人在何种诉讼阶段死亡没有关联性。

利害关系人及其诉讼代理人认为，《没收规定》规定的高度可能证明标准是基于被告人逃匿或死亡，犯罪嫌疑人、被告人不在案，侦查机关无法进行取证、取证不充分，或审判程序不完整，举证、质证等刑事诉讼程序无法进行的情况。但本案被告人王某某系在其受贿案件发回重审期间因病死亡，在此之前，侦查机关具有完整、充分的取证时间，已取得了被告人口供及相关客观证据，且受贿案件经过了一审、二审审理，相关证据已经过了举证、质证，故本案属于较为特殊的违法所得没收案件，不应适用高度可能的证明标准，而应适用犯罪事实清楚、证据确实充分的证明标准。

违法所得没收案件应适用高度可能的证明标准。具体理由如下：

1. 违法所得没收程序属于刑事特别程序，应以《刑事诉讼法》第三百条而不是《刑法》第六十四条为依据。在普通刑事诉讼中，经侦查、起诉、审判等程序认定被告人有罪后，对被告人财产予以没收的法律根据为《刑法》第六十四条的规定："犯罪分子违法所得的一切财物，应当予以追缴或者责令退赔；对被害人的合法财产，应当及时返还；违禁品和供犯罪所用的本人财物，应当予以没收。没收的财物和罚金，一律上缴国库，不得挪用和自行处理。"即违法所得的追缴以犯罪的认定为前提。犯罪嫌疑人、被告人逃匿、死亡案件违法所得没收程序规定于《刑事诉讼法》第五编特别程序，人民法院没收违法所得的依据为《刑事诉讼法》第三百条中规定的"人民法院经审理，对经查证属于违法所得及其他涉案财产，除依法返还被害人的以外，应当裁定予以没收"。人民法院只需查证属于违法所得及其他涉案财产的，即可裁定予以没收，违法所得的没收不以刑事定罪为前提。

2. 违法所得没收程序本质上为财产权确认之诉。普通刑事诉讼中，检察机关向法院提起公诉，要求追究被告人刑事责任，其诉讼请求包括：一是指控犯罪；二是追缴违法所得（包括返还、没收等情形）。检察机关对所指控的犯罪事实需承担证明责任，并且需达到犯罪事实清楚，证据确实、充分的证明标准，遵循无罪推定原则。而违法所得没收程序中，检察机关的诉讼请求仅限于认定所申请财产属于违法所得，不涉及对被告人刑事责任的追究问题，对被告人的人身权利没有影响。本质上，没收违法所得是对财产所有权的确认，是财产权属争议纠纷，这一本质特征决定了其证明标准与普通刑事诉讼程序不同。

3. 违法所得没收程序的证明标准并未减弱对犯罪嫌疑人、被告人及利害关系人合法权利的保护。在违法所得没收程序中，申请没收的检察机关需提出证据证明涉案财产高度可能属于违法所得及其他涉案财产，这样的证明标准既适用于检察机关，同样适用于利害关系人。换言之，利害关系人提供的相反证据，即证明涉案财产是合法财产的证据，也不需要达到确实、充分的程度，只要其证据和检察机关的证据证明力相当，涉案财产就不会被没收。

4. 适用高度可能标准更符合理论及实际情况，程序上更加简洁高效。在被告人死亡的情况下，承担刑事责任的主体不存在，普通刑事诉讼程序已经终止，再以犯罪事实清楚、证据确实、充分的证明标准认定犯罪事实，在构成犯罪的基础上再追缴违法所得已无实际意义，而直接以财产确认之诉查明涉案财产权属性质并予以没收，程序上更加简洁高效。

（三）对“高度可能”证明标准的把握

基于违法所得没收程序的性质与特点，可从以下几个方面理解违法所得没收程序中高度可能的证明标准：（1）申请机关所出示的证据需能够连续、完整地证明涉案财产与违法事实的关联。申请机关需对涉案财产权属事实承担证明责任，出示相关证据需证明申请没收的财产属于受贿所得。以本案为例，王某某收受J房地产开发公司董事长贾某某所送的2号房屋，之后将该房屋折抵238.48万元购房款购买1号房产，购房款比例占76.05%，检察机关申请没收1号房产中的238.48万元购房款及其增值部分，不仅需要证明2号房屋高度可能系其受贿所得，还需要证明2号房屋转化为1号房产的部分购房款。（2）利害关系人不能提供证据证实申请没收的财产属于合法财产，或所提供的证据证明力较弱。利害关系人是财产的所有权人或紧密关系人，因长期共同生活、日常接触较多，相较于申请机关，对财产的权属和来源有更直接的认知，特别是对于房产、汽车等较大价值的财产，其更容易提供财产来源的相关线索或证据材料。若申请机关能够提出相应证据证实申请没收的财产具有高度可能性属于违法所得，而利害关系人不能提供明确的线索或证据材料，则宜认定申请没收财产属于违法所得或其他涉案财产。（3）申请机关提供证据的证明力应明显大于利害关系人一方所提供的证据。（4）高度可能的认定需符合逻辑推理和生活经验。高度可能的判断虽需依据客观证据，但本质上仍是一种主观认识，申请没收的财产属于合法财产或违法所得离不开司法人员对财产性质相关合理因素的审查判断。

具体到本案，分析如下：

1. 检察机关提出了相应证据证明王某某收受J房地产开发公司董事长贾某某所送2号房屋。

首先，检察机关提供了以下证据：（1）证人贾某某证言，证明其答应帮王某某“解决”一套别墅后，2005 年 3 月，王某某两个女儿王某 2、王某 3 在售楼处现场看房，并选中了涉案 2 号房屋。2005 年 4 月初，其准备了 10 万元现金，交给了销售部骆某某，并要求骆某某开具了交款人为王某 2、王某 3 的定金收据。同年 10 月，其安排会计顾某某从公司“小金库”账户取款 70 万元现金，其后约王某 2、王某 3 到售楼处，签订了购房合同。签订合同当日，其和顾某某带 70 万元现金到售楼处，安排顾某某去交 70 万元房款，并开具了交款人为王某 2、王某 3 的 80 万元收据，收据交给了王某 2、王某 3。（2）贾某某交付 10 万元现金的部分得到证人骆某某、冯某（二人均系 J 房地产开发公司销售部员工）证言的印证，并有冯某开具的 10 万元定金收据佐证。（3）贾某某交付 70 万元现金的部分得到证人顾某某（J 房地产开发公司会计）证言的印证，并有贾某某当日的银行卡取款凭条及银行流水佐证。（4）王某某、王某 2、王某 3 在侦查阶段对此亦予以供认。

其次，被告人王某某曾在其受贿案件一审期间翻供辩称 2 号房屋系其合法购买，但未得到相关证据印证。顾某某的证言称房屋现金解款单是其填的，二审经笔迹鉴定，系王某 2 所填，证言之间存在一定矛盾。二审为了慎重起见对此发回重审，并未直接否定贾某某为王某某支付购房款事实，且该节与顾某某交钱并无本质矛盾，不排除王某 2 与顾某某共同去银行缴款，并填写现金解款单的可能。

再次，利害关系人未能提供任何筹集并支付涉案吉祥花园房屋购房款的证据材料，且未能提供 80 万元购房款来源的明确线索，与常理不符。

最后，根据在案证据证实的其他事实，认定涉案 2 号房屋购房款 80 万元来源于利害关系人家庭不符合日常生活经验。例如，在被告人王某某被采取强制措施后，利害关系人钱某、王某 2 曾让利害关系人李某通过亲属向 J 房地产开发公司相关人员打听购房款是否支付、分几次支付、如何支付等情况。又如，利害关系人家庭在 2005 年购买涉案 2 号房屋至 2013 年折抵房款转卖，长达 8 年的时间里，未换取购房发票，未进行房屋交接并办理不动产权属证书，仅保留房屋买卖合同和收据，这与一般房产交易当事人基于交易安全考量，在签订购房合同后及时换取购房发票、办理不动产权属证书的行为不同，利害关系人的行为不符合一般交易习惯。

2. 检察机关提出了相应证据证明王某某将 2 号房屋出售，并将售房款 238.48 万元折入 1 号房产的购房款。对此部分，利害关系人及其诉讼代理人均未提出相关异议。

本案有证据高度证明了 1 号房产中 238.48 万元购房款及其增值部分高度可能属于违法所得转化后的财产，应当予以没收。

（撰稿：江苏省高级人民法院　金劲松　蒋凌军　王天奇
审编：最高人民法院刑二庭　黄　嵩）

法官会议纪要

司法工作人员玩忽职守行为追诉时效的认定问题

一、案件事实

1992年2月4日13时许，被告人佟某某同被害人朱某某因口角发生冲突，佟某某用刀捅刺朱某某的胸、腹部各一刀，致其当场死亡。案发后，佟某某投案自首。同年7月10日，S中级人民法院以故意杀人罪判处佟某某有期徒刑15年。佟某某交付监狱服刑后，1993年5月、1994年8月，D中级人民法院裁定对佟某某分别减刑1年、3年。1996年8月6日，D中级人民法院裁定对佟某某假释。佟某某实际执行刑期为4年5个月6天。

2019年，被告人佟某某又实施了诬告陷害犯罪。2021年4月25日，D中级人民法院裁定撤销假释。同年5月17日，H高级人民法院指令D中级人民法院重审佟某某故意杀人案。

2021年5月10日，纪检监察机关在对佟某某一案所涉问题进行核查时发现，佟某某故意杀人案原审法院、服刑监狱和对佟某某减刑假释的原审法院、检察机关等政法单位办案人员涉嫌徇私枉法和徇私舞弊减刑、假释等犯罪问题。佟某某故意杀人案及其背后的失职渎职问题情节严重，性质恶劣，引发重大舆情，应依法严肃查处。

二、案件涉及法律问题

根据《刑法》有关规定，徇私枉法罪和徇私舞弊减刑、假释罪的追诉时效为15年。佟某某故意杀人案相关司法工作人员涉嫌徇私枉法距今已逾29年，减刑假释案相关司法工作人员涉嫌徇私舞弊减刑、假释，距今已逾25年，均已超过追诉时效。

对于相关司法工作人员能否以玩忽职守罪追究刑事责任，存在以下两种意见：

一种意见认为，相关司法工作人员的玩忽职守行为未过追诉时效，应以玩忽职守罪追究刑事责任。理由是：

1. 相关司法工作人员舞弊行为存在，但徇私证据不充分，以玩忽职守罪认定为宜。

2. 最高人民法院 2003 年《全国法院审理经济犯罪案件工作座谈会纪要》规定，“玩忽职守行为造成的重大损失当时没有发生，而是玩忽职守行为之后一定时间发生的，应从危害结果发生之日起计算玩忽职守罪的追诉期限”。因此，在徇私枉法罪和徇私舞弊减刑、假释罪已过追诉时效的情况下，应当以玩忽职守罪追究有关人员的刑事责任。

3. 根据《最高人民法院、最高人民检察院关于办理渎职刑事案件适用法律若干问题的解释（一）》（以下简称《渎职解释（一）》）第一条规定，“国家机关工作人员滥用职权或者玩忽职守，具有下列情形之一的，应当认定为刑法第三百九十七条规定的‘致使公共财产、国家和人民利益遭受重大损失’：……（三）造成恶劣社会影响的……”同时，根据有关规定，对国家机关工作人员玩忽职守“造成恶劣影响”的认定，一般可以从以下方面予以把握：“（1）渎职行为严重损害国家机关形象，致使政府公信力下降的；（2）渎职行为引发新闻媒体广泛关注，引起强烈社会反响的。”由于 2021 年 1 月 9 日佟某某“纸面服刑”等网络负面舆情爆发，引发社会广泛关注，已造成恶劣社会影响，故符合玩忽职守罪的立案追诉标准，应当以玩忽职守罪追究相关人员的刑事责任。

另一种意见认为，相关司法工作人员的行为已过追诉时效。理由是：

1. 根据《刑法》第八十九条的规定，追诉期限从犯罪之日起计算；犯罪行为有连续或者继续状态的，从犯罪行为终了之日起计算。本案中，相关司法工作人员的玩忽职守行为造成了被告人佟某某被从轻量刑、违法减刑及假释，实际上，这一危害结果在当时即已发生，玩忽职守行为已实施终了。因此只能从此时计算玩忽职守罪的追诉期限。根据《刑法》第三百九十七条的规定，玩忽职守罪的法定最高刑为 7 年，追诉期限为 10 年，目前已过追诉时效。

2. 我国《刑法》设置追诉时效制度是为了更好实现刑罚预防犯罪的目的，预防的内容之一就是使犯罪人不再犯罪。犯罪分子在实施犯罪后，在一定的期限内没有再犯罪，说明其再犯罪的危险性已经消除。本案中，相关司法工作人员的玩忽职守行为距今已逾20多年，在此期间未发现有新的犯罪行为，应当认为已过追诉时效，对其不予追诉，符合我国《刑法》设置追诉时效制度的立法本意。如果以媒体披露后出现“恶劣社会影响”之日作为追诉时效的起算时间，《刑法》设立追诉时效制度也就失去了应有的意义。

三、讨论结果

经最高人民法院刑事审判第二庭工作会议讨论，一致认为：本案中相关司法工作人员的玩忽职守行为已过追诉时效。理由如下：

1. 追诉时效是指依照法律规定对犯罪分子追究刑事责任的有效期限。追诉时效制度体现了立法者在惩罚犯罪和保障人权、在追求公平正义与节约诉讼资源之间的平衡，具有独立的程序价值。制度一旦设立，作为司法者，应当遵守法律，严格司法。

2. 玩忽职守行为不属于《刑法》第八十九条规定的“犯罪行为有连续或者继续状态的”情形。《刑法》第八十九条是《刑法》对连续犯、继续犯追诉期限的特殊规定。所谓连续犯，是指行为人基于同一或概括的犯罪故意，连续实施犯罪行为，如行为人在一段时间内连续实施走私行为，应当以最后一次走私行为终了之日起进行计算；所谓继续犯，是指犯罪既遂后犯罪行为和不法状态在一定时间内，仍然同时处于继续状态的犯罪，如非法拘禁罪、窝藏罪等。连续犯、继续犯都是指行为处于连续或者继续状态，《刑法》规定追诉期限应当从行为终了之日起计算。而玩忽职守属于状态犯，即犯罪行为已经结束，只是犯罪行为造成的不法状态仍在持续，因而对于玩忽职守犯罪的追诉期限不能从犯罪的不法状态终了之日起计算，而应当从犯罪成立之日起计算。

3. 玩忽职守犯罪属于结果犯，以符合犯罪构成的后果发生作为犯罪构成要件。因而，该罪的追诉期限应当从玩忽职守造成的侵害结果发生之日起计算。最高人民法院2003年《全国法院审理经济犯罪案件工作座谈会纪要》规定，玩忽职守行为造成的重大损失当时没有发生，而是玩忽职守行为之后一定时间发生的，应从危害结果发生之日起计算玩忽职守罪的追诉期限。

4. 应当正确认识网络舆情。网络舆情是案件社会影响的表现形式之一，也是衡量案件社会危害性的因素，应当引起司法者足够的重视。但是如果将事发几十年后舆情扩大结果也作为犯罪的构罪要件，既不符合刑罚归责的主客观相一致原则，也会引发类似案件司法认定不统一问题，如同类案件有舆情的予以追诉，没有舆情的不予以追诉；又如，轻罪案件予以追诉，重罪案件反而因为过了追诉时效不予以追诉。因而在处理案件时应当全面考虑行为手段、情节、危害后果，区分情况进行认定，不宜“一刀切”将“引发新闻媒体广泛关注”作为判断的标准。

5. 对相关案件应进一步查证实际情况，查实行为及后果，既可以根据法律、司法解释并结合相关规定的精神具体把握，也可以灵活运用党政纪手段。对于案件性质恶劣，应严肃处理的，如已过刑事追诉时效不能依法追究刑事责任，应当用好党纪或行政处罚，从严追究相关人员的党政纪责任。

（会议整理：郭　慧　段　凰）

行贿人支付的税费是否应计入受贿数额

一、案件事实

案例1：国家公职人员李某某通过其近亲属周某在某公司以挂名领薪方式收受该公司负责人所送56万余元，其中包括公司代缴个人所得税2.8万元。

案例2：国家工作人员张某利用职务便利，为商人何某在企业经营等事项上谋取利益。后经张某安排，张某司机杨某在何某实际控制或参股的公司不实际工作而挂名领取薪酬。何某实际控制或参股的公司为杨某共计支出218万余元，包括实发工资、奖金、四险一金及代扣代缴的个人所得税44万余元。

案例3：国家公职人员李某某的亲属周某了解到一些关系户给某甲公司供应原材料没有实际购销业务，只通过自己公司走一下账就可以赚钱，遂也想通过这种方式获取利益。周某让李某某给该公司负责人打招呼，该负责人同意后，周某成立了某乙公司。某甲公司在原材料采购过程中额外增加从某乙公司流转环节，周某无须开展实际购销业务，只要根据某甲公司安排从公司走账即可以坐收差价款，数年间共获取“利润”1611万余元，某乙公司在此期间因该业务上缴城市建设维护税、教育费附加、地方教育费附加、所得税、印花税、残保金等国家税费共计179万余元。

案例4：国家工作人员张某利用职务上的便利，为商人王某在企业经营、亲友职务提拔等事项上谋取利益。后王某以公司名义为张某租用别墅，代为支付租金、物管费、水电费等共计66万余元。另外，王某还向房东支付了房产税、个人所得税等税款4万余元，房东缴税后将完税凭证提供给王某公司做账。

二、案件涉及法律问题

对于以“挂名领薪”等方式受贿过程中行贿人支付的个人所得税和以交

易形式的受贿中产生的各种税费应否计入受贿数额，存在以下两种意见：

第一种意见认为，相关税费不应计入受贿数额，主要理由：一是上述税费属于行贿人为了行贿所支出的额外成本，并没有进入权钱交易环节中，不应成为评价受贿犯罪严重程度的一个要素；二是认定受贿数额应当符合主客观一致原则，和送房、送车中产生的契税、车船税不一样（以上税费可以作为车、房价值中的一部分），受贿人对于行贿人所缴纳的税费一般并不清楚，也未实际获益；三是根据《刑法》第六十四条涉案财物处置的规定，如果认定税款是受贿所得就应当予以追缴，但向税务机关追缴却显然不具合理性和实际操作性。

第二种意见认为，相关税费应当计入受贿数额，主要理由：一是交税是受贿完成所必需的条件，税款支出并未超出受贿者的心理预期；二是税费虽然由行贿人缴纳，但属于代扣代缴，应理解为受贿人为了获取贿款而支付的成本；三是追缴税款问题是司法实践中的执行问题，鉴于该部分受贿款已经充公，可以不再向税务机关追缴，但不应因此改变性质认定。

三、讨论结果

经最高人民法院刑事审判第二庭法官会议讨论，并征求相关专家意见，一致认为，一般情况下，上述税费不应计入受贿数额。理由如下：

1. 受贿犯罪应当立足于受贿人“收受”财物的行为。实践中，行贿人支付的成本与受贿人实际获得的财物并不一定对等，不同行贿人的行贿成本也可能因为关系的亲疏、距离的远近等因素存在不同，将行贿成本作为受贿数额加以认定有违责任自负原则。

2. 应当遵循主客观一致的原则。受贿人对自己到手的财物应是明知的，但实践中对于特定关系人等“挂名领薪”中产生的个税以及对于交易过程中产生的各种税费是否应支付及具体支付额并不一定明知，要求受贿人对此承担责任有客观归罪之嫌。

3. 应当考虑司法工作的可行性、可操作性。实践中税费缴纳的种类较多，如所得税、交易税以及各项附加税费等，具体行贿人是否缴税、是否避税、是否逃税等情形更是纷繁复杂，而受贿人对此大多并不关心，要求司法工作人员对此一一甄别并进行判断并不现实，且难以实际执行。

在上述基础上，如果有确切证据证实受贿人对税款部分明知，如行受贿双方对于税费已经明确达成合意由行贿人缴纳的，根据主客观一致原则，可考虑计入受贿数额。

（会议整理：段　凰）

实务释疑

新时代背景下惩治贪腐犯罪若干问题的思考

——基于审判贪腐案件的实践展开

王晓东*

摘　要：惩治贪腐犯罪是党的十八大以来，以习近平同志为核心的党中央深入贯彻全面依法治国的方略所做的一项制度安排，经过五年多的司法实践，人民法院审判了一大批贪污、贿赂的腐败案件，判处原中管领导干部案件的数量超过改革开放以来到十八大期间的总和，党的十九大提出全面是国家治理的一场深刻革命，必须坚持厉行科学立法、严格执法、公正司法和全民守法，即开创新时代中国特色社会主义事业新局面，在新时代的背景下，惩治贪腐犯罪面临一些新问题和新挑战，特别是《监察法》实施后，惩治腐败犯罪面临着新发展、新要求。

关键词：新时代惩治腐败　审判理念　实践问题　解决思路

一、审理贪腐犯罪案件的现状

党的十八大以来，全国各级人民法院在以习近平同志为核心的党中央坚强领导下，全面贯彻党的十八大及十八届三中、四中、五中、六中全会精神，紧紧围绕全面依法治国、全面从严治党的战略布局，坚决贯彻党中央反腐败斗争的决策部署，充分发挥人民审判职能作用，坚持有腐必反、有贪必肃，以强烈的政治责任感和使命感，依法高效有序地开展审判贪腐案件工作，一

* 最高人民法院刑二庭庭长，一级高级法官。

大批腐败分子受到法律惩处，取得明显的法律效果、社会效果和政治效果，有力地推动了反腐败斗争的深入开展。党的十九大报告提出，“全面依法治国是国家治理的一场深刻革命，必须坚持厉行法治，推进科学立法、严格执法、公正司法、全民守法。”① 严格执法、公正司法审理好贪腐案件不仅是反腐败斗争的需要，也是深化国家治理的重要组成内容。

（一）新时代背景下贪腐犯罪呈现的新变化

党的十八大以来，在以习近平同志为核心的党中央的坚强领导下，反腐败斗争取得了重大胜利，在“强化不敢腐的震慑、扎牢不能腐的笼子、增强不想腐的自觉”② 等方面取得明显成效，反腐败压倒性态势已经形成，腐败蔓延势头得到有效遏制，同时，反腐败形势依然严峻复杂。随着反腐败斗争的不断推进，在反腐败的高压态势之下，腐败分子受到惊扰，为掩盖犯罪、逃避惩罚，开始“躲进青纱帐、穿上隐身衣”，腐败的方式手段不断变化和翻新，更趋隐蔽。六年来，全国各级人民法院从审理众多的贪腐犯罪案件中发现，绝大多数的被告人在实施贪腐中都有以借为名的收受财物，收受钱款后出具假借条以掩盖真犯罪的行为，或者在闻讯纪检监察机关将对其查处的风声之后要求行贿人出具假的借条，甚至将出具假借条的过程还用录音机录音以证明借款的真实性，这些“欲盖弥彰”的方式，有的反而成了定案的证据。一些腐败分子收受房产、汽车后不办理权属登记或者登记在自己转折亲的名下，如某集团公司原董事长徐某收受其妻弟给予的一套房产，房产登记在其妻弟女儿名下，约定待徐某退休后再变更登记。无论从姓氏、籍贯和工作地点等都看不出与徐某有任何的瓜葛；有的腐败分子甚至利用自己家从其他省份雇佣保姆姐夫的身份证租借房屋，在里面存放巨额现金；有的腐败分子约定接受的贿赂财物暂由行贿人保管或者投资其他的行贿人，交叉使用财物；有的腐败分子接受贿赂的财物后暂时不控制财物，待其离职退休后再转移交付；还有一些腐败分子将贿赂财物用于投资，获取收益后将本金返还行贿人，

① 习近平：《决胜全面建成小康社会　夺取新时代中国特色社会主义伟大胜利》，在中国共产党第十九次全国代表大会上的报告。（2017 年 10 月 18 日）

② 习近平：《决胜全面建成小康社会　夺取新时代中国特色社会主义伟大胜利》，在中国共产党第十九次全国代表大会上的报告。（2017 年 10 月 18 日）

如以借用为名接受行贿人的巨额财务，用于购买行贿人开发的房屋，待房产升值后，由行贿人回购，获取升值的收益；又如曾担任过某省政法委书记的被告人在其受贿的 11 起犯罪事实中，其中有 4 起签订了假的借款合同、投资协议。此外，还有一些腐败分子安排自己的利害关系人，如配偶、子女、兄弟姐妹、情妇情夫从事与本人职权相关的业务，间接收取巨额“营业收入”。另有一些腐败分子在为请托人谋取利益时也更加讲究“技巧”，从原来的直接打招呼、在当事人请托的报告上签批意见，逐级演变为不再直接打招呼、做批示，而是通过视察、调研，参加典礼、剪彩等“站台”的方式为请托企业谋取利益，如某省委原书记王某在不到一年的时间里，三次去属地一家民营企业视察，迫使国有企业将省里拟定由该公司开发的项目交给这家民营企业，在案发后得知，其女婿从该企业挂名领取薪酬 2000 余万元。一些腐败分子在为请托人谋利时不主动出面，而是让他人假意自下而上正常走程序，履行逐级报批程序，甚至通过会议集体研究决定，将个人意志转化为集体意志，如某省原副省长刘某在担任某市市委书记期间，专门率市里有关部门领导到其受请托公司调研，在调研时要求在政策上、技术上、市场上对该公司予以支持，各部门领导心领神会，一路绿灯。此外，还有一些腐败分子通过其特定关系人与行贿人之间利用共同经营的方式收受财物，如某国家金融部门的负责人要求自己曾经提供过帮助的商人与其子共同建立投资公司并投入数额巨大的资金，而其子不投资却对资金有绝对的控制权、对经营活动有绝对的决定权，在投资构成中，有的投资成功了，有的投资失败了，将投资失败的项目归为出资的商人所有，将投资成功的项目归为自己的儿子所有。在实践中，更有极端的腐败分子甚至通过一些法律的专业人士，利用法律的规定、上演贪腐闹剧，如某省原副省长为了实现贪腐犯罪的目的，让他的妻子与行贿人签订购买行贿人实际控制公司开发的别墅合同，并交付定金，然后，行贿人故意违约，并主动向其妻子支付“双倍违约金”，以达到行贿的目的。目前，最新型的贪腐犯罪方式就是由行贿人为贪腐分子提供谋取利益的机会，如近几年审理的几宗受贿案件中就是腐败分子主动出资（包括用赃款出资、也包括用自己的合法资金出资）购买行贿人即将上市公司的股票，待上市后获取巨额利益。因此，从审理的腐败案件中，我们可以看到在新时代背景下，惩治腐败犯罪的斗争出现了新的发展态势，客观上要求纪检监察机关以及司法机关要适应新的发展变化要求，更新理念、加强知识储备、强化技能培训以适应变化的形势，才能打好惩治腐败的攻坚战。

（二）查办贪腐犯罪案件的知识储备不足

1. 对腐败犯罪构成的动态性认识不清晰。在查处贪腐犯罪案件时，司法人员基本上是能够按照犯罪构成基本原理即贪腐案件的社会危害性、其行为的违法性和应当受到的刑罚处罚性对贪腐行为做出罪与非罪的评价。在实践中，经常出现一些违规违纪行为影响比较恶劣，违法性明显但不具有刑罚处罚性的案件被认为构成犯罪的倾向。没有根据犯罪主体、犯罪客体、犯罪的主观方面以及犯罪的客观方面进行深入的分析，就没有对贪腐犯罪案件构成的深入理解。因此，在查处贪腐犯罪的案件中正确地处理正常的经济交往活动与违法违纪的关系、违法违纪与贪腐犯罪的关系以及正常的经济交往活动与贪腐犯罪的三个关系尤为重要。国家工作人员在合法的领域内没有利用自己的任何职权，从事与经济活动有关的事宜，与合同相对方完全是在自愿、平等、公平、等价有偿的基础上进行的经济活动，在没有证据证明国家工作人员有利用职权或者职务地位形成的便利条件而从事贪腐行为的就不能认定其构成贪腐犯罪。贪腐犯罪主体动态性，就是要深入了解犯罪构成子系统，掌握腐败分子利用经济交往活动进行贪腐犯罪的活动。贪腐案件的罪与非罪的界限如同国际日期变更线，是立体的、有弯曲的和区域的。其弯曲度表明根据时间、空间和地域的不同，贪腐犯罪的界限是变化的，在新时代的背景下，按照现行法律的要求确定贪腐案件的罪与非罪，不能僵死、教条和孤立地看待犯罪的界限。同时这条界限是一个宽阔的、灰色的模糊地带，这就是贪腐犯罪即职务犯罪的法定性，即行为人的行为是否构成犯罪是现行法律明文规定的，这一点区别于其他自然人犯罪，如杀人、抢劫、强奸、防火、盗窃等传统犯罪所具有的明显的反社会性，人们凭社会常识和伦理道德规范就可以轻而易举地判定，法律之所以将其宣布为犯罪，就是古往今来人们都认为其是犯罪。贪腐犯罪的法定性和动态性决定了贪腐犯罪的罪与非罪的界限要随着法律的不断变化而发展变化，如《刑法修正案（九）》对行贿罪的从严规定，司法解释中对收受财物公用、接受旅游、可以用货币计算出价值的都视为受贿财物、为他人谋利包括承诺的规定，受贿罪的终身监禁的开启等都是贪腐犯罪动态性的表现，只有把握住贪腐犯罪界限的动态性，才能领会查处贪腐犯罪案件的精髓。

2. 刑民法律、理论实践泾渭分明。查办贪腐案件时将刑法学与民法学相结合是十分重要的。无论民法、行政法还是刑法都属于法律的大家庭，从本源上都是从责任中派生出来的，先有民事责任、后有行政责任，最后才有刑事责任。民事责任、行政责任和刑事责任在同一行为中既存在一个渐变的过程，在不同的行为中又存在交叉和重叠。由于过去受到“左”倾思想，特别是“文革”的冲击，实践中逐渐滋生重刑事、轻民事的思想，重打击、轻保护，特别是在刑事附带民事诉讼过程中表现得尤为突出，甚至在自诉案件中存在民事附带刑事诉讼的现实问题常常被忽略。随着经济的发展、社会的进步、法制的健全，在刑事诉讼过程中，刑事附带民事诉讼以及财产保全中大量引用民事诉讼的内容，在审理贪腐犯罪案件中，贪腐行为大多与经济活动相关联，有些贪腐犯罪就是通过民事、经济行为来实现的，因此，查处贪腐犯罪案件的纪检监察人员、人民检察院的检察官和审判贪腐犯罪案件的法官学习、掌握《民法典》、《民事诉讼法》的知识不仅是现实的需要，也是历史的选择和工作的必须，如果没有掌握《民法典》的相关知识，那么在工作中一定会陷入是正常的经济交往活动还是贪腐犯罪的纠结之中，即便能够认定为犯罪，但对犯罪数额的确定、既遂与未遂的判定、行为节点的确定等仍是一片茫然。

查处贪腐犯罪案件的最重要的能力就是法学理论与实践的统一。实践中存在问题的案件，事实不清的案件，难以定性的案件，证据是否确实、充分的案件很大一部分因素是理论与实践结合不够造成的。实践中有两种倾向：一种是重理论轻实践，另一种是重实践轻理论，这两种倾向最大的问题就是理论与实践相互脱离，一方面理论脱离实践，另一方面实践脱离理论，特别是查处贪腐案件中实践与理论的结合更为重要，霍姆斯那耳熟能详的“法律的精髓不在于逻辑，而在于经验”也是一定条件下的箴言，司法工作者的最大责任和义务就是用实务法学来推动理论法学的发展，贪腐犯罪量刑中的数额加情节，死刑终身监禁的开启都是实务部门率先提出的，但是，也都是实务部门的实践者们经过深入学习法学理论得出的正确结论。随着司法人员素质的提高、文化程度的提高、能力的提高，法学理论家到实务部门参与实践，司法人员与理论学者相互交流、融通，使司法人员本身也是学者，学者也曾经是司法人员。理论与实践的分离是司法工作者进行工作的初级阶段，不可逾越，这就要求查办贪腐犯罪案件的司法人员首先要掌握丰富的法学理论知识，然后再进行丰富的实践。

（三）滋生贪腐犯罪因素依然存在

腐败始于理想信念动摇并非虚言，涉贪腐犯罪案件认罪的被告人在法庭最后陈述中无一例外地谈到了理想信念动摇、丧失。一些腐败官员精神空虚，不问苍生问鬼神，长期搞封建迷信活动，将封建迷信奉为仕途升迁的“灵丹妙药”、逢凶化吉的“护身符”。例如，某省原省委副书记李某动用上百万元资金做“法事”，将受贿款中几百万元交给道士寻建“阴宅”；从事体育工作的被告人肖某将受贿款中的80余万元用于塑“佛像”、做“法事”。一些腐败官员物欲膨胀，不信马列信金钱，迷恋美色，贪图享受，生活腐化堕落。例如，在中央纪委公布的案件中都有被查干部生活腐化堕落等情况。还有一些腐败官员公私不分，公私兼顾，寓私于公，假公济私，以“公”为名行个人谋利之实。例如，在国家信访局系列案中，地方信访局工作人员为减少本地区群访登记，以免使单位和个人的考核受到影响，向国家信访局原领导干部行贿；在一些地方的贿选案中，一些领导干部将个人选举作为本单位本系统的大事，不惜使用单位的公款请客吃饭送礼或者要求下级单位提供贿选资金。此外，腐败官员中也不乏法纪观念淡薄，贪贿成百上千万元，竟然认为只要向组织交代清楚就没事了，他们不学法、不懂法、缺少对法律的敬畏之心。伯尔曼说，“法律必须被信仰，否则形同虚设”。所以，应该真学法、真懂法、真信法，不学法、不懂法、不敬畏法律的人必然会接受法律的惩罚。

二、审理贪腐犯罪案件工作中存在的主要问题及其成因

（一）惩治腐败犯罪的法律亟须完善

根据中央惩治反腐败的相关精神，全国人大常委会、最高人民法院、最高人民检察院分别对《刑法》进行了修正并制定了相应的司法解释，完善了政策法律，惩治腐败法治化水平得到全面提升。但是，距离新时代背景下对惩治贪腐犯罪“零容忍”的要求和全面实施依法治国的方略，完善中国特色社会主义法律制度的要求还有很大差距。

1. 刑法中惩治贪腐犯罪的一些罪名还较少适用。司法实践统计，惩治贪腐犯罪案件主要集中在受贿和贪污两类犯罪。我们知道，贪污贿赂犯罪是类罪，在有些国家贪污贿赂是一个罪名，在我国《刑法》中规定为一章，主要是从反腐败的需要出发并非因为立法技巧和技术。我国刑法分则第八章中的贪污贿赂罪共有14个罪名。一是贪污类犯罪，包括贪污罪、挪用公款罪、巨额财产来源不明罪、隐瞒境外存款罪、私分国有资产罪和私分罚没款罪；二是贿赂类犯罪，包括受贿罪、单位受贿罪、利用影响力受贿罪、行贿罪、对单位行贿罪、介绍贿赂罪、单位行贿罪和对有影响力的人行贿罪。从罪名结构关系看，贪腐案件主要集中在受贿和贪污两类犯罪，据司法统计，2013年至2016年，两类案件在总计14个贪污贿赂罪名中占比73.27%，其中，受贿案件占比39.76%，贪污案件占比33.51%。受贿、贪污两类案件在贪污贿赂类案件中的总体占比有所下降，主要是因为行贿案件数量上升所致，并非其他罪名适用产生。在刑法中有关惩治贪腐犯罪的罪名适用较少，如适用巨额财产来源不明罪追究刑事责任的较少，单独以该罪追究刑事责任的更是少之又少，该罪绝大多数是由于受贿犯罪或者滥用职权犯罪而牵连出来。2013年至2016年单独适用巨额财产来源不明罪的案件仅为30件。由此可见，巨额财产来源不明罪未能在惩治贪腐犯罪中发挥应有的作用，究其主要原因是：第一，没有充分认识到该罪在惩治腐败中的作用；第二，相关配套制度尚未建立。与惩处贪腐犯罪相关的罪名，即其他的职务犯罪总计37个罪名，但实践中适用的主要是玩忽职守和滥用职权两个罪名，占整个罪名的10%。其原因是其他罪名在实践中难以适用，主要是刑法规定的主体范围过窄、行为方式单一以及要求以徇私舞弊为定罪条件等所致，且相关的司法解释始终在探索中，尚未出台。

2. 刑法中涉案财物的规定与《联合国反腐败公约》（以下简称《公约》）仍然存在差距。我国加入该公约以来，虽然通过持续的立法、司法实践，反腐败法律完善取得了极大进展，但还存在不足。集中体现在以下两个方面：一是贿赂范围。我国《刑法》规定为“财物”，司法解释将其扩大至“财产性利益”，而《公约》的表述是“不正当好处”，包括一切不正当利益在内的财物、财产性利益和非财产性利益。近年来，随着贿赂犯罪由权钱交易发展到“权权交易”或“权色交易”，解决升学、安排就业、迁移户口、提供出国（境）机会以及性贿赂等以非物质性利益进行贿赂的案件时有发生。囿于现有法律对贿赂范围的规定，难以对这类行为定罪处罚。二是行贿犯罪的定罪要件。我国《刑法》规定成立行贿犯罪需以“谋取不正当利益”为条件，而《公约》并无此限。尽管司法解释一再对“不正当利益”作出扩张性理解，但个案处理当中仍争议不断，成为打击行贿犯罪的严重制约因素。

在惩治贪腐犯罪案件中，有关违法所得的界限也与《公约》存在差距。我国《刑法》第六十四条中规定，“犯罪分子违法所得的一切财物，应当予以追缴或者责令退赔”；“违禁品和供犯罪所用的本人财物，应当予以没收”。最高人民法院、最高人民检察院在2017年1月出台的《关于适用犯罪嫌疑人、被告人逃匿、死亡案件违法所得没收程序若干问题的规定》第六条规定，可以认为，违法所得分为以下情形：第一，原始形态的违法所得，指通过实施犯罪直接或者间接产生、获得的任何财产；第二，转变、转化形态的违法所得，是指违法所得已经部分或者全部转变、转化后的财产；第三，单纯收益及添附收益形态的违法所得，是指来自违法所得转变、转化后的财产收益，或者来自已经能够与违法所得相混合财产中违法所得相应部分的收益。追逃追赃工作是反腐败的重要组成部分，这一规定适应了《公约》的规定，对违法所得做了扩大解释。

（二）实体法和程序法的执行都存在不到位现象

1. 贪腐犯罪案件指定管辖的问题。《监察法》实施前，在查办贪腐犯罪案件过程中，检察机关为节省时间、提高效率，一般都抽调相关省市检察机关以及检察机关工作人员参与办案；《监察法》实施后，其职能由纪检监察机关行使。在实践中，特别是对系列案件的查办，因为贪腐犯罪案件的被告人一般都有一定的职务，在其出生地、工作地都有一定的影响和人脉关系，为了防止对案件的干扰，重大的贪腐案件都指定异地的检察机关提起公诉，指定相应的人民法院进行审理。特别需要说明的是，重大贪腐犯罪案件、特别是窝案、串案等，分别交由不同省份的检察机关起诉、涉及重大职务犯罪案件的行贿人有十几个、几十个的，都分别在不同的省份进行审理，发现起诉时行贿数额相差巨大，如某市委书记受贿案中，认定其中一名行贿人行贿数额为 6000 万元，但是行贿人在另一地区法院被起诉行贿的数额只有 300 万元，差额竟然达到数千万元。还有很多行贿人没有被起诉。因此，无论是重大贪腐犯罪案件，还是一般的贪腐犯罪案件，行贿和受贿犯罪应尽可能商请人民法院在一个市或者一个省份进行审理，以保证国家法律的统一实施。特殊情况下，行贿人牵连到几个地方的受贿人的，也应尽可能在一个省份进行审理，即便不在一个省份审理也要加强沟通，分清主次，使主要案件和次要案件认定的事实保持相互一致。

2. 目前对行贿犯罪惩罚的范围、力度仍然有限。行贿犯罪案件数量 2016 年较 2013 年总计增长 45. 34%；在贪腐案件中的占比持续增长，由 2013 年的 11. 53% 上升至 2016 年的 17. 74%，行贿案件与受贿案件的比例关系也由 2013 年的 28. 39% 升至 2016 年的 46. 50%，这反映出加大对行贿犯罪打击力度取得了实效。但是，行贿案件仍然不足受贿案件半数，说明行贿犯罪打击不力的问题依旧存在，很多行贿人仍然逍遥法外。究其原因，一是缘于立法上的规定，受贿人索贿的，行贿人不构成犯罪，行贿人有自首、检举他人犯罪可以免除处罚；二是在司法实践中，办案机关为了确保受贿人能够被追究，给予行贿人一定的政策，保证受贿人定罪，否则两者都难以定罪；三是有些行贿人为了自保或者开脱罪责，将自己的行贿说成被索贿；四是受习惯思维和地方保护思想的影响，很多行贿人都是当地支柱企业，为了防止经济下滑，受保障就业、上市公司股票不下跌等因素的影响，很多行贿犯罪人没有被追究刑事责任。党的十九大报告中指出，“要坚持无禁区、全覆盖、零容忍，坚持重遏制、强高压、长震慑，坚持行受贿一起查，坚决防止党内形成利益集团。”这充分体现了鲜明的惩治行贿犯罪的态度和明确的导向，但在具体落实上尚需一个渐进的过程。

3. 对“使国家和人民利益遭受特别重大损失”的认识误区。根据《刑法》第三百八十三条、第三百八十六条的相关规定，贪污、受贿数额特别巨大，并使国家和人民利益遭受特别重大损失的，处无期徒刑或者死刑，并处没收财产。由此说明，如果没有使国家和人民利益遭受特别重大损失，仅仅是贪污、受贿数额巨大，也不能判处无期徒刑和死刑。对于这样的量刑条件，无论是司法人员还是腐败分子的认识都是一样的，是一个必需的条件。例如，被告人曾经担任过某市的市委书记，受贿数额达1亿元之多，无论是修改前还是修改后的《刑法》都可以称为数额特别巨大，那么就具备判处无期徒刑甚至死刑的可能。因此，他在看守所中也学习《刑法》，在庭审时对犯有受贿罪并且数额特别巨大的事实供认不讳，其唯一的辩解理由就是他没有给国家和人民利益造成特别重大损失，换言之，就是不应当被判处无期徒刑以上刑罚。那么，如何认定给国家和人民利益造成特别重大损失呢？始终有不同的认识。有的观点认为是虚化的，只要数额特别巨大就会给国家和人民利益造成特别重大损失，这样的证据可以不用调查。有的观点认为，给国家和人民利益造成特别重大损失包括两个方面：一方面可以量化的损失，即财产性损失。包括人身伤亡和财物等可以具体测量的有形的损失结果，如贪污救灾款、抚恤金等。而在受贿案件中，很多是民营企业，行贿的财物有的并非直接谋取个人利益，还有为他人的职务晋升、调整等谋取利益的；另一方面是不可量化的损失，即非物质性财产性损失。非物质性财产性损失是指严重损害国家声誉，造成特别恶劣的社会影响。当然，后一种损害结果是由审判机关根据案件查明的证据、根据案件的实际情况把握，但是，在调查时应当有这方面的证据。

经过司法实践的考量，不可量化的损失即贪腐犯罪的危害性和腐蚀性是对社会风气和人文精神具有极强的腐蚀性。其主要表现为：动摇执政党的地位，危及国家安全、破坏地区稳定，如一个地区的主要领导发生“塌方式”腐败，负责国家安全、部队安全的主要负责人搞贪腐，买官卖官，违规帮助私营企业主开采矿产资源，动用党政、部队资源违法犯罪，侵犯了公民的人身权利和民主权利，造成国有资产的大量流失。例如，被告人孙某是国家黄金集团的主要领导，以2.3亿元收购个体户储量只有少量黄金的金矿，给国家带来的损失可想而知。贪腐犯罪的腐蚀性表现为很多人为提拔重用靠行贿，毒化社会风气，使人的精力不是用来做好本职工作，而是大搞投机专营，买官卖官，权钱交易、权色交易，以权谋私、结党营私，腐蚀人们的精神，使人们不是奋发进取，而是道德沦丧、生活奢靡、吃喝嫖赌，追求享乐、输送利益成为当地的社会风气，使那些有能力、有水平，敬业执着的人永远看不到希望，如某省一位原市委书记在接受巨额贿赂后，执意要把一位不具有公职人员身份的人违规提拔为副县长。此外，还有一些腐败分子擅自动用刑事手段，滥用司法权，肆意践踏人格，违规过问司法案件，支持“老赖”从中牟利，严重损害国家机关的形象和声誉，人民群众深恶痛绝、怨声载道，法治遭受践踏，这些就是给国家和人民利益造成特别重大损失无须量化的表现。

4. 被告人到案的书证缺失抑或不清晰。在实践中，人民法院在审理贪腐案件包括一些重大职务犯罪案件时，被告人到案经过的书证材料的缺少给案件的审判带来了一定的困难，影响了审判的效率和司法公正。

第一，缺少到案经过的证据材料。《刑法》中明确规定，如实供述犯罪事实，可以从轻处罚，如实供述是法定的从轻情节，需要在判决上认定。被告人对犯罪事实供认不讳，但由于缺少被告人到案的书证材料，被告人在判决前提出自首或者部分自首、有些犯罪事实是自己主动交代等情况无法认定。按照《刑事诉讼法》的规定，所有的证据都应当在庭审中出示、当庭质证、印证才能作为定案的依据，如果没有被告人到案的经过证据，庭审都无法结束。有些地方法院通过变通的形式先开庭，然后再等办案机关移送到案经过的材料，仅仅因为这一个材料还要组织当事人进行第二次庭审，劳民伤财，浪费司法资源；有的只给被告人、辩护人看一下也没有开庭，严格讲这是违法的，只要被告人判决后不服提出上诉，就此问题上级法院就会提出，依据《刑事诉讼法》的规定就必须按照审判程序依法将案件发回原审法院重新审判，合议庭成员都需要重新更换。

同时，提交的到案材料应尽可能详细。如有的被告人声称自己是自首，那么按照目前法律的规定，自首有两种情形：其一是标准的自首，自动投案、如实交代罪行，主动接受审判。其二是以自首论的两种情形：一是违法事实已经被办案机关掌握，尚未被采取强制措施到案，主动交代犯罪事实；二是被动到案，但是交代办案机关尚不掌握的犯罪事实。到底是哪一种，在判决书上最后都应当写明，所以提交详细的到案证据材料是非常重要的。

到案材料除了证明自首外，还可以证明如实供述犯罪事实，即坦白也是法律规定的从轻情节，但是坦白了多少也需要在到案证据材料中注明，因为量刑幅度差距很大，如有的被告人到案时，组织只掌握一幅价值几十万元的画作，但其主动交代了受贿8000万元的组织尚未掌握的犯罪事实，其主动交代的犯罪数额占比全部犯罪数额的99.9%，那么在量刑时就应当与其他数额相同的案件有所区别。

第二，缺少被告人揭发他人犯罪的证据材料。被告人在接受组织调查期间揭发他人犯罪、检举立功的材料没有及时提交法院。这是对被告人进行量刑必不可少的证据材料，《刑法》明确规定被告人有检举揭发他人犯罪有立功表现的，可以从轻、减轻处罚，被告人有揭发他人犯罪线索的，应及时审查，即使在审理前没有查清的也应当有明确的材料。被告人揭发的线索千差万别，但并不是所有的揭发都是能够查实的，有的是虚假的，有的在若干年后才查实。但是，在庭审前应当有明确的说法，这些内容也是需要在判决书上明确表示的，并作为证明，在以后服刑过程中能够证明是被告人事前揭发而立功的，是可以作为减刑的证据。特别重要的是有可能被判处死刑的被告人，该证据材料的价值就是可能决定被告人是否可以判处死刑，像这样的案件一定要等到揭发事实查清以后在开庭，否则在判处被告人死刑后再发现其有重大立功表现时，有时就已无力回天。

第三，杜绝违法违纪行为。在过去的司法实践中有一种现象，严格讲是违法的。该现象主要有两种情形：一是被告人在被审查期间有自首和立功表现，因在后续的审查期间被告人有辩解，办案机关的工作人员认为被告人态度不好，本来应当调取被告人自首或者立功的材料而不去调取；二是因被告人在审查起诉前对部分犯罪事实的供述有反复的，办案机关的工作人员参加庭审，在庭前会见时对被告人讲，如果其态度好就向法庭提供被告人自首或者立功的材料，如果态度不好就待被告人被判处刑罚以后再向法庭提供，上述这两种方式都是不正确的。同时，还有不负责任的行为，就是被告人提出自首或者立功的，办案人员没有认真审查就出具被告人自首或者立功的证明材料。实践中就发现，三个被告人的犯罪事实有交叉，在案件分别进入不同的法院进行审理时，都表明有揭发他人犯罪事实的问题，出现了轮流揭发其他被告人犯罪的现象。

三、惩治腐败犯罪问题的建议

反腐败斗争既是攻坚战，更是持久战。只有标本兼治，久久为功，才能夺取反腐败斗争的全面胜利。纪检监察机关及司法机关应严格按照“全面从严治党永远在路上”的要求，严格履行宪法、法律赋予的职权，保障被调查人、犯罪嫌疑人及被告人的合法权益，持续保持对腐败犯罪的高压态势，节奏不减、力度不变，不断提高惩处贪腐犯罪的质量和效率，为全面依法治国奉献应有之力。结合当前惩治贪腐犯罪出现的问题提出如下建议：

（一）树立正确的司法理念

1. 贪腐犯罪与经济发展密不可分。马克思关于经济基础和上层建筑关系的论断是马克思主义的经典，法是建立在一定经济基础之上的上层建筑的重要组成部分，经济基础的性质决定法的性质。立法和司法作为法律的重要组成部分一定受经济发展的制约。恩格斯曾指出，人们首先必须吃、喝、住、穿，然后才能从事政治、科学、艺术、宗教等；所以，直接的物质的生活资料的生产，从而一个民族或者一个时代的一定的经济发展阶段便构成基础，人们的国家、法的观点、艺术以致宗教观念，就是从这个基础上发展起来的……[①]作为上层建筑的重要组成部分的法律一定是随着经济的发展而发展，随着经济的变化而变化的，法律即为经济的影子。关于立法方面，马克思曾指出，无论是政治立法或市民的立法都只是表明和记载经济关系的要求而已。实践中，我国《刑法修正案（九）》中关于受贿加重处罚、终身监禁的开启，都是随着经济发展对立法的修改，如受贿的财物用于公用、旅游费用、嫖娼费用纳入受贿犯罪的财物中。贪腐犯罪从全国人民代表大会常务委员会的规定到正式纳入《刑法》，也是从计划经济到市场经济的演变，1952 年《中华人民共和国惩治贪污条例》的公布施行正式有了关于贪污罪的规定，1979 年《刑法》又将受贿罪从贪污罪中分离出来。那么，在司法实践中，纪检监察机关和司法机关及其工作人员在办理惩治贪腐犯罪案的过程中首先要树立贪腐犯罪同经济发展密不可分的理念，立法是这样司法也是这样，贪腐犯罪的手

---

① 恩格斯：《在马克思墓前的讲话》，载《马克思恩格斯选集》（第三卷），人民出版社 1995 年版，相关内容。

段方法更是如此，而且犯罪的手段与经济发展的关系更为密切，因为法律的发展永远滞后于社会的发展和变革，成文法更是如此。“法与时转则治，治与世宜则有功”。在惩治贪腐犯罪的过程中，随着经济的发展和社会的变革，新情况、新问题会不断出现，依靠传统的思维，僵化、静止的思想方法往往处于不利的地位。所以要不断向书本学习、向社会实践学习、向同事们学习，从每一个新型的贪腐犯罪案件中发现新的问题，不断学习、研究和思考，预测贪腐犯罪的发展方向和趋势是惩治贪腐犯罪取得成功首要前提。

2. 惩治贪腐犯罪的工作永远在路上。这是由贪腐案件存在的长期性和必然性决定的。其表现在贪腐案件并非我国特有的现象，纵向来看，自国家出现以来，贪腐犯罪一直存在于人类的各个历史时期，马克思认为，只要有阶级、国家和商品经济的存在就会有犯罪的发生，只要有国家、商品和收入的差别等因素的存在就会有职务犯罪的发生。贪腐犯罪是职务犯罪的重要组成部分，在职务犯罪的三个维度上占有两个。横向来看，贪腐犯罪这一现象，广泛存在于国际社会，是国际社会共同面临的问题，包括廉洁系数比较高的国家亦如此，只是程度不同而已，如德国，如果公职人员收受一张足球甲级联赛的球票或者请托警察在违章的记录上消分就会被视为贪腐犯罪。我国从古至今贪腐的例子不胜枚举，党的十八大以来 120 多名原省部级“大老虎”被绳之以法，反腐斗争仍然在路上。从司法实践的统计分析来看，贪腐犯罪的主体，从领导级别来看，上至国家的副国级干部下至乡村干部；从学历来看，上至博士生导师下至无学历人员；覆盖面之广令人惊讶。不难看出，贪腐案件与道德水平有关，与知识、学历无关。因此，那种认为惩治腐败可以歇歇气、停停脚、该放缓的想法是幼稚的。贪腐现象要在短期内从根本上消灭是不现实的，我们要做好与腐败做长期、艰苦斗争的准备。党中央提出反腐永远在路上，只有进行时，没有完成时是非常科学的判断。

3. 惩治贪腐案件要注重刑法的谦抑性。法律是公平正义的最后一道防线，谦抑性是法律的最后一道防线，刑法的谦抑性就是指刑法作为惩罚犯罪的手段，不能过于广泛介入社会生活，要本能保持“谦虚”，不能一有违法行为就马上动用刑法进行处罚，必须有所抑制。谦抑性的原则就如同一场足球赛，当对方的守门员开出球以后，另一方应当是前锋、前卫、中锋和后卫依次进行阻拦，不能守门员直接冲入对方的禁区去接球。刑法的谦抑性最初是体现在立法方面的，目前，不仅体现在立法，更多的是体现在刑事司法中，刑法的谦抑性并非有罪一律不追究或者一律轻判，只是强调刑法是第二性的保护性的法律。《中国共产党党内监督条例》第七条规定，经常开展批评和自我批评、约谈函询、让“红红脸、出出汗”成为常态；党纪轻处分、组织调整成为违纪处理的大多数；党纪重处分、重大职务调整的成为少数；严重违纪涉嫌违法立案审查的成为极少数。“四种形态”即是谦抑性在党纪方面的体现。司法实践中，我们在惩治贪腐犯罪的时候，谦抑性的原则体现在罪与非罪的界限的时候，如果既有有罪的证据，也有无罪的证据，倘若认定犯罪的证据并非证据确凿，那么就不能认定为犯罪。在已经构成贪腐犯罪的时候，如被告人供述其财物就是接受某人的，具有行贿的性质，但是行贿人死亡或者逃匿国外，没有行贿人的证据，在短期内无法结案的，暂时就不能认定为受贿。如果还有其他类似的财产数额特别大的，可以认定构成巨额财产来源不明罪。在认定某一贪腐犯罪的具体事实时，如被告人接受行贿人的外币，但时间久远，有十几年的光景，按照我国《刑法》规定，定罪和量刑都是以人民币为标准的，因此外币要转换成人民币进行计算。如果无法确定是具体时间，甚至无法确定是某一个月或者某一年的上下半年，只含糊记忆大约在某年，那么可以按那几年的平均数计算。如果那几年又是十年中汇率最高的时期，那么可以用几年的最低值来折算成人民币，在折算过程中，存在计算上的差异的，最终可以采用有利于被告人的原则确定外币的价值。所以，总的原则就是在认定罪与非罪的时候，既有有罪的证据又有无罪的证据，应认定为无罪；既有罪轻的证据又有罪重的证据，应认定为轻罪；在对同一犯罪数额和事实认定时，既有罪重的证据，又有罪轻的证据，则应做有利于被告人的认定。

（二）加强对贪腐犯罪发展趋势的预判

1. 把握贪腐案件发生的规律性。在党中央的坚强领导下，惩治贪腐犯罪案件取得了重大成效，但是，贪腐案件的数量目前仍在高位运行。2013 年至 2016 年，贪腐案件数量呈现出先升后降的良好势头。人民法院 2013 年审理贪腐案件上万件，2015 年还略有上升，2013 年至 2015 年审理的贪腐案件数增长了 6% 。2016 年全年审理的贪腐案件虽然略有下降，但基本维持在同一水平线上。由此可见，这些案件的作案时间主要发生或者延续到党的十八大以后，这说明顶风作案，不收手不收敛的仍大有人在。党的十九大后，中央明确下一步查处的重点对象是，十八大以后不收敛不收手，问题线索反映集中、群众反映强烈，现在重要岗位且可能还要提拔使用的领导干部。

2. 腐败人员大量集中在处级以下的国家工作人员。党的十八大以来人民法院审理的贪腐犯罪案件中，处级以下的占99.2%，占被查处人员的绝大多数。这一方面与国家工作人员整体队伍结构基数直接相关，另一方面也说明基层腐败现象相对严重。从案件审理情况看，基层腐败主要集中在两个方面：一是在国家机关、国有企事业单位握有实权的科、处级领导干部。二是在征地拆迁、扶贫、移民等工作中协助政府工作的村“两委”干部和工作人员。这些腐败犯罪基数大，发生在群众身边，侵害群众切身利益。一些腐败分子肆无忌惮，影响极其恶劣。一些腐败分子虽级别不高，但权力不小，小官巨贪，令人触目惊心。例如，某市原副市长张某生受贿10.4亿余元，另有1.3亿余元巨额财产来源不明，被判处死刑；某委处级领导魏某远受贿2.1亿余元，另有1.3亿余元的巨额财产来源不明，被判处死缓；黑龙江某矿业集团的于某义、山东某矿业集团的孙某启、石某贪污数额均在上亿元，这几人都被判处终身监禁。

3. 腐败犯罪高发、易发领域及其特点。传统领域涉及建筑工程、土地开发、道路修建和项目审批、人事提拔调动等，以及人大代表、政协委员推荐仍是腐败犯罪高发领域。腐败犯罪的特点主要表现在以下方面：一是涉及贪腐的人员级别越高，涉及的人数越多。办理一个案件，带出一片。山西塌方式腐败，牵连数起案件。二是级别越高，持续腐败犯罪的时间越长。有的边腐边升，带病提拔，腐败犯罪持续时间长达10余年，更有甚者，持续受贿20余年。三是权钱交易突出，打人情牌，经常是在节假日里，行贿人公然将装有巨款的箱子堂而皇之地送至腐败分子的办公地。

（三）依法办案、把好证据关

办案就是办证据，定案也需要证据，审判是有科学性的，一定要建立在把握客观真实证据的基础上，才能做好被告人的认罪认罚工作。被告人只有在确凿的证据面前才能低头认罪，得到应有的惩罚。

1.《监察法》颁布后惩治贪腐犯罪发生新变化，加大了惩治贪腐犯罪的力度和范围。按照《监察法》第三条规定，对所有行使公权力的公职人员“全覆盖”。目前，我国公务员有近800万人，从事公务员工作的大约4000万人，主要包括：（1）中国共产党机关、人民代表大会及其常务委员会机关、人民政府、监察委员会、人民法院、人民检察院、中国人民政治协商会议各级委员会机关、民主党派机关和工商业联合会机关的公务员，以及参照《中华人民共和国公务员法》管理的人员；（2）法律、法规授权或者受国家机关依法委托管理公共事务的组织中从事公务的人员；（3）国有企业管理人员；（4）公办的教育、科研、文化、医疗卫生、体育等单位中从事管理的人员；（5）基层群众性自治组织中从事管理的人员；（6）其他依法履行公职的人员。

2. 对贪腐犯罪案件证据要素的审查。在贪腐案件的审理过程中，要以审判为中心，就是以证据为中心，根据依法查明的事实和证据来认定犯罪事实是否成立，是否构成犯罪，以及此罪与彼罪，这是审理贪腐案件的基础。

首先，要对贪腐犯罪的主体进行审查，主体身份是重要内容，贪腐犯罪属于职务犯罪，主体身份占有十分重要的地位。实践中要审查被告人的名字，很多被告人有多个姓名要审查清楚，在不同的犯罪中其是以哪个身份出现的，在认定犯罪时要表述清楚；被告人的年龄要与身份证明一致，如很多被判处刑罚的被告人就有不同的年龄；被告人任职的时间要具体明确，任职的时间要与其实施犯罪行为时的时间一一对应，明确当时是利用哪个职务的便利进行贪腐犯罪行为的，有的被告人担任领导的职务时间长、职务多。在认定具体犯罪事实的时候，一定要把其职务的任职时间与实施行为时的时间一一对应，才能保证科学性和公正性。行贿人是企业老板还是企业的实际控制人要分别标清楚，是董事长或者总经理，还是实际控制人，抑或董事、股东等要具体明确，在进行行贿时是为单位谋取利益还是为个人谋取利益，其主观故意要查清。同时，要查清企业的工商登记相关资料，如果存在收受股权的贪腐犯罪，要将工商登记中股权是否变更、以及变更的内容、变更的时间都要查清，包括企业的代码、企业性质，如该企业是否属于国有参股、控股的企业，即便是企业改制、破产或者更名也要将涉嫌行贿的企业的登记资料查清，在认定事实的时候，要使用行贿时企业的名称，不能用改过的名称或者现在的名称，因行为之时涉及的仅是原有的企业，虽然在资产以及债权债务的承继关系上存在关联，但是，在贪腐犯罪问题上，其与现有的名称没有关系，这涉及企业的名誉权问题。

其次，要调取收受财物和赠送财物人之间的关系，如二者间是否存在亲属关系，是否为三代以内的血亲和姻亲关系，是否有公共的权利和义务，特别是有共同的赡养和扶助义务；二者间是否有赠与的关系、有无礼尚往来的关系、有无债权债务的关系，有无共同经营的关系；二者间是否存在领导与被领导、管理与被管理、监督与被监督关系；接受财务方是否为对方谋取过利益，或者将来可能为对方谋取利益的目的等。

最后，涉及企业改制预留财产的贪腐案件需要查明改制后企业的性质，如是否属于国有参股、控股企业，还是国有独资企业，抑或民营企业或者外资企业。在企业担任主要的领导人身份是否有所转变，是否还属于国家工作人员或者从事公务的人员。在涉及企业分配财物的贪腐案件中还要查明分配资金的性质，是领导班子集体研究决定，还是主要领导个人决定，或是以领导班子会议之名体现主要领导个人意志；在财物的分配过程中参与人数的多少，是所有人参加还是个别人参加；分配的透明度如何，是否是全体人员知悉，还是个别核心人员知悉；分配的比例如何，是主要负责人或者核心人员占有较大的比例，还是比例基本平衡。在惩治贪腐犯罪案件中，如果能够查明上述要素，获得确凿的证据，得出的结论就会是唯一的和确定的，那么对绝大部分贪腐案件的审理就会相对轻松和顺畅，就能避免出现冤假错案，或者因事实不清、证据不足而多次反复的案件，就能保证案件经得起历史的检验，办成真正的铁案。

（四）整合惩治贪腐资源，实现依法治国和长治久安

加强纪检监察机关与司法机关、审计监督、金融证券、海关、税务等部门的通力协作，扎牢制度的笼子。发挥各部门优势，对公职人员的监管发挥法定性、独立性、专业性、经常性和连续性等特点，在惩治腐败犯罪的斗争中发挥重要作用。深入推进反腐败斗争，更需要相关部门的配合与合作。一是能够及时发现贪腐的苗头、及时察觉风险和隐患，同时掌握倾向性、规律

性的问题，促进相关部门和单位及时整改，纠正违规行为，修补制度漏洞，防止出现“窝案”、“串案”和“塌方式”腐败以及“边腐边升”现象的发生，同时把发现问题和解决问题结合起来，把治标与治本结合起来，防微杜渐，从源头上预防腐败。二是充分发挥内部监督制约机制的作用。加强关键岗位人员、执法人员的权力运行监督制约机制，防止权力滥用。通过对留置、询问、讯问等法定程序进行规范化，及时发现纪检监察机关以及司法人员违法违纪行为。司法人员既是贪腐犯罪高发群体，也是滥用职权等职务犯罪的主体，在惩处贪腐犯罪案件中更是高危人群。只有坚决杜绝出现惩治贪腐犯罪中出现贪腐，才能实现“海晏河清、朗朗乾坤”的盛世局面！

职务犯罪案件审理中事实认定和证据审查的若干问题分析

牛克乾*

事实认定和证据审查是刑事案件审理的基础性问题，也是刑事法官必须练就的基本功。职务犯罪案件的审理与普通刑事案件相比，既具有一致性、统一性，也具有特殊性、差异性。笔者试从职务犯罪案件审理中的事实认定和证据审查的知识谱系、基本思路、证明对象、证明标准等四个方面入手，进行简要分析。

一、关于事实认定和证据审查的知识谱系

如何判断一名刑事法官具备了事实认定和证据审查的素质和能力？刑事法官遇到事实认定和证据审查的难题，该从哪里寻找解决方法和答案？对此，可以从以下方面进行考察：（1）党和国家的指导思想和政策；（2）国家法律和党内法规；（3）实践经验；（4）诉讼法学理论。这四个方面也是刑事法官进行事实认定和证据审查应具备的知识谱系。

（一）党和国家的指导思想和治理政策

回顾我们党和国家的历史包括新中国史可知，党和国家指导思想和治理政策的变化，对司法工作的宏观和微观层面都会产生很大的影响。“文革”时期，砸烂“公检法”，大搞“逼供信”，造成大量冤假错案。1983 年开始的“严打”，确定了“两个基本”的刑事办案标准，实践中又将“两个基本”误用作“事实基本清楚，证据基本充分”，以致出现办案质量粗放等问题。党的

* 辽宁省高级人民法院常务副院长，一级高级法官。

十八大以来，中国特色社会主义进入新时代。这一时期是新中国成立以来，也可以说是中华民族有史以来法治发展的最好时期。2014 年党的十八届四中全会审议通过《中共中央关于全面推进依法治国若干重大问题的决定》，将全面依法治国确立为国家战略布局的重要方面，指出："推进以审判为中心的诉讼制度改革，确保侦查、审查起诉的案件事实证据经得起法律的检验。全面贯彻证据裁判规则，严格依法收集、固定、保存、审查、运用证据，完善证人、鉴定人出庭制度，保证庭审在查明事实、认定证据、保护诉权、公正裁判中发挥决定性作用。"

2020 年 11 月，在中央全面依法治国工作会议上，我们党正式确立了习近平法治思想。习近平法治思想是新时代推进全面依法治国的根本遵循和行动指南，具有鲜明的实践品格、磅礴的实践伟力。在 2014 年的中央政法工作会议上，习近平总书记指出，政法机关要"站稳脚跟、挺直脊梁，只服从事实，只服从法律"①。以习近平同志为核心的党中央推动社会主义法治建设发生历史性变革、取得历史性成就，坚持法治精神，强调公平正义，对司法工作的指导科学理性。习近平法治思想和党中央决策部署，是我们做好职务犯罪案件审理工作的根本遵循。对于实践中以权压法、歪曲事实、不讲证据，拿政治正确的大帽子干扰法院独立审判的个别不良现象，应当遵照习近平总书记的要求，做到"站稳脚跟、挺直脊梁，只服从事实，只服从法律"。

（二）国家法律和党内法规

职务犯罪案件较普通刑事犯罪案件有共性也有个性，尤其是国家纪检监察体制改革后，纪检和监察合署办公，原来对职务犯罪的刑事侦查变更为监察调查，最初的查办机关由检察机关变更为监察机关，相应的查办和审理依据不仅在基本法律方面增加了《监察法》，而且增加了更多的党内法规内容。这就要求我们不仅要掌握传统的《刑事诉讼法》和相关司法解释，还要掌握《中国共产党纪律检查机关监督执纪工作规则》（以下简称《规则》）、《监察机关监督执法工作规定》（以下简称《规定》）、《监察法实施条例》（以下简

① 《习近平在中央政法工作会议上强调：坚持严格执法公正司法深化改革　促进社会公平正义保障人民安居乐业》，载《人民日报》2014 年 1 月 9 日，第 1 版。

称《条例》）等党内法规以及法法衔接的相关规定。

《刑事诉讼法》，尤其是第一编第五章“证据”和第二编第二章“侦查”对法定的证据含义、证明标准、举证责任、非法证据排除等进行了规定。2021年3月1日起施行的《最高人民法院关于适用〈中华人民共和国刑事诉讼法〉的解释》（以下简称《刑诉法解释》）第四章“证据”则对各类证据的审查与认定、非法证据排除的具体操作、证据的综合审查与运用等内容进行了进一步阐释。职务犯罪的事实审查与证据认定也应当以《刑事诉讼法》及《刑诉法解释》为基本遵循。

2018年3月通过的《监察法》第五条也确立了“国家监察工作严格遵照宪法和法律，以事实为根据，以法律为准绳”的原则。《监察法》第三十三条对刑事案件中的证据作了进一步规定，“监察机关依照本法规定收集的物证、书证、证人证言、被调查人供述和辩解、视听资料、电子数据等证据材料，在刑事诉讼中可以作为证据使用。监察机关在收集、固定、审查、运用证据时，应当与刑事审判关于证据的要求和标准相一致。以非法方法收集的证据应当依法予以排除，不得作为案件处置的依据。”同时，《规则》、《规定》和《条例》对可能发生职务违法犯罪的监察对象所采取的调查、取证、处置等一系列措施进行了详细阐述，因而在审判实践中，对于留置、讯问以及证据转化等是否合法应当参照上述规定进行具体审查。

（三）实践经验

此处所指的实践经验存在两个层面的意义：一是最高司法机关总结的审判工作经验，包括发布的司法解释性文件和指导性案例等。如最高人民法院发布的《关于全面推进以审判为中心的刑事诉讼制度改革的实施意见》、“三项规程”（《人民法院办理刑事案件庭前会议规程（试行）》《人民法院办理刑事案件排除非法证据规程（试行）》《人民法院办理刑事案件第一审普通程序法庭调查规程（试行）》），最高人民法院、最高人民检察院、公安部、国家安全部、司法部发布的《关于办理死刑案件审查判断证据若干问题的规定》《关于办理刑事案件排除非法证据若干问题的规定》《关于办理刑事案件严格排除非法证据若干问题的规定》等。二是作为刑事法官个体层面的实践经验，包括借助群体获得的间接经验和个人的直接经验积累。换言之，案件事实认定和证据审查既需要运用法律规则，也需要运用经验法则。即使是长期办理普通刑事案件的法官，在办理职务犯罪案件时，也要学习并适应职务犯罪案件的事实和证据特点，积累经验、寻求帮助，这就有必要推动职务犯罪审判队伍的专业化、精英化。比如，针对受贿案件，仅有受贿方口供和行贿方证人证言的所谓“一对一”证据，没有收受财物的客观证据的佐证，能否认定受贿的证据确实、充分？在案证据不能证实国家工作人员为请托人谋取好处，能不能认定“为他人谋取利益”，从而构成受贿罪等。这些问题需要刑事法官之间的传承互助，需要办案部门良好的沟通、研讨、学习氛围，更需要法官个人不断的修炼和磨砺。

（四）诉讼法学理论

上述知识是一名办理职务犯罪案件刑事法官的必备技能，但要将案件办成精品案件，还要掌握相应的法学理论。比如，掌握刑事诉讼程序的独特价值理论，不唯实体论；掌握职权主义模式和当事人主义模式下不同的诉讼操作规则，呼应中国特色社会主义刑事诉讼模式下的事实认定和证据审查；掌握无罪推定、疑罪从无的理论原则，“不得强迫自证其罪”的深层法理依据，对所从事的审查判断工作不仅知其然，而且知其所以然；了解“毒树之果”理论，对在中国语境下如何对待非法言词证据衍生出的实物证据，进行深入的论证和把握；如何把握“上诉不加刑”理论，对于检察机关抗诉一审刑罚过重的案件，二审能否加刑等。对于法律和司法解释未明确规定的情形，有必要依据法学理论，并在特定的话语平台与同仁们沟通讨论，探索、阐释法律本意，这也是新时代刑事法官应当具备的基本素质。

二、关于事实认定和证据审查的基本思路

职务犯罪案件的事实认定和证据审查，以检察机关起诉指控的事实和所附在案证据为起点，并伴随刑事审判工作始终。刑事审判的思维路径，也包含着事实认定和证据审查的基本思路。基于不同的实践经验和理论认知，对刑事审判包括事实认定和证据审查的基本思路的看法不同。本文列举最高人民法院三位高级法官的两种看法，再阐述自己的观点。

（一）可资借鉴的两种观点

于同志法官在《刑事证据审查运用的基本思路》一书中从庭前准备、开

庭审理、作出裁判三个环节，梳理了刑事证据的审查运用。在庭前准备环节，要做好证据梳理；在开庭审理环节，要落实庭审实质化；在作出裁判环节，要依法审慎定案；并总结关于证据审查运用的“六句话”：坚守一个立场，即全面裁量证据；立足两个视角，即从证据能力和证明力两个方面入手，对全案证据逐一进行分析、审查，决定取舍；关注三大方面，即重点审查证据的关联性、合法性和客观性；厘清分析思路，即按照单个证据分解验证、相关证据双向比对、全案证据综合判断三个步骤依次推进；善用多种方法，即对具体证据审查时，除了经常使用的个别甄别、同一认定、比较印证等书面阅卷方法外，还要运用一些非常规的方法，如实证调查、咨询专家、经验识别等；坚持因材施法，即对证据进行审查运用时，要针对证据的不同特点有针对性地开展工作。[①]

尚晓阳和许建华法官在《职务犯罪案件的证据审查标准》一文中指出，刑事案件的证据审查规则为：依照刑事诉讼法的规定，通过组织控辩双方进行庭审举证、质证，从证据的合法性、客观性和关联性三方面进行审查、判断、甄别，将合乎法律规定、客观真实存在且能证明案件事实的证据予以确认，将非法、虚假及与证明案件事实无关的证据予以排除，最终按照“确实、充分”的证据标准认定案件事实，依法作出判决。并以受贿案件的证据审查为视角，从“关于主体身份的证据审查”、“关于案件事实的证据审查（包括对谋取利益的证据审查、对收受财物的证据审查）”、“关于量刑情节的证据审查”三个方面，梳理和剖析了职务犯罪案件证据审查的有关问题，提出了工作建议。[②]

（二）目光在事实和法律之间、待证事实和在案证据之间往返流转

“目光在事实和法律之间往返流转”，精准地概括了法官办理案件的实践样态。德国法学家拉伦茨在论述案件事实的形成及其法律判断时，引述了德国学者恩吉施和朔伊尔德的话，二人分别表述为“在大前提与生活事实间之眼光的往返流转”“在确认事实的行为与对之作法律判断的行为间的相互穿

① 参见于同志：《刑事实务十堂课》，法律出版社2020年版，相关内容。

② 参见尚晓阳、许建华：《职务犯罪案件的证据审查标准》，载《人民司法》2020年第25期。

透”，拉伦茨将之归纳为案件事实与法条间的“眼光之往返流转”，称之为“互相解明的过程”，一种“诠释学意义上的循环现象”。[①] 张明楷教授则将其表述为“作为解释者，心中当永远充满正义，目光得不断往返于规范与事实之间。唯此，才能实现刑法的正义性、安定性与合目的性。”[②]

随着办案经验的不断丰富，对拉伦茨的描述的体会愈发深刻。“他山之石，可以攻玉”。刑事案件正是在案件事实和法律规定之间反复比对、甄别，才最终得出结论。实践中，几乎不可能有刑事案件的办理思路是纯粹的一条直线，从事实到证据，然后再到法律和结论。所以，借用这句经典的法学方法论观点，笔者将刑事案件事实认定和证据审查的基本思路概括为：“目光在事实和法律之间、待证事实和在案证据之间往返流转”。具体来说包括以下三层含义：

一是指控事实与指控的罪名相对应。指控受贿罪，对应的就应该是权钱交易的事实，而不是贪污的事实。

二是待证事实和在案证据相对应。贯彻证据裁判原则要求一切靠证据说话，无证据不得认定犯罪事实。简言之，就是有多少证据，就认定多少事实。比如，某受贿案件中，检方指控被告人利用担任某组委会主任职务之便受贿，行受贿双方的言词证据印证是2012年请托办事，但调取的书证证明被告人2008年担任该职务，2012年已经升职，不再担任原职务。很明显，该案中待证事实和证据并未一一对应。在审理案件中另外一个常见问题就是对案件中与定罪量刑结论影响不大的事实描述往往过多，而这些描述性事实虽然增加了案件的生动性，但却经不起证据方面的推敲。所以，在论述案件事实的时候，要详略得当，突出待证事实和证据的对应关系。

三是逐层推进证据的审查运用。第一个层面，从证据的客观性、关联性和合法性角度出发，对单个证据进行审查；第二个层面，从证据相互印证的角度出发，对多个证据进行审查；第三个层面，对照“确实、充分”的证明标准，对全案证据进行审查判断。

---

① 参见［德］卡尔·拉伦茨：《法学方法论》，陈爱娥译，商务印书馆2003年版，相关内容。

② 参见张明楷：《刑法分则的解释原理》，中国人民大学出版社2004年版，相关内容。

三、关于证明对象

一般认为，职务犯罪的调查取证包括三个步骤：一是明确证明对象；二是围绕证明对象寻找证据；三是对证据加以固定和保存。职务犯罪调查的过程，既是将生活事实转化为证据事实的过程，也是将客观事实转化为法律事实的过程。最终，职务犯罪调查机关会将其认为建立在证据基础上的法律事实，经诉讼流程提供给公诉机关和审判机关，用以起诉和审判。调查机关所提交的“法律事实”是调查工作的证明对象，也是调查工作构建证据体系的基础，其是否确实完全建立在证据基础上，需要法官进行事实审查和证据认定，也要以“需要运用证据证明的事实”即证明对象为起点展开。当然，不同的案件有不同的证明对象，同一案件的证明对象，也会随着目光在事实和法律之间、事实和证据之间不断地往返流转，出现增加、缩减或者调整。《刑事诉讼法》和《刑诉法解释》框定了证明对象的范围，司法实践中也有证明对象的范畴体系。简要归纳如下：

（一）法条规定

《刑事诉讼法》第五十二条规定，审判人员、检察人员、侦查人员必须依照法定程序、收集能够证实犯罪嫌疑人、被告人有罪或者无罪、犯罪情节轻重的各种证据。

《刑诉法解释》第七十二条第一款规定：“应当运用证据证明的案件事实包括：（一）被告人、被害人的身份；（二）被指控的犯罪是否存在；（三）被指控的犯罪是否为被告人所实施；（四）被告人有无刑事责任能力，有无罪过，实施犯罪的动机、目的；（五）实施犯罪的时间、地点、手段、后果以及案件起因等；（六）是否系共同犯罪或者犯罪事实存在关联，以及被告人在犯罪中的地位、作用；（七）被告人有无从重、从轻、减轻、免除处罚情节；（八）有关涉案财物处理的事实；（九）有关附带民事诉讼的事实；（十）有关管辖、回避、延期审理等的程序事实；（十一）与定罪量刑有关的其他事实。”

（二）定罪事实、量刑事实和程序事实

司法实践中一般将案件事实分为定罪事实和量刑事实，实体事实和程序事实两对范畴。定罪事实和量刑事实均属于实体事实。本文将证明对象分为

定罪事实、量刑事实和程序事实三个方面进行阐述。

定罪事实，一般指的是犯罪构成四要件，或者说是符合《刑法》和司法解释规定、齐备犯罪构成要件的事实。这就要求刑事法官应当熟悉《刑法》规定和相关的司法解释，准确掌握相关职务犯罪的犯罪构成总体要求和每一个犯罪构成要件的具体要求。比如，审查滥用职权等渎职犯罪案件，就应当具体核实被告人的身份和职责职权，其履职情况和违反的具体法律、规定，案件造成的危害后果及损失情况，以及违法违规行为与危害结果之间的因果关系等。又如，审查被告人与特定关系人共同受贿、由特定关系人收受财物的犯罪案件时，要注意核实特定关系人代为转达请托事项，且收受财物后告知国家工作人员及国家工作人员态度的情况，或者事先约定国家工作人员负责“办事”，特定关系人负责收受财物的情况。

量刑事实，也就是职务犯罪可能具有的自首、坦白、立功、退赃、认罪悔罪态度等量刑情节对应的事实。当然，有些事实，既可能影响定性，也可能影响量刑。比如，将赃款赃物用于非法活动，为他人谋取职务提拔、调整而受贿的，定罪量刑情节的数额标准就要减半掌握。监察体制改革前，纪检机关只负责把案件线索移送给检察机关，存在重定罪事实、轻量刑事实的倾向。比如，调查机关提交的到案经过、自首和立功的说明等量刑情节材料，比较笼统，难以具体反映被告人的到案情况、案件突破过程，难以准确判断自首、坦白、立功、主动上交、退赔涉案财物的具体情况。对此，人民法院应当协调侦查机关将量刑情节对应的证据材料一并提供，以便审查。当然，对于一些立功的敏感材料，出于保密需要应技术处理。又如，涉案财物的处理，往往比较混乱。在有的案件中，调查机关未能将每一笔涉案财物与认定的违纪、违法、涉罪事实相对应，将违纪所得移送给司法机关，被告人主动退赔没有形成笔录和清单。

程序事实，主要包括两方面：一是取证的程序性事实。包括证明证据来源合法的事实，如勘验、检查、搜查笔录，扣押物品清单所记载的证明物证、书证来源合法的程序性事实；包括证明取证程序规范和证据具备法定形式的程序性事实，如搜查和讯问的同步录音录像，分别证明搜查和讯问程序的规范性，还有讯问笔录有关时间、地点、讯问人员的记载，证明讯问符合《刑事诉讼法》规定。二是诉讼流程的程序性事实。包括管辖、立案、采取留置措施、延期、限制出境等法律手续材料。程序事实同样重要，要通过审查，排除非法证据，推进严格、规范执法和司法。程序事实在实践中存在的问题也并不少见，像有些部分复制粘贴笔录，录音录像不连续，辨认不规范，询问证人用了讯问笔录等。程序事实不准确会严重影响实体事实的认定，也应当进行仔细审查和认定。

四、关于证明标准

我们通常用“事实清楚，证据确实、充分，定罪准确，量刑适当，审判程序合法”来评判刑事案件办理情况。从事实审查和证据认定的角度讲，明确了证明对象，只是找到了工作方向。在此基础上，还需明确在案的证明体系，用证据标准去衡量，最终去伪存真，尽量还原事实真相，从而奠定案件最终处理（生杀予夺）的事实基础。证明标准，一言以蔽之，就是证据和证据体系的规格，达标的证据才能作为定案根据；达标的证据体系才能确认案件事实。

在适用证明标准的过程中，需要遵守的原则有：（1）以事实为根据，以法律为准绳原则；（2）疑罪从无原则；（3）证据裁判原则；（4）重证据、不轻信口供原则；（5）不得强迫自证其罪原则。同时还要遵守以下规则：（1）依法、全面收集、审查判断证据规则；（2）举证、质证规则；（3）讯问、询问规则；（4）物证、书证审查判断规则；（5）勘验、检查、搜查规则；（6）鉴定规则；（7）非法证据排除规则。

在实践中，可以采用正反面相结合、主客观相结合、宏观和微观相结合等方法进行适用。围绕证明标准，需要注意以下三个方面：

（一）证据资格

根据《刑事诉讼法》第五十条中规定，“可以用于证明案件事实的材料，都是证据”，“证据必须经过查证属实，才能作为定案的根据”。这里，就隐含着证据和定案证据两个概念。我们要建立与《刑事诉讼法》相适应的证据观念，不要再把非法证据排除在证据之外，而是把非法证据排除在定案证据之外。比如，某起受贿案中，被告人供认收受请托人80万元，但在案请托人的证言是监察部门相关人员在驻外使领馆所取得的，考虑到取证主体不适格，而且取证时间是在立案前，故请托人的证言合法性不足，不应作为定案证据，因被告人口供属于孤证，则该起受贿事实未予认定。

关于不能作为定案根据的证据，主要有以下几种：一是未经（法庭）查证属实的证据，包括虚假的证据和虽属实但未经法庭质证的证据；二是非法取得的言词证据（被告人口供、证人证言），非法取得但不能予以补正或作出合理解释的实物证据（物证、书证）；三是来自境外的证据材料不符合我国与有关国家的双边条约，或者来自当事人及其辩护人、诉讼代理人未经"一公证双认证"的；四是意见证据和品格证据；五是违法的鉴定意见、勘验、检查笔录、辨认笔录、视听资料、电子数据等，存在瑕疵难以补正，或者存在经人民法院通知拒不出庭等情形的。

关于司法机关之外的主体收集的证据材料，经审查可以作为定案证据的两种特例：一是行政机关在行政执法和查办案件过程中收集的物证、书证、视听资料、电子数据等证据材料，经法庭查证属实，且收集程序符合有关法律、行政法规规定的，可以作为定案的根据。二是监察机关在初核阶段或者对被调查人以涉嫌职务违法立案调查期间，依照《监察法》收集的证据材料，或者监察机关调查职务犯罪期间仅因违反管辖权规定而收集的证据材料，在移交有管辖权的机关后，可以在刑事诉讼中作为证据适用，但有管辖权的机关一般应当讯问被调查人（犯罪嫌疑人）、询问重要证人，并根据工作需要进一步补充完善证据。

（二）证据体系

"孤证不能定案"，所以摆在法官面前的，用以证明案件事实的都是多个或多组证据的排列，需要法官将在案证据体系化。体系化有以下两种思路：

一是按照《刑事诉讼法》规定的证据种类，依次排列和审查，也就是根据《刑事诉讼法》第五十条所规定的八种证据："（一）物证；（二）书证；（三）证人证言；（四）被害人陈述；（五）犯罪嫌疑人、被告人供述和辩解；（六）鉴定意见；（七）勘验、检查、辨认、侦查实验等笔录；（八）视听资料、电子数据"来整理思路。

二是按照办案机关查明案件事实、收集相关证据的时间顺序，兼顾案件发生、发展的时间顺序来整理思路。一般是将客观性证据列在主观证据前面。

当然，上述两种思路都是建立在待证事实确定后的排列，待证事实也有体系化和分层的问题。比如，受贿案件，根据构成要件，首先，列明利用职务之便为他人谋取利益事实所对应的证据；其次，列明收受他人财物事实所对应的证据；再次，列明到案经过和追赃退赃的证据；最后，列明主体身份和程序性事实的证据。在审理案件过程中，应当形成体系化的思路，梳理全案证据，在此基础上进行说理和论证。

（三）证明标准

应当看到，《刑事诉讼法》和《刑诉法解释》对不同证明对象规定了不同的证明标准，一般的证明标准是“证据确实、充分”，例外情形主要存在于以下三种情况：一是认定被告人有罪和对被告人从重处罚，适用证据确实、充分的证明标准，但认定被告人无罪和从轻处罚，包括被告人法定责任年龄的认定，不能适用同样标准，只能疑罪从无或量刑情节存疑有利于被告；二是对于经过法庭审理，确认或不能排除存在《刑事诉讼法》第五十六条规定的以“非法方法收集”证据情形的，对有关证据应当予以排除；三是在犯罪嫌疑人、被告人逃匿、死亡案件违法所得没收程序中，对犯罪事实的证明标准是“有证据证明有犯罪事实”，对申请没收的财产的证明标准是“具有高度可能属于违法所得及其他涉案财产”。

关于“证据确实、充分”的证明标准，《刑事诉讼法》第五十五条规定明确了三个条件：（1）定罪量刑的事实都有证据证明；（2）据以定案的证据均经法定程序查证属实；（3）综合全案证据，对所认定事实已排除合理怀疑。证明标准的把握，是通过自由心证形成内心确信的过程。对此有两点需要注意：一是重视案件的事实和证据基础。实践表明，大量争执不下的职务犯罪案件不是法律适用的观点难以统一，而是案件的事实和证据基础不好，导致案件耗时偏长，影响办案质量和效率。二是充分运用生活经验。比如，检方指控被告人陈某某受贿画作一幅，陈某某的口供与请托人的证言相印证，证明行贿人送画作一幅，购自某画店，画店发票亦提取在案，在主观证据相互印证，也有相关客观证据的情况下，因涉案画作未能提取在案，而画作的购买地已经被多次发现赝品，最终涉案画作对应的数额未被认定为贿赂。

人民法院审理职务犯罪案件刑事第一审普通程序庭审提纲

（建议稿）

一、庭前准备

（一）开庭前应当明确的信息

案由：被告人×××（案由）案

时间：××××年×月×日×时×分

地点：本院第×法庭

是否公开：是或否

旁听人数：××人

合议庭成员：×××、×××、×××（或人民陪审员）

（法官助理：×××）

书记员：×××

（二）法官助理、书记员开庭前准备工作

【法官助理参与庭审的，席位可以设置在书记员的左侧。法官助理应当与书记员一起查明出庭公诉人、辩护人的身份以及核实被告人是否到达候审室；监视居住、取保候审的被告人亦应查明身份。有证人、鉴定人、专门知识的人出庭的，应同时核实身份。核实完毕，法官助理就座，书记员站立。】

书记员：请公诉人、辩护人入庭。

（由值庭法警打开通道门，公诉人、辩护人分别从各自通道入庭后，值庭法警关上通道门。）

（以上诉讼参与人就位后坐下）

书记员：请肃静！根据《中华人民共和国刑事诉讼法》第一百八十八条，×××人民法院在这里将依法公开审理（被告人……）×××（案由）一案。依照《中华人民共和国人民法院法庭规则》第十七条至第二十条之规定，全体人员在庭审活动中应当服从审判长的指挥，尊重司法礼仪，遵守法庭纪律：

（一）不得鼓掌、喧哗；

（二）不得吸烟、进食；

（三）不得拨打或接听电话；

（四）未经许可，不得对庭审活动进行录音、录像、拍照或使用移动通信工具等传播庭审活动；经许可，媒体记者对庭审活动进行录音、录像、拍照或使用移动通信工具等传播庭审活动的，应当在指定的时间、区域进行，不得影响或干扰庭审活动；

（五）不可实施其他危害法庭安全或妨害法庭秩序的行为。

检察人员、诉讼参与人发言或提问，应当经审判长许可。

旁听人员不得进入审判活动区，不得随意站立、走动，不得发言和提问。

对违反法庭纪律的人员，审判长将视情节严重予以警告、训诫、责令其退出法庭、罚款、拘留；构成犯罪的，依法追究刑事责任。

书记员：全体起立！

书记员：请审判长、审判员（人民陪审员）入庭！（后转身注视合议庭组成人员入庭）

（三）合议庭成员入庭，书记员报告庭前准备情况

书记员：（仍然站立侧向审判长）报告审判长，庭前准备工作就绪，现在可以开庭！（然后转身面向旁听席）

【如辩护人、证人、鉴定人、专家到庭具有特殊情况，或有媒体记者参加旁听，书记员应向审判长报告相关情况，然后将上述情况内容以书面形式提交审判长。】

审判长：请坐下。

二、核查当事人到庭情况及开庭

（四）传唤被告人，当庭查明被告人身份

审判长：传被告人×××到庭。（击法槌）×××人民法院现在开庭。

审判长：法警将被告人的械具解除。【如被告人入庭前械具已解除则无须指令。被告人人身危险性大，可能危害法庭安全的，也可以不解除。】

审判长：被告人你的姓名？【对于被告人的身份有疑问的，需要具体问到哪几个字，必要时，可由被告人书写。】

被告人：

审判长：是否还有其他曾用名、绰号？

（第一次称呼被告人 × × × 之后，连续性发问不必每次都冠之以被告人 × × ×，可称呼被告人或直呼其名。）

被告人：

审判长：你的出生年月日、出生地、身份证号码？

【被告人记忆模糊以及公历、农历模糊的，应追问属相等有助于辨认的信息。】

被告人：

审判长：什么民族？

被告人：

审判长：什么文化程度？

被告人：

审判长：政治面貌？

被告人：

审判长：案发前在什么单位工作（或案发前有无职业）？

被告人：

审判长：户籍所在地和现居住地在哪里？

【如被告人的户籍所在地与居住地不一致的，应核实居住地详细地址，并核实居住时间有无满一年。】

被告人：

审判长：以前是否受过刑事处罚？

【如有，应问清何时、何地、在何法院、因何罪受何种刑事处罚；如果关系到是否构成累犯，应问清何时刑满释放。】

被告人：

审判长：以前是否受过行政处罚或党纪政纪处分？

【如有，应问清在何单位、何时、何职务、何行为、何处罚、何处分。】

被告人：

审判长：因本案什么时候被采取什么强制措施（取保候审、监视居住、留置、刑事拘留、逮捕）？

【如被指控多种罪名，不由同一机关管辖，实际羁押日期与留置、监视居住、拘留、逮捕日期不一致的，应问清何时被实际羁押。】

被告人：

【同案有多名被告人的，可以由书记员庭前核实身份情况。审判长在庭审中只需简单核实被告人的身份情况。】

【被告系单位的，审判长应当核实被告单位的基本情况，法定代表人、实际控制人、诉讼代表人的身份信息及任职情况。】

（五）核实起诉书副本送达、收到时间及记载内容

审判长：（被告单位）被告人×××，×××人民检察院的起诉书副本，你收到没有？

被告人：

审判长：什么时候收到的？

被告人：

【如被告人称忘记或所说有误】

审判长：根据送达回证的记载，你于××××年××月××日签收起诉书副本，你对此有无异议（是否属实）？

被告人：

（六）宣布开庭和审理方式

审判长：×××人民法院刑事审判第×庭根据《中华人民共和国刑事诉讼法》第一百八十六条、第一百八十八条第一款之规定，今天在这里依法公开开庭审理××人民检察院提起公诉的被告人×××（案由）一案，现在开庭！

【如系指定管辖，审判长应当先宣布“遵照最高人民法院（×××人民法院）指定管辖的决定……”】

【如涉及国家秘密、个人隐私、未成年人犯罪或涉及商业秘密经当事人申请不公开审理。】

审判长：根据《中华人民共和国刑事诉讼法》第一百八十八条之规定，案件涉及国家秘密（个人隐私、未成年人犯罪或涉及商业秘密经当事人×××申请），××人民法院今天对××人民检察院提起公诉的被告人×××涉嫌（案由）一案，依法不公开开庭审理。

【如属于两案合并审理情形】

审判长：鉴于被告人×××与被告人×××被指控共同犯罪，本院依照《最高人民法院关于适用〈中华人民共和国刑事诉讼法〉的解释》第十五条之规定，决定将两案并案审理。

（七）宣读合议庭组成人员、法官助理、书记员以及诉讼参与人名单，说明特殊情况

审判长：现在宣布合议庭组成人员、法官助理、书记员、公诉人和辩护人名单。本庭的审判长是由（本院院长、副院长、庭长、副庭长）审判员×××，也就是我本人担任，与审判员×××、×××（或人民陪审员×××、×××，重大案件有人民陪审员参加的要组成 7 人合议庭一一介绍）组成合议庭，法官助理×××出庭履行职责，书记员×××负责法庭记录。

审判长：××人民检察院指派检察员×××、×××出庭支持公诉。（有检察员助理以及书记员参加的，审判长不介绍，座位应在公诉人的后面）

【如翻译人员、鉴定人、有专门知识的人出庭的，应宣布翻译人员、鉴定人、有专门知识的人的姓名、工作单位、职务。】

审判长：受被告人（其近亲属）委托，××律师事务所律师×××出庭担任被告人×××的辩护人。（律师助理协助律师工作，座位在律师之后）

【如系指定辩护人】

审判长：依照《最高人民法院关于适用〈中华人民共和国刑事诉讼法〉的解释》第四十四条之规定，××法律援助中心指派××律师事务所律师×××出庭担任被告人×××的辩护人。

【被告人既不委托也不接受援助或者二次更换辩护人后又拒绝辩护人为其辩护的】

审判长：被告人×××，你未委托辩护人且拒绝法律援助机构指派的律师为你辩护（二次更换辩护人后又拒绝辩护人为你辩护），在法庭中你自行进行辩护。

（八）告知诉讼权利，征询当事人是否申请回避

审判长：根据《中华人民共和国刑事诉讼法》第二十九条、第三十条、第三十二条、第三十三条、第一百九十七条、第一百九十八条及《最高人民法院关于适用〈中华人民共和国刑事诉讼法〉的解释》第二百三十八条等规定，当事人及其法定代理人、辩护人、诉讼代理人在法庭审理过程中依法享有下列诉讼权利：

1. 可以申请合议庭组成人员、法官助理、书记员、公诉人、鉴定人和翻译人员回避（对回避进行解释，如被告人不理解回避的含义，可进一步解释：如果认为上述人员与本案有利害关系或有其他关系，可能影响本案公正审理的，可以提出理由要求换人审理）；

2. 可以提出证据，申请通知新的证人到庭、调取新的证据，申请重新鉴定或勘验；

3. 被告人可以自行辩护；

4. 被告人可以在法庭辩论终结后作最后陈述。

被告人×××，刚才法庭宣布的上述各项诉讼权利，听清楚没有？

被告人：

审判长：是否申请回避？

被告人：

【如申请回避】

审判长：申请何人回避？

被告人：

审判长：申请回避的理由是？

被告人：

审判长：辩护人是否申请回避？

辩护人：

【如申请回避】

审判长：申请何人回避？

辩护人：

审判长：申请回避的理由是？

辩护人：

【如有其他当事人及其法定代理人、诉讼代理人参加诉讼的，需要一一询问是否申请回避。】

审判长：现在休庭××分钟。

【如不属于法律规定的申请回避的情形，当庭可以驳回。】

（继续开庭）

审判长：现在继续开庭。

（宣布同意或者驳回回避申请的决定及复议决定，并说明理由。审判长回避由院长决定、公诉人回避由检察长决定，院长、检察长担任审判长、公诉人的，分别由审判委员会、检察委员会决定。）

审判长：今天的庭审活动分为法庭调查、法庭辩论、被告人最后陈述以及宣判四个阶段。法庭对本次庭审活动全程录音录像。

【如原计划当庭宣判，后经评议认为不宜当庭宣判的，在宣布休庭时应作相关说明。】

【如定期宣判】

审判长：今天的庭审活动分为法庭调查、法庭辩论、被告人最后陈述三个阶段。法庭对本次庭审活动全程录音录像。

三、法庭调查

（九）宣布法庭调查，主持宣读起诉书、讯问、发问等调查环节

审判长：现在开始法庭调查。首先由公诉人宣读起诉书（起诉书的内容特别多的，公诉人可以简要宣读）。

公诉人：

（公诉人应当站立宣读。公诉人宣读完起诉书，被告人因严重疾病无法站立的，审判长可让被告人坐下。）

（被告人在二人以上的，讯问、发问应当分别进行。审判长请值庭法警将暂不接受讯问的被告人×××带出法庭候审。）

审判长：被告人可以坐下，如有身体不适，可以随时向本庭示意。

审判长：被告人，刚才公诉人宣读的起诉书你是否听清？（回到听清后继续发问），与你收到的起诉书副本是否一致？

被告人：

【如证据较多或案情重大复杂，已召开庭前会议的】

审判长：鉴于本案证据材料较多、案情较为复杂，为了充分保障被告人的合法权利，公正高效地审理案件，根据《中华人民共和国刑事诉讼法》第一百八十七条第二款和《最高人民法院关于适用〈中华人民共和国刑事诉讼法〉的解释》第二百二十六条、第二百二十七条、第二百二十八条之规定，本庭于××××年××月××日组织控辩双方召开了庭前会议。庭前会议主要明确了以下事项：

1. 控辩双方对案件管辖无异议。

2. 被告人及辩护人均明确表示不申请调取新的证据，不申请重新鉴定、勘验、检查，不申请非法证据排除，不申请通知证人、鉴定人和有专门知识的人出庭。

3. 组织控辩双方展示了拟在法庭上出示的证据材料，听取了控辩双方对证据材料的意见。

4. 控辩双方对庭审举证、质证的顺序和方式，达成了一致意见。对控辩双方无异议的证据材料，在庭审中简化出示，仅说明证据的名称和所要证明的事项；对有异议的证据在庭审中重点调查。

5. 被告人及其辩护人对涉案财物的权属情况和人民检察院的处理建议无异议。（对庭前会议没有明确的事项应当作出说明。）

审判长：被告人×××，你对起诉指控你犯××罪的事实有无异议？

被告人：

【如被告人有异议】

审判长：被告人×××可以对起诉指控的犯罪事实进行陈述，简要说明不认同起诉指控内容的部分。

被告人：

审判长：公诉人是否需要就起诉指控的犯罪事实讯问被告人？

公诉人：

【如公诉人需要】

审判长：公诉人可以讯问。（公诉人应向被告人交待权利，特别是向被告人交待有辩解的权利。）

公诉人：

被告人：

（无论是公诉人还是辩护人，就证据问题对被告人的讯问、发问可以在举证、质证环节进行。）

公诉人：公诉人的讯问暂时至此。

审判长：辩护人对起诉指控的犯罪事实是否需要向被告人发问？

辩护人：

【如辩护人需要】

审判长：辩护人可以发问。

辩护人：

被告人：

【必要时法庭可以讯问被告人】

（审判长可以讯问，也可以征询合议庭其他成员是否需要讯问被告人。如果合议庭不是必须发问的，可以不发问。）

（十）主持举证、质证、认证调查环节

审判长：公诉人可以就起诉指控的犯罪事实向法庭举证。

审判长：当庭举证、质证，应符合以下要求：

1. 物证应出示原物并说明来源；

2. 书证应出示原件并当庭宣读；

3. 视听资料应出示原始载体并播放；

4. 证人证言、被害人的陈述材料应出示原件并当庭宣读；

5. 被告人的供述材料应出示原件并当庭宣读；

6. 鉴定意见应出示并宣读。

【案件材料复杂的，可以按照以下顺序分类举证、质证：（1）主体；（2）犯罪事实；（3）量刑；（4）综合证据（包括赃款去向等）。】

【已召开庭前会议的】

审判长：控辩双方在庭前会议中明确表示无异议的，可以采取简要示证，当庭仅宣读证据名称以及证明的内容。

【存在多起指控犯罪事实的】

审判长：现在就公诉机关指控的第×起犯罪事实，即被告人×××犯罪事实进行法庭调查，首先由公诉人举证。

（有多起指控犯罪事实的，法庭可以按照便于审理的原则安排质证的顺序，不必完全按照起诉书中列明的顺序进行。对于职务犯罪案件，一般按照主体身份、犯罪事实、综合事实顺序进行法庭调查。综合事实包括量刑情节事实、赃款赃物追缴、退缴、查封、扣押、冻结等情况，对查封、扣押、冻结财物及其孳息的权属、来源等情况，是否属于违法所得或者依法应当追缴的其他涉案财物进行调查，由公诉人说明情况、出示证据等。案外人对查封、扣押、冻结的财物及其孳息提出权属异议的，人民法院应当听取案外人的意见；必要时，可以通知案外人出庭。

已召开庭前会议的，举证、质证也可以按照庭前会议的顺序进行。依照《最高人民法院关于适用〈中华人民共和国刑事诉讼法〉的解释》第二百六十八条之规定，对可能影响定罪量刑的关键证据和控辩双方存在争议的证据，一般应当单独举证、质证，充分听取质证意见。对控辩双方无异议的非关键证据，举证方可以仅就证据的名称及拟证明的事实作出说明。根据案件和庭审情况，法庭可以对控辩双方的举证、质证方式进行必要的指引。）

（经法庭同意，实物证据由值庭法警出示；纸质、电子证据由法官助理或者书记员播放；需要宣读的，由申请人宣读，卷宗的内容可由合议庭人员代为宣读。）

公诉人：

审判长：被告人对公诉人出示的证据有无异议？

被告人：

审判长：辩护人对公诉人出示的证据有无异议？

辩护人：

审判长：公诉人有无新的证据向法庭举证？

公诉人：

审判长：被告人有无证据向法庭举证？

被告人：

审判长：公诉人（辩护人）对被告人出示的证据有无异议？

公诉人（辩护人）：

审判长：辩护人有无证据向法庭举证？

辩护人：

审判长：被告人（公诉人）对辩护人出示的证据有无异议？

被告人（公诉人）：

审判长：被告人有无新的证据向法庭举证？

被告人：

审判长：辩护人有无新的证据向法庭举证？

辩护人：

（可以根据情况，集中在法庭调查最后阶段征询公诉人、被告人、辩护人有无新的证据出示。如果公诉人直接说明举证完毕，则无须征询公诉人有无新的证据出示。如果被告人、辩护人出示新的证据，审判长最后应征询公诉人有无异议。）

【无论是公诉人、被告人还是辩护人所举出的每一组证据，合议庭都应当进行质证、认证。对于公诉人、被告人、辩护人均无异议的证据，合议庭（采用合议的方式）应当庭认证。】

审判长：上述证据，公诉人、被告人、辩护人均无异议，本庭予以确认。

【对一方当事人有异议的证据，合议庭认为对证据客观性、关联性、合法性无异议的，可以当庭确认；如果存疑的，在庭审后评议认证，审判长应当予以释明。】

审判长：上述证据，公诉人、被告人或辩护人有异议，本庭将在庭审后进行评议予以确认（可以在判决书上阐明认证的理由）。

【如果法庭对证据依然有疑问，可以有针对性进行提示。必要时，可以宣布休庭，对证据进行调查核实。】

审判长：公诉人/当事人/辩护人是否需要对×××证据作出补充说明？

公诉人/当事人/辩护人：

（对公诉人、当事人、辩护人补充的和审判人员庭外调查核实取得的证据，应当经过当庭质证才能作为定案的根据。但是，对不影响定罪量刑的非关键证据、有利于被告人的量刑证据以及认定被告人有犯罪前科的裁判文书等证据，经庭外征求意见，控辩双方没有异议的除外。有关情况，应当记录在案。）

审判长：依照《最高人民法院关于适用〈中华人民共和国刑事诉讼法〉的解释》第二百四十八条之规定，已经移送人民法院的案卷和证据材料，控辩双方需要出示的，可以向法庭提出申请。

审判长：公诉人是否需要？

公诉人：

审判长：被告人/辩护人是否需要？

被告人/辩护人：

（控辩一方申请出示开庭前未移送或者提交人民法院的证据，另一方提出异议的，审判长应当要求申请方说明理由；理由成立并确有出示必要的，应当准许。另一方提出需要对新的证据作辩护准备的，法庭可以宣布休庭，并确定准备辩护的时间。需要播放录音录像或者需要将证据材料交由法庭、公诉人或者诉讼参与人查看的，法庭可以指令值庭法警或者相关人员予以协助。）

（依照《最高人民法院关于适用〈中华人民共和国刑事诉讼法〉的解释》第二百四十九条、第二百五十条、第二百五十一条之规定，公诉人、当事人或者辩护人、诉讼代理人申请，人民法院认为证人、鉴定人、有专门知识的人、调查人员、侦查人员或者有关人员有必要出庭的，应当通知证人、鉴定人、有专门知识的人、调查人员、侦查人员或者有关人员出庭。公诉人、当事人或者辩护人庭审前提出申请，法庭认为没必要的，合议庭应当在开庭前作出不予准许的决定；庭审过程中提出的，应当休庭评议。法庭认为有必要的，应当准许。对方有异议，认为有关证据与案件无关或明显重复没必要的，合议庭经评议，认为异议成立的，不予准许。）

【如证人、鉴定人、有专门知识的人、调查人员、侦查人员或者有关人员

出庭】

审判长：传证人（鉴定人、有专门知识的人、调查人员、侦查人员或者有关人员）×××到庭。

【如果证人具有《最高人民法院关于适用〈中华人民共和国刑事诉讼法〉的解释》第二百五十三条规定情形之一，无法出庭作证的，人民法院可以准许其不出庭。需要视频作证的，可以通过视频等方式作证。】

审判长：证人（鉴定人、有专门知识的人调查人员、侦查人员或者有关人员）你的姓名？

证人（鉴定人、有专门知识的人调查人员、侦查人员或者有关人员）：

审判长：向法庭介绍你的基本情况（包括年龄、民族、文化程度、住址、职业职称等）？

证人（鉴定人、有专门知识的人调查人员、侦查人员或者有关人员）：

审判长：你与本案有什么关系？

证人（鉴定人、有专门知识的人调查人员、侦查人员或者有关人员）：

审判长：你可以证明什么事项和内容？

证人（鉴定人、有专门知识的人调查人员、侦查人员或者有关人员）：

审判长：你与当事人（证人、行贿人或被害人）×××在本案中是什么关系？与本案有无利害关系？

证人（鉴定人、有专门知识的人调查人员、侦查人员或者有关人员）：

审判长：根据《中华人民共和国刑事诉讼法》第一百九十四条之规定，证人（鉴定人、有专门知识的人、调查人员、侦查人员或者有关人员）×××，本院审理被告人×××（案由）案，公诉人（被告人或者辩护人）申请通知你出庭。你应当如实向法庭提供证言（说明鉴定、调查、侦查或有关意见）。根据法律规定，如故意作伪证或隐匿罪证，要负法律责任，你听清楚了没有？

证人（鉴定人、有专门知识的人、调查人员、侦查人员或者有关人员）：

审判长：×××，你现在应在保证书上签名（以证人为例）。

（证人、鉴定人、有专门知识的人、调查人员、侦查人员或者有关人员在保证书上签字后，经法庭审阅后由值庭法警交书记员。）

审判长：下面可以向证人发问。向证人发问应当遵循以下规则：

（1）发问的内容应当与本案事实有关；（2）不得以诱导方式发问；（3）不得威胁证人；（4）不得损害证人的人格尊严。

（询问证人先由申请传唤的一方进行，然后由对方进行，法庭也可以询问证人。同时，各方可以交叉询问。）

审判长：证人×××，今天你在法庭上的证言，法庭将记录在案，退庭后你应当阅看庭审记录中你的证言部分。如记载有遗漏或差错，可以请求补充或更正，并在笔录上签名。证人×××，你听清楚了没有？

证人：

审判长：证人×××可以退庭（证人不能留在法庭旁听）。

【如证人需要通过隐蔽作证系统作证】

审判长先说明需要通过隐蔽作证系统作证的理由，然后宣布：法庭准许证人×××通过隐蔽作证系统作证。传证人×××到庭。（作证经过同上）

（对鉴定人、有专门知识的人、调查人员、侦查人员或者有关人员的发问比照对证人的发问过程进行。审判人员认为必要时，可以询问证人、鉴定人、有专门知识的人、调查人员、侦查人员或者有关人员。向证人、调查人员、侦查人员发问应当分别进行。证人、鉴定人、有专门知识的人、调查人员、侦查人员或者有关人员不得旁听对本案的审理。有关人员作证或者发表意见后，审判长应当告知其退庭。对于申请重新鉴定或者勘验的，法庭认为有必要的，应当同意，并宣布休庭；根据案件情况，可以决定延期审理。）

（依照《最高人民法院关于适用〈中华人民共和国刑事诉讼法〉的解释》第二百六十九条之规定，法庭认为有对质必要的，可以传唤同案被告人、分案审理的共同犯罪或者关联犯罪案件的被告人等到庭对质。）

审判长：在法庭调查阶段，公诉人、辩护人分别对被告人进行了讯问或发问，控辩双方进行了举证、质证，合议庭已充分听取各方意见，对于双方存在争议的证据，将在评议案件时予以综合考虑，依法确认。

审判长：法庭调查结束。

四、法庭辩论

（十一）宣布进入法庭辩论阶段，准确归纳争议焦点

审判长：现在进行法庭辩论。法庭辩论按照公诉人发表公诉意见、被告人自行辩解、辩护人辩护、控辩双方辩论的顺序进行。控辩双方应当就起诉书指控的事实、当庭出示的证据、定罪量刑情节和法律适用进行辩论。先由公诉人发表公诉词。

公诉人：

审判长：被告人×××，你可以为自己辩护，也可以委托你的辩护人辩护。

被告人：

【被告人自行辩护】

审判长：被告人可以发表辩护意见。

被告人：

【被告人委托辩护人辩护】

审判长：辩护人可以发表辩护意见。

辩护人：

审判长：另一位辩护人是否发表辩护意见（有两名辩护人等）？

辩护人：（另一辩护人）

审判长：

在刚才第一轮的法庭辩论中，公诉人、被告人、辩护人发表了各自的意见，控辩双方的争议焦点是……（审判长进行归纳、概括。）

审判长：公诉人对法庭归纳的争议焦点有无补充？

公诉人：

审判长：被告人对法庭归纳的争议焦点有无补充？

被告人：

审判长：辩护人对法庭归纳的争议焦点有无补充？

辩护人：

【如有】

审判长：公诉人（被告人及辩护人）可以补充。

公诉人（被告人及辩护人）：

审判长：下面由控辩双方围绕本庭概括的争议焦点进行第二轮辩论。提醒控辩双方，对已经发表过的意见，不要重复发表意见。首先由公诉人发表意见。

公诉人：

被告人：

辩护人：

审判长：公诉人，还有什么新的意见？

公诉人：

审判长：被告人，还有什么新的意见？

被告人：

审判长：辩护人，还有什么新的辩护意见？

辩护人：

（法庭辩论过程中，审判长应当充分听取控辩双方的意见，对控辩双方与案件无关、重复或者指责对方的发言应当提醒、制止。法庭辩论过程中，合议庭发现与定罪、量刑有关的新的事实，有必要调查的，审判长可以宣布恢复法庭调查，在对新的事实调查后，继续法庭辩论。）

审判长：法庭已充分听取了公诉人、被告人、辩护人的意见。本庭认为，经过两轮（以具体轮数为准）的辩论，控辩双方的观点已经阐明，已经达到辩论的目的。合议庭将对双方有价值的意见予以充分考虑。

【如新的意见对定罪量刑具有重大影响的，应恢复法庭辩论。】

（对于案件事实证据存疑、被告人供述反复、同案犯亦尚未形成稳定供述，无法相互印证的，即使被告人已认罪认罚，对于辩护人在庭审中发表无罪意见的，法庭不应以被告人利用认罪认罚程序而随意制止辩护人的发言。）

审判长：现在，我宣布法庭辩论结束，由被告人作最后陈述。

五、最后陈述

（十二）被告人最后陈述

审判长：依据《中华人民共和国刑事诉讼法》第一百九十八条第三款及《最高人民法院关于适用〈中华人民共和国刑事诉讼法〉的解释》第二百八

十七条之规定，被告人 ×××，现在由你向法庭做最后陈述。（被告人起立）

被告人：

（被告人在最后陈述中多次重复自己的意见的，法庭可以制止；陈述内容蔑视法庭、公诉人，损害他人及社会公共利益，或者与本案无关的，应当制止。在公开审理的案件中，被告人最后陈述的内容涉及国家秘密、个人隐私或者商业秘密的，应当制止。被告人在最后陈述中提出新的事实、证据，合议庭认为可能影响正确裁判的，应当恢复法庭调查；被告人提出新的辩解理由，合议庭认为可能影响正确裁判的，应当恢复法庭辩论。被告人提出揭发检举，审判长应当立即休庭，其他人员退庭，被告人当庭书写揭发检举材料，当庭密封提交法庭转给有关机关。）

审判长：被告人 ×××，你的最后陈述，法庭已认真听取，合议庭将在评议时认真考虑。

六、宣布休庭

（十三）区分两种情形宣布休庭

【当庭宣判前休庭】

审判长：现在休庭 ×× 分钟，合议庭将对本案评议后进行宣判。请值庭法警将被告人带至候审室。（击法槌）

（合议庭成员自行退庭。书记员目送合议庭成员退庭。）

（公诉人、辩护人、旁听人员自行决定是否离庭。）

【定期宣判前休庭】

审判长：今天的法庭需要审理的事项到此全部结束，合议庭将进行评议，待合议庭评议后将另行宣告判决。休庭后，被告人、辩护人应当阅看庭审记录，如记载有遗漏或差错，可以要求补充或更正，确认无误后，应在笔录上签名。

审判长：被告人 ×××，你听清楚没有？

被告人：

审判长：辩护人听清楚没有？

辩护人：

审判长：现在休庭。（击法槌）

（合议庭成员自行退庭。）

【对于被告人庭审前系非羁押状态的，可以指令被告人留在法庭核对庭审笔录后退庭。】

书记员（站立）：全体起立！（紧随审判长的现在闭庭指令）

书记员：请公诉人退庭。（待合议庭成员退庭后）

书记员：请旁听人员退庭。

书记员：辩护人（证人、鉴定人或其他参与人）当庭核对庭审记录并签名。

七、宣告判决

（十四）当庭宣判

（合议庭评议后，合议庭成员自行入庭。）

审判长：传被告人×××到庭。

（击法槌）现在继续开庭。

审判长：通过刚才的法庭调查、法庭辩论，法庭查明了本案的事实，对本案的证据进行了质证、认证，并充分听取了控辩双方的意见和被告人的最后陈述，合议庭进行了评议，现在我代表合议庭宣判。

审判长（或合议庭法官）：合议庭经评议认为（简要宣读合议庭认定的事实、证据，对控辩双方意见的评判和适用的法律。）

审判长（或承办法官）：判决如下：

书记员：全体起立（书记员不起立）！

（在开庭前书记员向旁听人员释明可不宣布判决书全文。）

审判长（或承办法官）：宣布判决书主文。（击法槌）

审判长：请坐下！

（法警应提示被告人站立）

审判长：被告人×××，刚才法庭当庭作出判决，依据《中华人民共和国刑事诉讼法》第二百零二条之规定，判决书将在五日内送达。如不服本判决，可在接到判决书的第二日起十日内通过本院或直接向××人民法院提出上诉。书面上诉的，应当递交上诉状正本1份、副本×份。

审判长：被告人×××，你听清楚没有？

被告人：

审判长：辩护人听清楚没有？

辩护人：

审判长：被告人、辩护人应当阅看和核对庭审记录，如记载有遗漏或差错，可以要求补充或更正，确认无误后，应在笔录上签名。

审判长：×××人民法院审理的被告人×××（案由）一案，今天的审判活动全部终结。

现在闭庭。（击法槌）（值庭法警提前打开退庭通道）

（合议庭成员自行退庭。）

书记员（站立）：全体起立！（紧随审判长的现在闭庭指令）

（待合议庭成员退庭后）

书记员：请公诉人退庭。

（待以上人员退庭后）

书记员：请旁听人员退庭。

（值庭法警协助书记员做好被告人及辩护人核对庭审笔录工作，待被告人签完字后将被告人还押。被告人被宣告无罪释放、即判即放、缓刑或者监外执行的不得还押。）

（十五）定期宣判

（按照首次开庭前准备）

书记员：全体起立！

书记员：请审判长、审判员（或人民陪审员）入庭！【后转身注视审判长、审判员入庭（或人民陪审员）入庭。】

书记员：（仍然站立面向审判长）报告审判长，庭前准备工作就绪，现在可以开庭！（然后面向旁听席）

审判长：请坐下！

审判长：传被告人×××到庭。

（击法槌）现在继续开庭。

【如需要恢复法庭调查、法庭辩论，按照第一次规程进行。】

审判长：×××人民法院依据《中华人民共和国刑事诉讼法》第二百零

二条之规定，今天依法对被告人×××（案由）一案进行公开宣判。

审判长：××人民检察院向本院提起公诉的被告人×××（案由）一案，本院受理后依法组成合议庭进行了公开（不公开）开庭审理。法庭组织了法庭调查，对控辩双方出示的证据进行了质证，充分听取了控辩双方的意见和被告人的最后陈述。庭审后，经合议庭评议，现在我代表合议庭宣判。

审判长（或承办法官）：（简要宣读判决书中认定的事实、证据，对控辩双方的意见的评判以及适用的法律。）

审判长（或承办法官）：判决如下：

书记员：全体起立！

审判长（或承办法官）：宣布判决书主文。（击法槌）

审判长：请坐下！

（法警应提示被告人站立）

审判长：被告人×××，如不服本判决，可在接到判决书的第二日起十日内通过本院或者直接向×××人民法院提出上诉。书面上诉的，应递交上诉状正本1份、副本×份。

审判长：被告人，你是否听清楚？

被告人：

审判长：被告人、辩护人应在庭审后核对庭审记录，如记载有遗漏或差错，可以要求补充或更正，确认无误后，应在笔录上签名。

审判长：×××人民法院审理的被告人×××（案由）一案，本庭审判活动到此全部结束。现在闭庭。（击法槌）（值庭法警提前打开退庭通道）

（合议庭成员自行退庭。）

书记员（站立）：全体起立！（紧随审判长的现在闭庭指令）

（待合议庭成员退庭后）

书记员：请公诉人退庭。

（待以上人员退庭后）

书记员：请旁听人员退庭。

（值庭法警协助书记员做好被告人及辩护人核对庭审笔录工作，待被告人签完字后将被告人还押。被告人被宣告无罪释放、即判即放、缓刑或者监外执行的不得还押。）

说明：

1. 庭审提纲中的“【　】”表示假设出现某种情形。

2. 庭审提纲中的“(　)”表示需要对前文作补充说明。

关于《人民法院审理职务犯罪案件刑事第一审普通程序庭审提纲（建议稿）》的说明

裴显鼎　王晓东　刘晓虎

当前，全国各地人民法院关于刑事庭审的规程不尽统一。鉴于刑事庭审每一个环节都事关案件审判质量和效率，事关被告人诉讼权利的保障，事关案件审判效果，为贯彻落实《最高人民法院、最高人民检察院、公安部、国家安全部、司法部关于推进以审判为中心的刑事诉讼制度改革的意见》，规范法庭审理程序，提高庭审质量和效率，确保诉讼证据出示在法庭、案件事实查明在法庭、诉辩意见发表在法庭、裁判结果形成在法庭，促进司法公正、彰显司法权威，有必要形成相对统一规范的庭审提纲，对于普通刑事犯罪案件的第一审审理程序相对成熟，而职务犯罪案件的审理具有一定的特殊性，特别是随着反腐败斗争出现的新情况新问题，使职务犯罪的一审程序备受关注，庭审的重要性不断彰显。基于以上考虑，根据《中华人民共和国人民法院组织法》、《中华人民共和国刑事诉讼法》（以下简称《刑事诉讼法》）、《最高人民法院关于适用〈中华人民共和国刑事诉讼法〉的解释》（以下简称《刑诉法解释》）、《中华人民共和国人民法院法庭规则》（以下简称《法庭规则》）、《人民法院办理刑事案件第一审普通程序法庭调查规程（试行）》等有关规定，总结近年来人民法院审理的上百起职务犯罪大要案经验，借鉴北京、上海、江苏、山东、吉林、浙江、重庆等地法院一些经验和做法，我们撰写了《人民法院审理职务犯罪案件刑事第一审普通程序庭审提纲（建议稿）》，供各地法院审理职务犯罪案件时参考。

一、适用范围

本建议稿适用于人民法院审理职务犯罪案件第一审普通程序。经济犯罪刑事公诉案件第一审程序可以参考适用。涉外犯罪案件，适用相关程序规定。相关程序没有规定的，可以参考适用本建议稿。

二、庭审的组织及分工

（一）关于合议庭的组成

根据《刑事诉讼法》第一百八十三条和《中华人民共和国人民陪审员法》（以下简称《人民陪审员法》）第十四条、第十六条等规定，基层人民法院、中级人民法院审理第一审刑事公诉案件，应当由审判员三人或者由审判员和人民陪审员共三人或者七人组成合议庭。合议庭的成员人数应当是单数。

（二）关于合议庭成员的分工

根据《最高人民法院关于全面深化人民法院改革的意见——人民法院第四个五年改革纲要（2014－2018）》第二十七条的规定，合议庭审判长由主审法官担任，合议庭成员都是主审法官的，原则上由承办案件的主审法官担任审判长。在审判长的组织下，合议庭成员平等参与案件的庭审、评议、裁判等工作，独立表达意见并说明理由。

同时，依照《人民陪审员法》第二十一条、第二十二条的规定，人民陪审员参加三人合议庭审判案件，对事实认定、法律适用，独立发表意见，行使表决权。人民陪审员参加七人合议庭审判案件，对事实认定，独立发表意见，并与法官共同表决；对法律适用，可以发表意见，但不参加表决。

（三）关于法官助理、书记员的职责

根据《刑事诉讼法》以及《最高人民法院关于完善人民法院司法责任制的若干意见》第十九条、第二十条等规定，法官助理、书记员应当在法官的指导下履行相应的职责。法官助理具体履行以下职责：（1）审查诉讼材料，协助法官组织庭前证据交换；（2）协助法官组织庭前调解，草拟调解文书；（3）受法官委托或者协助法官依法办理财产保全和证据保全措施等；（4）受法官指派，办理委托鉴定、评估等工作；（5）根据法官的要求，准备与案件审理相关的参考资料，研究案件涉及的相关法律问题；（6）在法官的指导下草拟裁判文书；（7）完成法官交办的其他审判辅助性工作。

书记员按照有关规定履行以下职责：（1）负责庭前准备的事务性工作；（2）检查开庭时诉讼参与人的出庭情况，宣布法庭纪律；（3）负责案件审理中的记录工作；（4）整理、装订、归档案卷材料；（5）完成法官交办的其他事务性工作。

宣布法庭纪律的书记员的席位一般设置在法官通道入口的另一侧，以便书记员观察合议庭成员入庭，并转身向审判长报告。法官助理的席位，原则与书记员的席位并排设置。一般靠近法官通道一侧，以免中途退庭时造成不必要的干扰。同时，法官助理与书记员并排，一般安排在书记员左侧。同时需要说明的是，有的检察人员出庭时也会带助理、书记员，对于检察官助理和书记员，审判长在庭审中不介绍，座位应安排在公诉人的后面。辩护人及其助理亦按照上述规则安排。

三、庭前准备

（一）关于合议庭受理案件后的准备

为保证庭审质量，提高庭审效率，案件受理后，合议庭成员应当做好下列工作：（1）认真阅卷，审查案件事实及相关证据，整理和归纳控辩双方的诉讼主张、争议焦点，明确庭审分工，制作庭审提纲。必要时，应当制作应对预案和工作方案；（2）审查决定是否排除非法证据；（3）审查决定是否召开庭前会议；（4）根据被告方申请，审查决定是否变更强制措施；（5）根据被告方申请，审查决定是否调取新证据。

（二）关于法官助理、书记员的庭前准备

1. 开庭十日、三日前。法官助理、书记员应当做好《刑诉法解释》第二百二十一条第（二）项至第（六）项工作。这些工作大致可以归类为送达、通知、公布等工作。具体是：（1）开庭十日以前将起诉书副本送达被告人、辩护人；（2）通知当事人、法定代理人、辩护人、诉讼代理人在开庭五日以前提供证人、鉴定人名单，以及拟当庭出示的证据；申请证人、鉴定人、有专门知识的人出庭的，应当列明有关人员的姓名、性别、年龄、职业、住址、联系方式；（3）开庭三日以前将开庭的时间、地点通知人民检察院；（4）开庭三日以前将传唤当事人的传票和通知辩护人、证人、鉴定人等出庭的通知书送达；通知有关人员出庭，以采取电话、短信、传真、电子邮件、即时通讯等能够确认对方收悉的方式通知的，到庭后书面确认；（5）公开审理的案件，在开庭三日以前公布案由、被告人姓名、开庭时间和地点。

2. 核对旁听人员身份情况。对于公开审理的案件，书记员在开庭前要查实是否有媒体记者参加旁听。如果有，要核实相关工作人员身份以及审查媒体记者工作方式是否属于法庭纪律允许范围。同时，对旁听人员身份进行核实。核实是否有被告人的近亲属参加，一般近亲属限制在 2—3 人。如发现未成年人、精神病人、醉酒人员或与案件有关的人员以及其他不宜参加旁听的人员，应及时向审判长报告，并采取相应措施。

3. 核对公诉人、辩护人身份情况。书记员要逐一核对身份，统计相关人数，确保每位被告人的辩护人不得超过 2 人。

4. 核对证人、鉴定人、勘验人、专家身份情况。如有证人、鉴定人、勘验人、专家出庭作证或说明情况的，书记员要核对身份，并安排专门的场所等候法庭传唤。

5. 核实被告人身份情况。被告人较多的，可以在开庭前由法官助理或书记员查明姓名、出生日期、出生地、民族、文化程度、职业、住址。被告单位较多的，可以在开庭前查明被告单位的名称、住所地、诉讼代表人的姓名、职务；是否受过刑事处罚、行政处罚、处分以及相应的种类、时间，涉及累犯的，应当核实刑罚种类、判处法院、判处日期以及释放日期；是否因本案被采取强制措施及强制措施的种类、时间；收到起诉书副本的日期。

对于已召开过庭前会议的案件，法官助理、书记员对相关人员的身份情况可以简要核对；对于未召开过庭前会议的案件，法官助理、书记员对相关人员的身份情况应当仔细核对。

（三）关于法庭纪律的宣布

宣布法庭纪律是书记员的一项重要职责。根据《法庭规则》第十七条的规定，全体人员在庭审活动中应当服从审判长的指挥，尊重司法礼仪，遵守法庭纪律。这里讲的“司法礼仪”主要是指合议庭组成人员入庭时应当全体起立、着装规范等情况。

法庭服饰从一个侧面反映了司法文明的进展程度和发展水平。2016 年 5 月 1 日起施行的《法庭规则》第十二条和第十三条对出庭人员的着装作出了明确规定。一是关于出庭履行职务的人员的着装问题。根据《法庭规则》第十二条第一款的规定，按照职业着装规定着装，这些职业包括人民法院审判员、书记员、司法警察，人民检察院检察员、书记员、律师等。一方面表明职业特点，另一方面彰显司法礼仪。《法庭规则》第十二条第一款同时规定，出庭履行职务的人员，具有下列情形之一的，着正装：（1）没有职业着装规定。如人民陪审员，由于来源广泛，不可能有统一的职业着装规定。（2）侦查人员出庭作证。公安机关和检察机关的侦查人员，虽有统一的职业着装规定，出庭作证与履行职务也有一定关系，但其实际是在履行作证的义务，而非代表国家行使侦查控诉权力，因此不必着职业装。（3）所在单位系案件当事人。如果相关单位作为单位犯罪的刑事被告，其诉讼代表人出庭时虽然也是在履行职务，但亦不宜穿着带有单位标识的职业服装，避免强化本单位的外在符号。二是关于非出庭履行职务的出庭人员及旁听人员的着装问题。根据《法庭规则》第十二条第二款的规定，非履行职务的出庭人员及旁听人员，应当文明着装。文明着装既是司法礼仪的体现，也是维护正常法庭秩序的基本要求。非履行职务的出庭人员及旁听人员在着装方面，除了整齐、整洁、完好外，还需注意文明大方和搭配适体。三是关于被告人出庭时的着装问题。出庭受审时被告人的着装深刻反映出国家对被告人的态度。《刑事诉讼法》第十二条规定："未经人民法院依法判决，对任何人都不得确定有罪。"该规定在相当程度上体现了无罪推定精神。被告人出庭受审不穿识别服是对被告人人格尊严的尊重以及对其公平受审权利的保障。因此，《法庭规则》第十三条第一款规定："刑事在押被告人或上诉人出庭受审时，着正装或便装，不着监管机构的识别服。"

这里讲的"法庭纪律"是指不得实施下列行为：（1）鼓掌、喧哗；（2）吸烟、进食；（3）拨打或接听电话；（4）对庭审活动进行录音、录像、拍照或使用邮件、博客、微博客等移动通信工具等传播庭审活动；（5）其他危害法庭安全或妨害法庭秩序的行为。鉴于具备安检功能的法庭，在安检期间，法警已经告知旁听人员禁止拨打或接听电话；禁止对庭审活动进行录音、录像、拍照或使用邮件、博客、微博客等移动通信工具等传播庭审活动，为节省庭审时间，书记员可不重复宣布该两项纪律。

检察人员、诉讼参与人发言或提问，应当经审判长许可。

旁听人员不得进入审判活动区，不得随意站立、走动，不得发言和提问。

媒体记者经许可对庭审活动进行录音、录像、拍照或使用移动通信工具等传播庭审活动的，应当在指定的时间及区域进行，不得影响或干扰庭审活动。

正是因为法庭纪律中含有对检察人员发言或提问的要求，书记员宣布法庭纪律时，检察人员必须在场。因此，检察人员应当在书记员宣布法庭纪律前入庭。然后由书记员宣布全体起立，并请审判长、审判员（人民陪审员）入庭。

四、宣布开庭

（一）关于宣布开庭和击法槌的时间节点

当前，各地法院对于审判长是先传被告人到庭还是先击法槌、宣布开庭，存在不同看法。一种观点认为，《刑诉法解释》第二百三十五条第一款的规定是“审判长宣布开庭，传被告人到庭后……”，根据该表述，击法槌的目的就是宣布开庭，因此，应当先击法槌，宣布开庭，再传被告人到庭。另一种观点认为，法庭审理的对象是被告人，只有在审理对象到庭的情况下，宣布开庭才有实质意义。同理，宣布休庭或闭庭，也应当是面对被告人宣布才有意义。因此，应当先传被告人到庭，查明被告人的身份确属本案审理的被告人后，再击法槌，宣布开庭。经研究，我们倾向于后一种观点。我们认为，《刑诉法解释》第二百三十五条第一款不是专门针对先传被告人还是先宣布开庭的规定，被告人是刑事庭审不可或缺的角色，宣布开庭、休庭、闭庭，被告人应当在场。因而规范的程序应当是审判长就座后，书记员站立侧向审判长并报告庭前准备工作就绪，之后转身面向旁听席。审判长让大家坐下后，传被告人到庭，查明被告人身份之后击法槌，然后宣布开庭。依据《刑诉法解释》第二百三十五条第二款的规定，被告人人数较多的，可以在开庭前查明上述情况，说明并非在宣布开庭后才能查明当事人身份。

（二）关于被告人械具的解除

庭审过程中，原则上应当将被告人的械具解除。这是基于国际人道主义的做法，符合无罪推定的要求和司法文明的惯例，同时也减轻被告人的心理压力。职务犯罪案件中的被告人，往往没有暴力倾向体现，加上年龄较大，如长时间戴上械具，可能会因损伤身体健康而影响庭审的正常进行。一般情况下，对于职务犯罪案件的被告人，法警会在入庭前解除械具，但有时也存在未解除的情形。如果法警未在入庭前解除被告人的械具，审判长应当下令解除。

有原则就有例外。根据《法庭规则》第十三条第二款的规定，如果被告人人身危险性大，可能危及法庭安全的，可以不解除械具。如被告人在羁押期间，时常表现出暴力倾向，出现紧急情况，值庭法警难以控制的，如解除械具，可能对法庭安全造成较大威胁。

（三）关于被告人的身份情况

一般情况下，应当由审判长当庭核实被告人的身份情况。但是在被告人为多人的案件中，法官助理、书记员往往在开庭前已核实被告人的身份情况。这种情况下，审判长在开庭时可以不再核实，但书记员应当作出说明，审判长直接宣布开庭。

被告人的身份信息一般包括姓名、出生年月、出生地、民族、文化程度、政治面貌、工作单位或职业、户籍地和居住地，其中，政治面貌是根据《中国共产党纪律处分条例》等规定和中央精神而添加的一项身份信息核查。对于职务犯罪的被告人是必须核实的内容。对被告人身份有疑问的，要问清姓名所涉及的具体文字，避免同音汉字带来的混淆问题。年龄有周岁和虚岁之分，要问清出生年月日，甚至属相。

（四）关于起诉书副本送达的核实

法官助理、书记员在庭前准备阶段已对起诉书副本的送达作初步核实，但起诉书副本的送达属于被告人诉讼权利保障的一项重要内容，故在庭审时有必要对被告人是否收到起诉书以及收到的时间进行核实。鉴于被告人有可能对收到起诉书副本的时间产生记忆模糊，遇到此种情形时，审判长有必要进行相关提示。如被告人称忘记或所说有误，审判长可以进一步发问："根据送达笔录的记载，我院于××××年××月××日向你送达起诉书副本，你已签收。被告人×××对此有无异议?"

（五）关于开庭事项的宣布

根据《刑诉法解释》第二百三十六条、第二百三十七条的规定，审判长宣布案件的来源、起诉的案由、附带民事诉讼当事人的姓名及是否公开审理；不公开审理的，应当宣布理由；宣布合议庭组成人员、法官助理、书记员、公诉人的名单及辩护人、鉴定人、翻译人员等诉讼参与人的名单。

一般情形下，各地法院对开庭需要宣布的事项已形成比较完善的制度，但对特殊情形，在哪一环节宣布和说明做法不一，故本建议稿对此作了参考性建议。即在审判长宣布完合议庭组成人员后，如同案被告人中经鉴定具有应激相关障碍而未出庭的，审判长应当作出说明：鉴于被告人×××经鉴定有应激相关障碍，目前无受审能力，本院已于庭前依法裁定对被告人×××中止审理。

此外，如有翻译人员、鉴定人、有专门知识的人出庭的，审判长应宣布翻译人员、鉴定人、有专门知识的人的姓名、工作单位、职务。如被告人的辩护人系指派或者被告人没有委托辩护人的，审判长应当作出专门的说明。

（六）关于诉讼权利的告知

根据《刑诉法解释》第二百三十八条的规定，审判长应当告知被告人及其辩护人在法庭审理过程中依法享有下列诉讼权利：（1）可以申请合议庭组成人员、法官助理、书记员、公诉人、鉴定人和翻译人员回避；（2）可以提出证据，申请通知新的证人到庭、调取新的证据，申请重新鉴定或者勘验；（3）被告人可以自行辩护；（4）被告人可以在法庭辩论终结后作最后陈述。

（七）关于申请回避的询问和处理

1. 关于是否申请回避的询问。根据《刑诉法解释》第二百三十九条的规定，审判长应当询问当事人及其辩护人是否申请回避、申请何人回避和申请回避的理由。

2. 关于申请回避的处理。根据《刑诉法解释》第三十二条、第三十五条、第三十六条、第二百三十九条的规定，当事人及其辩护人申请审判人员回避的，应说明理由并报院长决定，院长担任审判长的，由审判委员会决定。合议庭可以口头或者书面形式告知申请人同意或者驳回回避申请。若申请人在接到决定后当庭申请复议，合议庭应当宣布休庭后，再作出复议决定。同意或驳回回避申请的决定及复议决定，对合议庭组成人员及其他人员的回避，由审判长宣布并说明理由。对审判长的回避，由院长到庭宣布。当事人及其辩护人申请出庭的检察人员回避的，人民法院应当决定休庭，并通知人民检察院，公诉人回避由检察长决定，检察长担任公诉人的，由检察委员会决定。当事人及其辩护人对审判委员会委员提出回避申请、复议的，应提出理由和相关依据，由合议庭报院长或审判委员会讨论决定，由院长或其授权的人员宣布决定或作出复议决定。

不属于《刑事诉讼法》第二十九条、第三十条及《刑诉法解释》第二十七条、第二十八条规定情形的回避申请，由法庭当庭驳回，并不得申请复议。

五、法庭调查

（一）关于宣读起诉书

根据《刑诉法解释》第二百四十条的规定，审判长宣布法庭调查开始后，应当先由公诉人站立宣读起诉书。

公诉人当庭发表与起诉书不同的意见，属于变更、追加、补充或者撤回起诉的，人民法院应当要求人民检察院在指定时间内以书面方式提出。其中，变更、追加、补充起诉的，应当给予被告人及其辩护人必要的答辩时间，原则上宣布休庭。被告人及其辩护人明确提出不需要时间准备直接答辩的，同意继续开庭的除外。人民检察院在指定时间内未提出的，人民法院应当根据法庭审理情况，就以检察机关起诉指控的犯罪事实依法作出判决、裁定。

（二）关于庭前会议

落实庭前会议制度是确保庭审发挥实质性作用、深化以审判为中心的刑事诉讼制度改革的重要部分。如果召开庭前会议，需要明确管辖、新证据、排除非法证据、证人出庭、证据展示等问题。庭前会议可以听取控辩双方对证据材料的意见，但采信的证据必须经过庭审质证。即使控辩双方在庭前会议中对证据无异议，也不得以庭前会议的展示代替庭审出示和质证。庭前会议不限时间和次数，庭前会议控辩双方达成一致的内容，在庭审时要说明，对无异议的证据必须举证，举出证据名称和要证明的事项即可。

（三）关于被告人及其辩护人对指控犯罪事实的陈述

审判长应引导控辩双方首先围绕起诉指控犯罪事实陈述意见，先由被告人对起诉指控的犯罪事实陈述意见，再由辩护人针对起诉指控的犯罪事实陈述意见。

（四）关于对被告人的讯问、发问

审判长应当主持诉讼各方围绕起诉指控的犯罪事实向被告人讯问、发问。首先，由公诉人讯问被告人；接下来辩护人可以就公诉人讯问的犯罪事实向被告人补充发问。合议庭成员可以讯问被告人。需要注意的是，讯问被告人时，要告知被告人有如实供述的义务，同时也有辩解的权利。讯问同案审理的被告人，应当分别进行。必要时，可以传唤同案人到庭对质。

（五）关于庭审调查中的陈述、讯问、发问要求

根据《刑事诉讼法》第一百九十九条、《刑诉法解释》第二百六十一条、第二百六十二条的规定，审判长在庭审过程中发现陈述和发问的内容与正在调查的事实无关或明显重复；威胁当事人、损害当事人人格尊严；藐视法庭、公诉人；损害他人及社会公共利益；在公开审理的案件中，涉及国家秘密、个人隐私以及存在其他应当干预的情况，应予制止。如控辩双方的讯问、发问方式不当或者内容与本案无关的，对方可以提出异议，申请审判长制止，审判长应当判明情况予以支持或者驳回；对方未提出异议的，审判长也可以根据情况予以制止。

（六）关于庭审举证

根据《刑诉法解释》第二百四十六条、第二百四十七条的规定，在控诉一方先行举证后，被告人及其辩护人可以申请出示证据。控辩双方申请证人出庭作证，出示证据，应当说明证据的名称、来源和拟证明的事实。法庭认为有必要的，应当准许；对方提出异议，认为有关证据与案件无关或者明显重复、不必要，法庭经审查异议成立的，可以不予准许。

（七）关于证人、鉴定人出庭作证

《最高人民法院关于深化人民法院司法体制综合配套改革的意见——人民法院第五个五年改革纲要（2019—2023）》指出，要完善法庭调查程序，落实证人、鉴定人、侦查人员出庭作证制度，确保庭审发挥实质性作用。根据《刑事诉讼法》第一百九十七条、《刑诉法解释》第二百五十二条、第二百五十八条的规定，公诉人、当事人或者辩护人对证人证言有异议，且该证人证言对定罪量刑有重大影响，或者对鉴定意见有异议，申请法庭通知证人、鉴定人出庭作证，人民法院认为有必要的，应当通知；无法通知或者证人、鉴

定人拒绝出庭的，应当及时告知申请人。

证人、鉴定人到庭后，审判人员应当核实其身份、与当事人以及本案的关系，并告知其有关作证的权利义务和法律责任。特别指出作伪证应承担法律责任，对与证明内容无关的提问可以拒绝回答。

证人、鉴定人作证前，应当保证向法庭如实提供证言、说明鉴定意见，并在保证书上签名。

关于隐蔽作证，是指在刑事诉讼过程中，为了保护特定证人的人身、财产的安全，在不暴露证人身份信息、面貌甚至声音的情况下，通过特定的法庭隐蔽设备，适用现代科技手段，如现场闭路电视、电脑多媒体等，使证人接受控、辩、审三方的询问、质证，履行作证义务。隐蔽作证的最根本目的是在保护证人安全的基础上，促使证人出庭作证。对此，《法庭规则》第四条规定："刑事法庭可以配置同步视频作证室，供依法应当保护或其他确有保护必要的证人、鉴定人、被害人在庭审作证时使用。"根据《刑事诉讼法》第六十四条的规定，对于危害国家安全犯罪、恐怖活动犯罪、黑社会性质的组织犯罪、毒品犯罪等案件，证人、鉴定人、被害人因在诉讼中作证，本人或者其近亲属的人身安全面临危险的，人民法院、人民检察院和公安机关应当采取保护作证措施；证人、鉴定人、被害人认为因在诉讼中作证，本人或者其近亲属的人身安全面临危险的，可以向人民法院、人民检察院和公安机关请求予以保护。因此，如何在法庭上保障证人的隐蔽性是这一制度实现的关键。证人进行隐蔽作证的，可由法院工作人员事先将其带入同步视频作证室，证人作证时，对其采取物理遮蔽和声音改变的措施来加以保护；对于隐蔽作证的证人进行法庭调查时，可以事先核实其身份，而不是当庭核实；庭审中可以相应代号、化名表示证人；在保证书上的签名可以用手印、化名等方式替代，避免暴露真实身份。

（八）关于对证人、鉴定人的发问

根据《刑事诉讼法》第一百九十四条、《刑诉法解释》第二百五十九条、第二百九十三条的规定，向证人、鉴定人发问，应当先由提请通知的一方进行；发问完毕后，经审判长准许，对方也可以发问。审判人员认为必要时，可以询问证人、鉴定人。注意在向证人发问时应当遵循以下规则：（1）发问的内容应当与本案事实有关；（2）不得以诱导方式发问；（3）不得威胁证人；（4）不得损害证人的人格尊严。前述规则同样适用于对被告人、鉴定人、有专门知识的人的讯问、发问。证人作证完毕后，审判长应当要求证人退出法庭，告知庭审后应阅看证人证言笔录，在确认无误后签名或盖章。证人不得留在法庭旁听案件。

（九）关于对证据存在疑问的处理

根据《刑事诉讼法》第一百九十六条、《刑诉法解释》第二百七十一条的规定，法庭对证据有疑问的，可以告知公诉人、当事人及其辩护人补充证据或者作出说明；必要时，可以宣布休庭，对证据进行调查核实。对公诉人、当事人及其辩护人补充的和法庭庭外调查核实取得的证据，应当经过当庭质证才能作为定案的根据。但是，对不影响定罪量刑的非关键证据、有利于被告人的量刑证据以及认定被告人有犯罪前科的裁判文书等证据，经庭外征求意见，控辩双方没有异议的除外。有关情况，应当记录在案。

（十）关于要求出示或调取新证据的处理

根据《刑事诉讼法》第一百九十七条、《刑诉法解释》第二百七十二条、第二百七十三条的规定，公诉人申请出示开庭前未移送人民法院的证据，辩护方提出异议的，审判长应当要求公诉人说明理由；理由成立并确有出示必要的，应当准许。辩护方提出需要对新的证据做辩护准备的，法庭可以宣布休庭，并确定准备辩护的时间。辩护方申请出示开庭前未提交的证据，参照适用前述情况。法庭审理过程中，当事人及其辩护人、诉讼代理人申请通知新的证人到庭，调取新的证据，申请重新鉴定或者勘验的，应当提供证人的基本信息、证据的存放地点，说明拟证明的案件事实，要求重新鉴定或者勘验的理由。法庭认为有必要的，应当同意；不同意的，应当说明理由并继续审理。

（十一）关于对量刑事实的调查

根据《刑诉法解释》第二百七十六条的规定，法庭审理过程中，对与量刑有关的事实、证据，应当进行调查。合议庭除应当审查被告人是否具有法定量刑情节外，还应当根据案件情况审查以下影响量刑的情节：（1）案件起因；（2）被害人有无过错及过错程度，是否对矛盾激化负有责任及责任大小；

（3）被告人的近亲属是否协助抓获被告人；（4）被告人平时表现，有无悔罪态度；（5）退赃、退赔及赔偿情况；（6）被告人是否取得被害人（单位）或者其近亲属谅解；（7）影响量刑的其他情节。

（十二）关于庭审质证

根据《刑诉法解释》第二百六十七条的规定，审判长应要求控辩双方针对指控的事实，围绕证据的客观性、合法性和关联性发表质证意见，查明证据材料的证据资格和证明力。审判长也可以根据案件的具体情况，安排控辩双方主要在辩论阶段发表有关证据关联性的意见。控辩双方发表质证意见时，最后发表意见的应是质证方，不是举证方。

（十三）关于认证

证据经过庭审质证后，应当根据证据的三性——客观性、关联性、合法性进行认证。经过庭审质证的证据，我们认为，能够当庭认定的，应当当庭认定，并由审判长当即宣布；当即不能认定的，可以庭审后评议再予认定，对该种情况，审判长也应当庭予以释明。

六、法庭辩论

（一）关于法庭辩论阶段的开始

合议庭认为案件事实已经调查清楚的，由审判长宣布法庭调查结束，由控辩双方针对定罪、量刑的事实、证据和适用法律等问题进行法庭辩论。

（二）关于法庭辩论的内容

法庭辩论的内容包括起诉指控的事实是否成立、证据的证明力大小、是否构成犯罪、犯罪的性质、罪责的轻重、量刑的事实、刑罚处罚、具体法律的适用等。审判长应当引导控辩双方，围绕争议焦点展开法庭辩论。

（三）关于法庭辩论的顺序

根据《刑诉法解释》第二百八十一条的规定，在审判长的主持下，法庭辩论按照下列顺序进行：（1）公诉人发言；（2）被害人及其诉讼代理人发言；（3）被告人自行辩护；（4）辩护人辩护；（5）控辩双方进行辩论。

法庭辩论一般进行二轮，第一轮为总辩论，第二轮为补充辩论。控辩双方对指控的主要犯罪事实及罪名不持异议的，可以仅安排一轮辩论；控辩双方在第二轮辩论后仍有新的意见需要发表的，也可以进行第三轮的最后总结性辩论。审判长可以根据案件情况，决定法庭辩论的轮次和每轮辩论的时间。每一轮辩论在辩护人发言后结束。

（四）关于法庭辩论中的法庭干预

根据《刑事诉讼法》第一百九十八条第三款及《刑诉法解释》第二百八十五条的规定，法庭辩论过程中，审判长应当充分听取控辩双方的意见，对控辩双方与案件无关、重复或者指责对方的发言应当提醒、制止。

需要重点提示的是，为将案件办成铁案，经得起历史的检验，对于案件事实证据存疑、被告人供述反复、同案犯亦尚未形成稳定供述，无法相互印证的，即使被告人已认罪认罚，对于辩护人在庭审中发表无罪意见的，法庭不应以被告人利用认罪认罚程序而随意制止辩护人的发言。

（五）关于法庭辩论的中止

根据《刑诉法解释》第二百八十六条的规定，法庭辩论过程中，合议庭发现与定罪、量刑有关的新的事实，有必要调查的，审判长可以宣布暂停辩论，恢复法庭调查，在对新的事实调查后，继续法庭辩论。

七、最后陈述

（一）关于最后陈述的要求

根据《刑诉法解释》第二百八十七条的规定，审判长宣布法庭辩论终结后，合议庭应当保证被告人充分行使最后陈述的权利。最后陈述一般主要围绕被告人对犯罪事实的认识、对法律处理的意见和要求进行。被告人在最后陈述中多次重复自己的意见的，审判长可以制止。陈述内容蔑视法庭、公诉人，损害他人及社会公共利益，或者与本案无关的，应当制止。在公开审理的案件中，被告人最后陈述的内容涉及国家秘密、个人隐私或者商业秘密的，应当制止。

（二）关于最后陈述的中止

根据《刑诉法解释》第二百八十八条的规定，被告人在最后陈述中提出新的事实、证据，合议庭认为可能影响正确裁判的，应当恢复法庭调查；被告人提出新的辩解理由，合议庭认为可能影响正确裁判的，应当恢复法庭辩论。

揭发、检举是反腐败斗争中的重要线索来源，也是被告人争取从宽处理的机会。为了确保报告人没有后顾之忧地进行检举、揭发，也为了维护后续调查工作的顺利进行以及正常的审判秩序，当被告人提出揭发、检举时，审判长应当立即休庭，其他人员退庭，由被告人当庭书写揭发检举材料，当庭密封提交法庭，由其转给有关机关。

八、庭审结束

在被告人最后陈述后，审判长宣布休庭，由合议庭进行评议。

（一）关于被告人休庭时、闭庭后的状态表述

长期以来，许多地方在休庭时、闭庭后，审判长指令“将被告人还押”。然而，这种指令不够准确，忽略了被告人还需要阅看和核对庭审笔录。依据《刑诉法解释》第二百九十三条的规定，当事人、辩护人、证人、鉴定人需要当庭核对笔录，如果旁听人员是最后退庭，可能会对当事人等产生影响。同时，为了减少被告人与辩护人在核对庭审笔录时彼此交流和干扰，应当先让旁听人员退庭。当庭宣判的，由值庭法警将被告人带至法庭。宣告判决后，由值庭法警将被告人带至候审室核对庭审笔录，待签完字后将其还押。

在宣告判决前的核对庭审笔录环节，对于被告人已被变更为非羁押强制措施的，可以指令被告人留在法庭核对庭审笔录后退庭，无须指令值庭法警将被告人带至候审室。不应在宣告判决后核对庭审笔录，只需核对宣判内容部分，被告人已被宣告无罪释放、即判即放、缓刑、监外执行的，可以指令被告人留在法庭核对宣判笔录，无须指令值庭法警将被告人带至候审室，也不得指令将被告人还押。

（二）关于辩护人休庭、闭庭后的状态表述

一些法院的书记员常常在闭庭后指令“请公诉人、辩护人退庭”。这种做法，大多受“公诉人、辩护人”同时入庭情况的影响。然而，无论是《刑事诉讼法》《刑诉法解释》的规定，还是长期以来司法实践中形成的惯例，均要求被告人及辩护人核对庭审笔录，而未要求公诉人核对庭审笔录。鉴于当庭核对或者当场核对庭审笔录权威性更高、可信度更强，因此，辩护人不应退庭，应直接留在法庭核对庭审笔录。否则，书记员提示辩护人退庭后又让辩护人进入法庭核对庭审笔录，在形式上多余，也显得司法活动不够严肃。据此，书记员可以指令“旁听人员退庭”“请公诉人退庭”，而无须指令“请辩

护人退庭”。

（三）关于在休庭后需要继续审理的情形下，合议庭成员、各诉讼参与人的状态表述

审判长指令休庭且当日休庭后会继续审理的，合议庭成员退庭时，无需书记员提示，而由合议庭成员自行退庭。公诉人、辩护人、旁听人员是否离开法庭应当听从书记员的指令。继续审理时，合议庭成员自行入庭，其他诉讼参与人如离开法庭的可自行入庭。值庭法警将被告人带入法庭后，由审判长击槌继续开庭。

九、宣告判决

（一）关于公开宣判

根据《刑诉法解释》第三百零四条、《法庭规则》第十五条的规定，案件宣判一律公开进行。公开宣判分为当庭宣判和定期宣判。审判长或主持宣判的合议庭成员应在宣判中宣布认定的证据及认证理由、确认的案件事实、适用的法律、裁判理由及裁判的结论。合议庭成员在宣布裁判结果（主文）时，书记员应宣布全体起立。合议庭成员在宣布裁判结论后，书记员应请全体人员坐下。

（二）关于当庭宣判

合议庭认为可以当庭宣判的案件，应当在合议庭评议后，立即进行宣判。当庭宣判应由合议庭全体成员参加，由审判长主持。

（三）关于定期宣判

书记员应当将合议庭决定的宣判时间通知公诉人、当事人及其他诉讼参与人，做好定期宣判的准备工作。定期宣判可以由合议庭进行，也可以由审判长指定合议庭成员进行。审判长出庭的，由审判长主持。定期宣判，一般参照首次开庭的规程进行。

湖南省高级人民法院关于贪污贿赂案件审判适用法律若干问题的解答

一、关于涉犯罪主体的相关问题

问题1　如何理解把握《刑法》第九十三条“从事公务”的含义?

答: 从事公务，是指代表国家机关、国有公司、企业事业单位、人民团体等履行组织、领导、监督、管理等职责。公务主要表现为与职权相联系的公共事务以及监督、管理国有财产的职务活动。如国家机关工作人员依法履行职责以及国有公司的董事、经理、监事、会计、出纳人员等管理、监督国有财产等活动，属于从事公务。那些不具备职权内容的劳务活动、技术服务工作，如售货员、售票员等所从事的工作，一般不认为是公务。

问题2　如何理解把握《刑法》第九十三条“国家机关、国有公司、企业、事业单位委派到非国有公司、企业、事业单位、社会团体从事公务的人员”中“委派”的含义?

答: 对于委派的内涵及外延，应从两个方面的特征来加以理解和把握：一是形式特征，委派在形式上可以不拘一格，如任命、指派、提名、推荐、认可、同意、批准等均无不可；二是实质特征，需代表国家机关、国有公司、企业、事业单位在非国有公司、企业、事业单位、社会团体中从事组织、领导、监督、管理等公务活动，亦即国有单位意志的直接代表性。区分是否委派的关键不在于行为人管理职位的直接来源，而是在于其管理职位与相关国有单位的意志行为是否具有关联性和延续性。在此种情形中，行为人之所以能够在非国有企业中的经营管理层获得职位，与国有出资单位的指派密不可分。具体依照何种程序、形式取得非国有企业的管理职位，对于成立委派与否的认定不具有决定性意义。

问题 3　对于依照《公司法》规定产生的公司负责人能否认定为受国有单位委派从事公务的人员?

答: 受国有单位委派到非国有单位从事公务的人员的认定关键要把握好“受委派”和“从事公务”两个特征。对于“受委派”，无论是书面委任文件还是提名，只要是有证据证明属于上述委派形式之一即可。在国有单位是公司实际投资人的情况下，聘任行为人担任公司负责人，属于国有单位履行投资主体的权利。投资主体委派公司负责人与股东选举公司经理是两个不同的程序，不能因为公司经理须经股东会选举程序而否认其受国有单位委派从事公务的性质。

问题 4　如何认定村委会、村民小组长等村基层组织人员是否“从事公务”?

答: 第一，看行为人处理的相关事务是村基层组织的事务还是人民政府的事务。第二，看行为人处理相关事务是否具有职权内容。村基层组织人员如果是在协助人民政府从事《全国人民代表大会常务委员会关于〈中华人民共和国刑法〉第九十三条第二款的解释》中规定的行政管理工作，应当属于“其他依照法律从事公务的人员”。村基层组织人员代表村委会、村民小组长等管理村集体事务的，不属于“从事公务”。

问题 5　国有企业改制期间的留守人员，与企业解除劳动关系后，能否被认定为国家工作人员?

答: 国家工作人员的本质特征是从事公务，是否认定为国家工作人员，不是取决于形式上是否与国有企业解除劳动关系，而是取决于实质上是否仍然在国有企业从事监督、管理国有资产等公务。国有企业在改制期间仍是国有企业，其资产仍然是国有资产，改制期间的留守人员，只要在国有企业领取薪酬，对国有资产仍负有监督、管理等职责，就应认定为国家工作人员。

问题6　在国家机关设立的非常设性工作机构中从事公务的非在编人员是否属于国家工作人员?

答: 地方人民政府设立的行使特定管理职能的非常设性机构，属于国家行政机关。只要是在国家机关中从事公务，非在编人员亦视为国家工作人员。

问题7　国有医疗机构的医疗数据管理工作是否属于“公务”?

答: 国有医疗机构中，从事医疗数据统计、传输、维护等信息管理工作的事业编制人员，其统计、传输、维护的信息和数据系国有医疗机构对医疗业务进行管理、监督、决策的重要依据，属于医保信息，工作内容具有公务性质，该类人员系国有事业单位中从事公务的人员，应以国家工作人员论。行为人利用从事信息管理的职务便利，非法收受医药营销人员财物，向其提供本医疗机构药品使用情况统计数据等信息，为相关药品生产、销售企业以不正当手段销售药品提供便利的行为，应以受贿罪定罪处罚。

问题8　具有两种不同特定身份的人共同实施贪污贿赂犯罪的，应如何定罪处罚?

答: 一般应当尽量区分主从犯，按照主犯的犯罪性质定罪。需要特别指出的是，共同犯罪中同案犯具有不同的特定身份，不是一律依其不同身份分别定罪，关键是看各行为人是否分别利用了本人的职务便利实施犯罪。司法实践中，如果根据案件的实际情况，各共同犯罪人在共同犯罪中的地位、作用相当，难以区分主从犯的，可以以贪污罪或者受贿罪定罪处罚。

问题9　如何区分单位行贿罪与行贿罪?

答: 要结合单位意志尤其是单位利益来把握。单位负责人或受单位委托的人为单位利益实施行贿的，应认定为单位行贿行为。单位负责人个人决策已经形成惯例的，将单位负责人个人决策认定为单位意志应特别慎重，但在使用单位资金行贿的情况下，一般可以认定为单位意志。

一人有限公司可以成为单位行贿罪的主体。公司财产与个人财产、家庭财产混同，不能有效区分，其以公司名义从事的犯罪应认定为自然人犯罪，不宜认定为单位犯罪。

利益归属作为区别单位行贿罪与行贿罪的标准之一，对于因行贿所获利益归属于单位的，属于单位行贿罪；利益归属于个人的，属于行贿罪；单位从中获取利益、代表单位行贿的个人也因行贿行为获利的，一般以行贿罪定罪处罚。

问题 10　如何区分“利用职务上的便利”与“利用职权或者地位形成的便利条件”？

答：国家工作人员的职权具体包括：

（1）本人职务上主管、负责、承办某项公共事务的职权；

（2）利用职务上的隶属、制约关系的其他国家工作人员的职权；

（3）担任单位领导职务的国家工作人员通过不属于自己主管的下级部门的国家工作人员的职务而获得的“间接职权”；

（4）利用本人职权或者地位产生的影响和一定的工作联系而获得的“间接职权”，如单位内不同部门的国家工作人员之间，上下级单位没有职务上隶属、制约关系的国家工作人员之间，有工作联系的不同单位的国家工作人员之间等。

对以下国家工作人员的职权，要坚持实质审查原则，结合实际情况实事求是认定其是属于隶属、制约关系还是属于因本人职权或者地位形成的便利条件，以准确适用《刑法》：

（1）根据法律行使职权的国家工作人员，如党政机关、纪检监察机关；

（2）根据政策行使相关职权的国家工作人员，如扶贫攻坚、扫黑除恶、环境治理工作巡查督导人员；

（3）特定职能部门的国家工作人员，如组织、人事、宣传、卫生、财政、税收等；

（4）实行特殊管理机构中的国家工作人员，如派驻机构、受双重领导的机构。

问题 11　如何认定特定关系人收受财物的行为?

答: 特定关系人，是指与国家工作人员有近亲属、情妇（夫）以及其他共同利益关系的人。共同利益关系主要是指经济利益关系，但不限于共同财产关系。

（1）特定关系人向国家工作人员代为转达请托事项，收受请托人财物并告知该国家工作人员，对该特定关系人以受贿罪的共犯论处；

（2）特定关系人通过国家工作人员职务上的行为，或者利用该国家工作人员职权或者地位形成的便利条件，通过其他国家工作人员职务上的行为，为请托人谋取不正当利益，收受请托人财物，对该特定关系人以利用影响力受贿罪定罪处罚；

（3）特定关系人未参与为请托人谋取利益的行为，或者对国家工作人员为请托人谋取利益不知情，仅仅是奉命收受财物的，因不具有在为他人谋利方面的意思联络，该特定关系人不构成受贿罪。

二、关于涉犯罪主观方面的相关问题

问题 12　如何认定贪污罪中非法占有目的?

答: 贪污罪中的非法占有目的需结合公共财产的具体去向及行为人的处置意思来加以综合认定，实践中应注意区分形式上的“侵占”行为与贪污罪中以非法占有为目的的侵吞行为，以免客观归罪。不能仅凭行为人具备将公共财产据为己有的客观可能性而据此推定行为人具有将公共财产占为己有的主观目的。

问题 13　如何认定贪污犯罪的未遂与既遂?

答: 贪污犯罪是一种以非法占有为目的的财产性职务犯罪，一般应当以行为人是否实际控制财物并实现非法占有目的作为区分贪污罪既遂与未遂的标准。如果贪污的对象是不动产，办理了变更登记手续或者在事实上转移了占有的，均可认定为贪污既遂。国有企业改制过程中隐匿公司、企业财产并将其归个人持股的改制后公司、企业所有，被改制企业和国资监管部门对国有资产已经失去控制的，应认定为贪污既遂。

三、关于涉犯罪客观方面的相关问题

问题 14　如何理解把握贿赂犯罪对象“财物”?

答: 财物包括货币、物品和财产性利益。财产性利益包括:

（1）可以折算为货币的物质利益，如房屋装修、债务免除等;

（2）需要支付货币才能获得的其他利益，如会员服务、旅游等。

需要支付货币才能获得的其他利益以实际支付或者应当支付的数额计算，具体又包括两类:一是行贿人支付货币购买后转送给受贿人消费;二是行贿人将在社会上作为商品销售的自有利益免费提供给受贿人消费。

问题 15　如何认定贿赂犯罪中的“谋取不正当利益”?

答: 谋取不正当利益既包括谋取的利益本身不正当，也包括谋取利益的程序不正当。谋取不正当利益一般包括以下情形:

（1）谋取的利益违反法律、法规、规章、政策规定;

（2）受贿人为请托人提供帮助或者便利条件的行为违反法律、法规、规章、政策、行业规范的规定;

（3）违背公平、公正原则，在经济、组织人事管理等活动中谋取竞争优势。

对于谋取竞争优势的认定，要注意结合有无违反条件、程序规定以及是否对其他市场主体公平竞争造成实际影响等具体认定，不能直接根据行贿、受贿事实认定谋取竞争优势。

问题 16　如何区分受贿与斡旋型受贿?

答: 首先，谋取的利益类型不同。斡旋型受贿要求为他人谋取不正当利益，受贿对为他人谋取的利益是否正当在所不问。其次，利用职权类型不同。斡旋型受贿利用的是其他国家工作人员的职权，这种职权是通过本人职权或者地位形成的便利条件获取的。受贿利用的既包括利用本人职务上主管、负责、承办某项公共事务的职权，也包括利用职务上的隶属、制约关系的其他国家工作人员的职权。在本人担任单位领导职务的情况下，还包括利用不属于自己主管的下级部门的国家工作人员的职权。

问题17　如何认定贪污罪的犯罪对象?

答: 贪污罪的犯罪对象是公共财产，具体包括:

(1) 国有财产，即国家所有的财产。主要包括国家机关、国有公司、企业、事业单位、人民团体中的财产。

(2) 劳动群众集体所有的财产。主要包括集体所有制的公司、企业、事业单位、经济组织中的财产。在经济活动中，公民多人合伙经营积累的财产，属于合伙人共有，不属于集体所有的财产。

(3) 用于扶贫和其他公益事业的社会捐助或者专项基金的财产。“公益事业”，主要是指服务于社会公益的非营利性事项。“社会捐助”，是指个人、组织或单位向社会公益事业以及向贫困地区所捐赠、赞助的款物。“专项基金”，是指专门用于上述公益事业的各种基金。

(4) 在国家机关、国有公司、企业、集体企业和人民团体管理、使用、运输中的私人财产。

单位经济的性质，应在市场监督管理部门核定的基础上，综合考虑注册资金来源、人员管理、利润分配等情况，实事求是地确定。单位虽然有国有、集体所有制企业的营业执照，但是国有、集体所有制主体没有投资，没有贷款和集资，也没有按国有、集体所有制企业管理机制进行管理，完全由个人自筹资金、自聘人员、自主经营，对剩余的所创利润，按约定可以自主分配的，不属于贪污。

问题18　如何认定以挪用公款手段实施的贪污犯罪?

答: 贪污罪是以非法占有公共财产为目的，而挪用公款罪则是以非法使用公款为目的。两罪有本质区别，区别的关键在于行为人主观上是否以非法占有为目的，客观上是否实施了侵吞公款的行为。司法实践中，应当根据以下客观事实判定是否构成贪污：一是挪用公款后采取虚假平账、销毁有关账目等手段，使所挪用的公款已难以在单位财务账目上反映出来，且没有归还行为的；二是截取单位收入不入账，且没有归还行为的；三是有证据证明行为人有能力归还所挪用的公款而拒不归还，并隐瞒挪用的公款去向的。行为人案发前有归还公款的行为，一般被认为其主观上有归还公款的意愿，没有非法占有的目的，但如果“归还”是为了使其犯罪行为不被发现的一种掩盖行为，实质上是掩盖其犯罪，不能据此认定其没有非法占有的目的。携带挪用的公款潜逃的，应以贪污罪论处。如果行为人不是携带挪用的公款潜逃，而是因挪用公款案发，客观原因不能归还，行为人畏罪潜逃的，仍应认定为挪用公款罪。

问题 19　私分国有资产犯罪与共同贪污犯罪如何区分？

答：一是犯罪对象不同。私分国有资产行为的对象是国有资产，一般参照《国有资产产权界定和产权纠纷处理暂行办法》有关规定综合认定。共同贪污的对象是公共财产，依照《刑法》第九十一条的规定认定。二是犯罪主体不同。私分国有资产罪的犯罪主体是单位，即国家机关、国有公司、企业、事业单位、人民团体；贪污罪的犯罪主体是自然人。三是行为特征不同。以单位名义将国有资产集体私分给个人，是私分国有资产罪最本质的特征。但是不能机械地将“单位”理解为本单位的全体或者大多数职工，他们也可以是一个单位内部某一层次的所有人或者大多数人。由于单位的领导层、管理层的意志、行为所起的决定作用，单位领导集体作出决定或者由负责人决定，违反国家规定给本单位集体或者一定层次以上的领导、管理层“发奖金”“发红包”，并且决策者不仅仅是为了个人利益的，符合单位犯罪的特征，以私分国有资产罪定罪处罚。相反，如果单位领导研究决定实施私分行为，署名为单位、实为单位领导个人谋取私利，犯意形成、行为特征与单位犯罪有明显不同的，则应以贪污罪定罪处罚。

问题 20　如何认定农村基层组织人员在协助人民政府从事行政管理工作过程中利用职务便利套取国家资金的行为？

答：国家扶持农村的养殖生产补贴、扶贫救济、五保、粮食直补等政策的大部分工作由农村基层组织人员协助完成。农村基层组织人员利用职务便利套取国家资金包括但不限于以下方式：虚构补偿项目或多报土地、房屋面积、人头数、地上附着物数及青苗补偿亩数；在协助统计、登记、向上报送以及核实、发放款项时不入村集体账目；巧立名目给村干部发奖金，并以此名义套取补偿款等。对此类犯罪认定，不能仅以犯罪对象区分，还要紧扣“利用职务便利”这一关键要件。如果农村基层组织人员在协助政府从事上述行政管理工作过程中，利用职务便利，弄虚作假，虚报冒领套取超额补偿款，应以贪污罪论处。如果农村基层组织人员协助政府从事上述行政管理工作已经结束，补偿款已经拨付给村集体或由有关组织代管的专用账户，补偿款已经成为村组集体财产，农村基层组织人员在管理村集体事务过程中侵吞集体财产的，因其行为不属于协助政府从事特定公务，应以职务侵占罪论处。如果补偿款已经全部发放给了村民，本人没有非法占有故意，也未从中实际分得财物的，一般不以贪污罪、职务侵占罪论处，给国家利益造成重大损失，符合渎职犯罪构成要件的，以相关渎职犯罪定罪处罚。

问题21　利用与其他单位共同开发房产的职务便利要求合作单位为其亲属提供低价住房的行为如何认定？

答：国家工作人员在合作开发房地产过程中，要求合作单位为其亲属提供低价住宅，实质上属于利用职务便利索取财物。索取的财物是否为自己占有，不影响受贿罪的成立。以形式上支付一定数额的价款来掩盖其权钱交易的本质，其受贿数额按照涉案房屋交易时当地市场价格与实际支付价格的差额计算。

问题22　以“借贷”名义收受贿赂数额如何认定？

答：关键要把握“权钱交易”这个本质特征。首先，要判断国家工作人员是否利用了职务上的便利为他人谋取了利益。其次，要判断债权债务关系是否符合正常的市场交易规则，注意审查双方订立合同的本意，判断国家工作人员职权因素对借贷关系成立与否以及利率高低之间的关系，依法打击以“借贷”之名行贿赂之实的行为。没有本金被侵吞的风险，国家工作人员利用职务上的便利出借资金给他人，他人根本不需要借贷资金的，他人给予国家工作人员的利息数额认定为受贿。双方事先约定以向国家工作人员借钱支付利息的形式掩盖行贿受贿的真相，即使他人同期亦存在其他民间借款，他人给予国家工作人员的利息数额认定为受贿。他人有借款需要、同期存在其他民间借贷，他人给予国家工作人员超过他人给予不特定借款人利率部分（明显高于市场价）的利息数额认定为受贿。

问题 23　国家工作人员套取的公款中用于支付原单位业务回扣费用的部分，是否应当计入贪污数额?

答：国家工作人员成立第三方公司套取单位公款后，再将部分钱款用于原单位公务支出，不论出于何种原因，均应全额计入贪污数额，理由是该行为属于犯罪既遂后的赃款处置行为。第三方公司利用套取的单位公款替原单位支付业务回扣费用，因国家工作人员主观上没有非法占有业务回扣费用的故意，客观上也没有实际控制和占有业务回扣费用的行为，且该部分业务费用支出客观上有利于原单位开展业务，在未造成原单位的财产损失的情况下，第三方公司代原单位支出的违规业务费用不属于贪污对象，不应计入国家工作人员的贪污数额。

问题 24　社保工作人员骗取企业为非企业人员参保并私自收取养老保险费的行为，如何定性?

答：社会养老保险基金中个人账户部分虽然是私人所有，但在个人不符合领取条件时一直由劳动保障行政部门负责管理、使用，在此期间损毁灭失风险由国家机关承担，因而应以公共财产论。骗取企业为非企业人员参保并私自收取养老保险费，其非法占有目的产生于行为人利用职务便利管领、控制财物后的，应以贪污罪定罪处罚。司法实践中的行为方式有以下三种：

（1）通过隐瞒事实使企业为非企业人员缴纳养老保险费，又私自向参保人员收取养老保险费并占为己有。在该情形下，行为人骗取企业多缴纳参保费，同时利用他人对其身份的信任，承诺为他人建立保险关系并收取参保人的参保费，其行为应当认定为利用职务上的便利非法占有公共财产。

（2）利用企业“空名户”名额收取参保人员已被抵缴的养老保险费并占为己有。该情形下，因为该参保人员不符合抵充“空名户”保险费的资格，应该另行向国家缴纳与其保险类别相应的参保费。行为人利用“空名户”的漏洞，能够顺利将应缴未缴的参保费占为己有，与其职务上的便利密切相关，属于利用职务便利侵吞公共财产的行为。

（3）占用企业“空名户”名额激活养老保险关系后，随即停止参保，领取应退还给参保人员的养老保险预征款。在该情形下，进入社保统筹账户的预征款，依规定只能由企业实有人员占用“空名户”并停保后才可以退还约1/3给参保个人。行为人编造虚假的企业人员，能够顺利套领退款，与其职务上的便利也密切相关，属于利用职务之便骗取公共财产的行为。

问题25　以“感情投资”方式多次收受他人财物的，如何认定？

答：要区分“感情投资”与行为人的职务是否有关。国家工作人员与“感情投资”人具有上下级关系或者具有行政管理关系，可能影响职权行使，数额在3万元以上的，以受贿论处。

四、关于涉财产部分的相关问题

问题26　如何审理贪污贿赂案件涉财产部分？

答：对于办案机关已经采取的查封、扣押、冻结，人民法院应当在期限届满前及时续行查封、扣押、冻结。

法庭审理过程中，对查封、扣押、冻结的财物及其孳息，应当调查其权属情况，是否属于违法所得或者依法应当追缴的其他涉案财物。确属违法所得或者依法应当追缴的其他涉案财物的，应当判决返还被害人，或者没收上缴国库，但法律另有规定的除外。对属于被告人的财产部分，先通过责令退赔和罚金、没收财产刑依法予以处置，在赔偿被害人损失、执行财产刑后对被告人的合法财产应及时返还。

在不能对违法所得与合法财产进行区分，或被告人的个人财产与家庭共同财产混同的情况下，则应对家庭共同财产进行析产。被告人是国家工作人员的，应对财产来源承担举证证明责任。能够证明来源合法的，认定为合法财产。对差额财产不能说明来源合法，经查证也无合法来源途径的，认定为非法财产。被告人是非国家工作人员的，按照财产的属性分门别类划分权属比例，在家庭成员之间进行分配。

第三人对查封、扣押、冻结的财物及其孳息提出权属异议的，人民法院应当审查并依法处理。具有下列情形的，予以追缴：（1）第三人明知是涉案财物而接受的；（2）第三人无偿或者以明显低于市场的价格取得涉案财物的；（3）第三人通过非法债务清偿或者违法犯罪活动取得涉案财物的；（4）第三人通过其他恶意方式取得涉案财物的。经审查，不能确认查封、扣押、冻结的财物及其孳息属于违法所得或者依法应当追缴的其他涉案财物的，不予追缴。

查封、扣押、冻结的财物与本案无关但已列入清单的，应当由查封、扣押、冻结机关依法处理。

执行过程中，案外人或被害人认为刑事裁判中对涉案财物是否属于赃款赃物认定错误或者应予认定而未认定，向执行法院提出书面异议，可以通过裁定补正的，执行机构应当将异议材料移送刑事审判部门处理；无法通过裁定补正的，应当告知异议人通过审判监督程序处理。

问题 27　通过行贿获取的不正当财产性利益如何处理？

答：通过行贿获取的不正当财产性利益，根据其产生方式可分为因行贿直接取得的财产性利益和因行贿取得的不正当利益间接产生的财产性利益，原则上均应予以追缴、退赔或返还。司法机关对间接产生的财产性利益的认定和处理存在分歧，符合民事诉讼受案范围的，可以告知有关自然人、法人或非法人组织通过提起民事诉讼主张权利。

五、关于量刑的相关问题

问题 28　贪污贿赂案件量刑如何把握？

答：要坚持数额与情节并重，既克服计赃论罚的传统观念，提升数额之外其他情节在量刑中的地位和作用，又要避免数额虚无主义倾向，情节必须在既定法律规定框架内发挥作用，不能突破法律规定随意加重或者减轻处罚。要对贪污贿赂案件进行规范化量刑，依法严格把握缓免刑适用。财产刑要与犯罪数额、赃款收缴相呼应，确保财产刑充分有效，兼顾财产刑可执行性。对于党的十八大以来不收敛、不收手，严重阻碍党的理论和路线方针政策贯彻执行、严重损害党的执政根基的，在扶贫攻坚领域的贪污侵占、吃拿卡要、优亲厚友的，在民生领域损害群众利益的，在金融、资源、土地、规划、建设、工程等领域权钱交易的，巨额行贿、多次行贿的和涉黑涉恶腐败及“保护伞”，要依法予以从严惩处。

问题 29　贪污贿赂案件能否适用认罪认罚从宽制度，司法实践中如何把握？

答：适用认罪认罚从宽制度，司法实践中应当根据案件具体情况慎重把握从宽，避免案件处理明显违背人民群众的公平正义观念。

问题 30　贪污贿赂案件中，对言词证据如何审查？

答：首先应按有关法律规定审查言词证据的真实性、合法性，确认该言词证据是否具有证据资格，没有证据资格的，不能作为定案根据。确认证据具有证据资格后，再对证据与待证事实的关联程度、证据之间的联系等方面进行审查，认定言词证据有无证明力以及证明力的大小，决定是否采信以及如何采信。常见情形如下：

（1）证人当庭作出的证言与其庭前证言矛盾，证人能够作出合理解释，并有相关证据印证的，应当采信其庭审证言；不能作出合理解释，而其庭前证言有相关证据印证的，可以采信其庭前证言。经人民法院通知，证人没有正当理由拒绝出庭或者出庭后拒绝作证，法庭对其证言的真实性无法确认的，该证人证言不得作为定案的根据。

（2）被告人庭审中翻供，但不能合理说明翻供原因或者其辩解与全案证据矛盾，而其庭前供述与其他证据相互印证的，可以采信其庭前供述。

（3）被告人庭前供述和辩解存在反复，但庭审中供认，且与其他证据相互印证的，可以采信其庭审供述；被告人庭前供述和辩解存在反复，庭审中不供认，且无其他证据与庭前供述印证的，不得采信其庭前供述。

（4）与被告人有亲属关系或者其他密切关系的证人所作的有利被告人的证言，或者与被告人有利害冲突的证人所作的不利于被告人的证言，应当慎重使用，有其他证据印证的，可以采信。

六、关于证据的相关问题

问题 31　如何审查贪污贿赂案件的自首材料？

答：犯罪事实虽被纪检监察机关掌握，但犯罪分子尚未受到调查谈话、讯问、未被宣布采取调查措施，犯罪分子主动到纪检监察机关交代自己的犯罪事实的；或者犯罪分子虽受到调查谈话、讯问、被宣布采取调查措施，但纪检监察机关掌握的线索经审查调查不属实的情况下其交代未掌握的犯罪事实的，均应认定为自首。犯罪分子在交代了被掌握的犯罪事实以外，又交代了未掌握的不属于同种罪行的其他犯罪事实的，对该不同种罪行以自首论；属同种罪行的，不能认定为自首。

自首的认定，不能仅凭办案机关出具的说明材料，还要审查行为人交代犯罪事实之前办案机关掌握的线索、证据等相关材料。

问题 32　如何审查贪污贿赂案件的立功材料？

答：不仅要审查办案机关的说明材料，还要审查有关事实和证据以及与案件定性处罚相关的法律文书。对本人通过非法手段或者非法途径获取的、本人因原担任的查禁犯罪等职务获取的、他人违反监管规定向犯罪分子提供的、负有查禁犯罪活动职责的国家机关工作人员或者其他国家工作人员利用职务便利提供的，不能认定为立功。

七、关于程序的相关问题

问题 33　贪污贿赂案件审理过程中，需要补充定罪量刑所必需证据的，如何处理？

答：可以通知人民检察院补充提供或补充说明，必要时通知人民检察院补充侦查。取得的证据，应当经过当庭质证才能作为定案的根据。但是，经庭外征求意见，控辩双方没有异议的除外。

问题 34　贪污贿赂犯罪中，人民法院拟认定的罪名、拟判处的刑罚与检察机关指控罪名、量刑建议不一致的，如何处理？

答：人民法院拟认定的罪名与检察机关指控罪名不一致的，人民法院应就检察机关起诉书载明的事实作出裁判，即人民法院拟认定的罪名所依据的事实与检察机关起诉书载明的事实大体一致或者前者能被后者所涵盖的，应当按照审理认定的罪名作出有罪判决，但在判决前听取控辩双方的意见，保障被告人、辩护人充分行使辩护权。必要时，可以重新开庭，组织控辩双方围绕被告人的行为构成何罪进行辩论。人民法院拟判处的刑罚与人民检察院量刑建议差别不大的，可以依法作出判决。拟判处的刑罚与量刑建议明显不一致的，可以在建议人民检察院调整量刑建议后，依法作出判决。如果人民法院在审理过程中发现被告人还有其他犯罪事实或者检察机关还有未指控的犯罪嫌疑人的，可以建议检察机关补充或者变更起诉，而不能直接改变起诉内容进行审理。

问题35　贪污贿赂案件中，对未作为单位犯罪起诉的单位犯罪案件以及以单位犯罪起诉的自然人犯罪案件如何处理？

答：对于应当认定为单位犯罪的案件，检察机关只作为自然人犯罪案件起诉的，人民法院应及时与检察机关协商，建议检察机关对犯罪单位补充起诉。如检察机关不补充起诉的，人民法院仍应依法审理，对被起诉的自然人根据指控的犯罪事实、证据及庭审查明的事实，依法按单位犯罪中的直接负责的主管人员或者其他直接责任人员追究刑事责任，并应引用刑法分则关于单位犯罪追究直接负责的主管人员和其他直接责任人员刑事责任的有关条款。对于应当认定为自然人犯罪的案件，检察机关作为单位犯罪起诉的，因单位被列为被告人的同时自然人也被列为被告人，以及人民法院作出判决所依据的事实能够被检察机关起诉书载明的事实涵盖，应当按照自然人犯罪作出判决，但在判决前应听取控辩双方的意见，保障被告人、辩护人充分行使辩护权。必要时，可以重新开庭，组织控辩双方进行辩论。

问题36　本解答有何作用？由谁负责解释？效力如何？

答：本解答供全省各级人民法院审判工作参考。

本解答由湖南省高级人民法院审判委员会负责解释。

本解答与法律法规、司法解释不一致的，以法律法规、司法解释为准。

法律规定

中华人民共和国监察法

（2018年3月20日第十三届全国人民代表大会第一次会议通过）

目　　录

第一章　总　　则

第一条　为了深化国家监察体制改革，加强对所有行使公权力的公职人员的监督，实现国家监察全面覆盖，深入开展反腐败工作，推进国家治理体系和治理能力现代化，根据宪法，制定本法。

第二条　坚持中国共产党对国家监察工作的领导，以马克思列宁主义、毛泽东思想、邓小平理论、“三个代表”重要思想、科学发展观、习近平新时代中国特色社会主义思想为指导，构建集中统一、权威高效的中国特色国家监察体制。

第三条 各级监察委员会是行使国家监察职能的专责机关，依照本法对所有行使公权力的公职人员（以下称公职人员）进行监察，调查职务违法和职务犯罪，开展廉政建设和反腐败工作，维护宪法和法律的尊严。

第四条 监察委员会依照法律规定独立行使监察权，不受行政机关、社会团体和个人的干涉。

监察机关办理职务违法和职务犯罪案件，应当与审判机关、检察机关、执法部门互相配合，互相制约。

监察机关在工作中需要协助的，有关机关和单位应当根据监察机关的要求依法予以协助。

第五条 国家监察工作严格遵照宪法和法律，以事实为根据，以法律为准绳；在适用法律上一律平等，保障当事人的合法权益；权责对等，严格监督；惩戒与教育相结合，宽严相济。

第六条 国家监察工作坚持标本兼治、综合治理，强化监督问责，严厉惩治腐败；深化改革、健全法治，有效制约和监督权力；加强法治教育和道德教育，弘扬中华优秀传统文化，构建不敢腐、不能腐、不想腐的长效机制。

第二章 监察机关及其职责

第七条 中华人民共和国国家监察委员会是最高监察机关。

省、自治区、直辖市、自治州、县、自治县、市、市辖区设立监察委员会。

第八条 国家监察委员会由全国人民代表大会产生，负责全国监察工作。

国家监察委员会由主任、副主任若干人、委员若干人组成，主任由全国人民代表大会选举，副主任、委员由国家监察委员会主任提请全国人民代表大会常务委员会任免。

国家监察委员会主任每届任期同全国人民代表大会每届任期相同，连续任职不得超过两届。

国家监察委员会对全国人民代表大会及其常务委员会负责，并接受其监督。

第九条　地方各级监察委员会由本级人民代表大会产生，负责本行政区域内的监察工作。

地方各级监察委员会由主任、副主任若干人、委员若干人组成，主任由本级人民代表大会选举，副主任、委员由监察委员会主任提请本级人民代表大会常务委员会任免。

地方各级监察委员会主任每届任期同本级人民代表大会每届任期相同。

地方各级监察委员会对本级人民代表大会及其常务委员会和上一级监察委员会负责，并接受其监督。

第十条　国家监察委员会领导地方各级监察委员会的工作，上级监察委员会领导下级监察委员会的工作。

第十一条　监察委员会依照本法和有关法律规定履行监督、调查、处置职责：

（一）对公职人员开展廉政教育，对其依法履职、秉公用权、廉洁从政从业以及道德操守情况进行监督检查；

（二）对涉嫌贪污贿赂、滥用职权、玩忽职守、权力寻租、利益输送、徇私舞弊以及浪费国家资财等职务违法和职务犯罪进行调查；

（三）对违法的公职人员依法作出政务处分决定；对履行职责不力、失职失责的领导人员进行问责；对涉嫌职务犯罪的，将调查结果移送人民检察院依法审查、提起公诉；向监察对象所在单位提出监察建议。

第十二条　各级监察委员会可以向本级中国共产党机关、国家机关、法律法规授权或者委托管理公共事务的组织和单位以及所管辖的行政区域、国有企业等派驻或者派出监察机构、监察专员。

监察机构、监察专员对派驻或者派出它的监察委员会负责。

第十三条　派驻或者派出的监察机构、监察专员根据授权，按照管理权限依法对公职人员进行监督，提出监察建议，依法对公职人员进行调查、处置。

第十四条　国家实行监察官制度，依法确定监察官的等级设置、任免、考评和晋升等制度。

第三章　监察范围和管辖

第十五条　监察机关对下列公职人员和有关人员进行监察：

（一）中国共产党机关、人民代表大会及其常务委员会机关、人民政府、监察委员会、人民法院、人民检察院、中国人民政治协商会议各级委员会机关、民主党派机关和工商业联合会机关的公务员，以及参照《中华人民共和国公务员法》管理的人员；

（二）法律、法规授权或者受国家机关依法委托管理公共事务的组织中从事公务的人员；

（三）国有企业管理人员；

（四）公办的教育、科研、文化、医疗卫生、体育等单位中从事管理的人员；

（五）基层群众性自治组织中从事管理的人员；

（六）其他依法履行公职的人员。

第十六条　各级监察机关按照管理权限管辖本辖区内本法第十五条规定的人员所涉监察事项。

上级监察机关可以办理下一级监察机关管辖范围内的监察事项，必要时也可以办理所辖各级监察机关管辖范围内的监察事项。

监察机关之间对监察事项的管辖有争议的，由其共同的上级监察机关确定。

第十七条　上级监察机关可以将其所管辖的监察事项指定下级监察机关管辖，也可以将下级监察机关有管辖权的监察事项指定给其他监察机关管辖。

监察机关认为所管辖的监察事项重大、复杂，需要由上级监察机关管辖的，可以报请上级监察机关管辖。

第四章　监 察 权 限

第十八条　监察机关行使监督、调查职权，有权依法向有关单位和个人了解情况，收集、调取证据。有关单位和个人应当如实提供。

监察机关及其工作人员对监督、调查过程中知悉的国家秘密、商业秘密、个人隐私，应当保密。

任何单位和个人不得伪造、隐匿或者毁灭证据。

第十九条　对可能发生职务违法的监察对象，监察机关按照管理权限，可以直接或者委托有关机关、人员进行谈话或者要求说明情况。

第二十条　在调查过程中，对涉嫌职务违法的被调查人，监察机关可以要求其就涉嫌违法行为作出陈述，必要时向被调查人出具书面通知。

对涉嫌贪污贿赂、失职渎职等职务犯罪的被调查人，监察机关可以进行讯问，要求其如实供述涉嫌犯罪的情况。

第二十一条　在调查过程中，监察机关可以询问证人等人员。

第二十二条　被调查人涉嫌贪污贿赂、失职渎职等严重职务违法或者职务犯罪，监察机关已经掌握其部分违法犯罪事实及证据，仍有重要问题需要进一步调查，并有下列情形之一的，经监察机关依法审批，可以将其留置在特定场所：

（一）涉及案情重大、复杂的；

（二）可能逃跑、自杀的；

（三）可能串供或者伪造、隐匿、毁灭证据的；

（四）可能有其他妨碍调查行为的。

对涉嫌行贿犯罪或者共同职务犯罪的涉案人员，监察机关可以依照前款规定采取留置措施。

留置场所的设置、管理和监督依照国家有关规定执行。

第二十三条　监察机关调查涉嫌贪污贿赂、失职渎职等严重职务违法或者职务犯罪，根据工作需要，可以依照规定查询、冻结涉案单位和个人的存款、汇款、债券、股票、基金份额等财产。有关单位和个人应当配合。

冻结的财产经查明与案件无关的，应当在查明后三日内解除冻结，予以退还。

第二十四条　监察机关可以对涉嫌职务犯罪的被调查人以及可能隐藏被调查人或者犯罪证据的人的身体、物品、住处和其他有关地方进行搜查。在搜查时，应当出示搜查证，并有被搜查人或者其家属等见证人在场。

搜查女性身体，应当由女性工作人员进行。

监察机关进行搜查时，可以根据工作需要提请公安机关配合。公安机关应当依法予以协助。

第二十五条 监察机关在调查过程中，可以调取、查封、扣押用以证明被调查人涉嫌违法犯罪的财物、文件和电子数据等信息。采取调取、查封、扣押措施，应当收集原物原件，会同持有人或者保管人、见证人，当面逐一拍照、登记、编号，开列清单，由在场人员当场核对、签名，并将清单副本交财物、文件的持有人或者保管人。

对调取、查封、扣押的财物、文件，监察机关应当设立专用账户、专门场所，确定专门人员妥善保管，严格履行交接、调取手续，定期对账核实，不得毁损或者用于其他目的。对价值不明物品应当及时鉴定，专门封存保管。

查封、扣押的财物、文件经查明与案件无关的，应当在查明后三日内解除查封、扣押，予以退还。

第二十六条 监察机关在调查过程中，可以直接或者指派、聘请具有专门知识、资格的人员在调查人员主持下进行勘验检查。勘验检查情况应当制作笔录，由参加勘验检查的人员和见证人签名或者盖章。

第二十七条 监察机关在调查过程中，对于案件中的专门性问题，可以指派、聘请有专门知识的人进行鉴定。鉴定人进行鉴定后，应当出具鉴定意见，并且签名。

第二十八条 监察机关调查涉嫌重大贪污贿赂等职务犯罪，根据需要，经过严格的批准手续，可以采取技术调查措施，按照规定交有关机关执行。

批准决定应当明确采取技术调查措施的种类和适用对象，自签发之日起三个月以内有效；对于复杂、疑难案件，期限届满仍有必要继续采取技术调查措施的，经过批准，有效期可以延长，每次不得超过三个月。对于不需要继续采取技术调查措施的，应当及时解除。

第二十九条 依法应当留置的被调查人如果在逃，监察机关可以决定在本行政区域内通缉，由公安机关发布通缉令，追捕归案。通缉范围超出本行政区域的，应当报请有权决定的上级监察机关决定。

第三十条　监察机关为防止被调查人及相关人员逃匿境外，经省级以上监察机关批准，可以对被调查人及相关人员采取限制出境措施，由公安机关依法执行。对于不需要继续采取限制出境措施的，应当及时解除。

第三十一条　涉嫌职务犯罪的被调查人主动认罪认罚，有下列情形之一的，监察机关经领导人员集体研究，并报上一级监察机关批准，可以在移送人民检察院时提出从宽处罚的建议：

（一）自动投案，真诚悔罪悔过的；

（二）积极配合调查工作，如实供述监察机关还未掌握的违法犯罪行为的；

（三）积极退赃，减少损失的；

（四）具有重大立功表现或者案件涉及国家重大利益等情形的。

第三十二条　职务违法犯罪的涉案人员揭发有关被调查人职务违法犯罪行为，查证属实的，或者提供重要线索，有助于调查其他案件的，监察机关经领导人员集体研究，并报上一级监察机关批准，可以在移送人民检察院时提出从宽处罚的建议。

第三十三条　监察机关依照本法规定收集的物证、书证、证人证言、被调查人供述和辩解、视听资料、电子数据等证据材料，在刑事诉讼中可以作为证据使用。

监察机关在收集、固定、审查、运用证据时，应当与刑事审判关于证据的要求和标准相一致。

以非法方法收集的证据应当依法予以排除，不得作为案件处置的依据。

第三十四条　人民法院、人民检察院、公安机关、审计机关等国家机关在工作中发现公职人员涉嫌贪污贿赂、失职渎职等职务违法或者职务犯罪的问题线索，应当移送监察机关，由监察机关依法调查处置。

被调查人既涉嫌严重职务违法或者职务犯罪，又涉嫌其他违法犯罪的，一般应当由监察机关为主调查，其他机关予以协助。

第五章　监 察 程 序

第三十五条　监察机关对于报案或者举报，应当接受并按照有关规定处理。对于不属于本机关管辖的，应当移送主管机关处理。

第三十六条 监察机关应当严格按照程序开展工作，建立问题线索处置、调查、审理各部门相互协调、相互制约的工作机制。

监察机关应当加强对调查、处置工作全过程的监督管理，设立相应的工作部门履行线索管理、监督检查、督促办理、统计分析等管理协调职能。

第三十七条 监察机关对监察对象的问题线索，应当按照有关规定提出处置意见，履行审批手续，进行分类办理。线索处置情况应当定期汇总、通报，定期检查、抽查。

第三十八条 需要采取初步核实方式处置问题线索的，监察机关应当依法履行审批程序，成立核查组。初步核实工作结束后，核查组应当撰写初步核实情况报告，提出处理建议。承办部门应当提出分类处理意见。初步核实情况报告和分类处理意见报监察机关主要负责人审批。

第三十九条 经过初步核实，对监察对象涉嫌职务违法犯罪，需要追究法律责任的，监察机关应当按照规定的权限和程序办理立案手续。

监察机关主要负责人依法批准立案后，应当主持召开专题会议，研究确定调查方案，决定需要采取的调查措施。

立案调查决定应当向被调查人宣布，并通报相关组织。涉嫌严重职务违法或者职务犯罪的，应当通知被调查人家属，并向社会公开发布。

第四十条 监察机关对职务违法和职务犯罪案件，应当进行调查，收集被调查人有无违法犯罪以及情节轻重的证据，查明违法犯罪事实，形成相互印证、完整稳定的证据链。

严禁以威胁、引诱、欺骗及其他非法方式收集证据，严禁侮辱、打骂、虐待、体罚或者变相体罚被调查人和涉案人员。

第四十一条 调查人员采取讯问、询问、留置、搜查、调取、查封、扣押、勘验检查等调查措施，均应当依照规定出示证件，出具书面通知，由二人以上进行，形成笔录、报告等书面材料，并由相关人员签名、盖章。

调查人员进行讯问以及搜查、查封、扣押等重要取证工作，应当对全过程进行录音录像，留存备查。

第四十二条 调查人员应当严格执行调查方案，不得随意扩大调查范围、变更调查对象和事项。

对调查过程中的重要事项，应当集体研究后按程序请示报告。

第四十三条 监察机关采取留置措施，应当由监察机关领导人员集体研究决定。设区的市级以下监察机关采取留置措施，应当报上一级监察机关批准。省级监察机关采取留置措施，应当报国家监察委员会备案。

留置时间不得超过三个月。在特殊情况下，可以延长一次，延长时间不得超过三个月。省级以下监察机关采取留置措施的，延长留置时间应当报上一级监察机关批准。监察机关发现采取留置措施不当的，应当及时解除。

监察机关采取留置措施，可以根据工作需要提请公安机关配合。公安机关应当依法予以协助。

第四十四条 对被调查人采取留置措施后，应当在二十四小时以内，通知被留置人员所在单位和家属，但有可能毁灭、伪造证据，干扰证人作证或者串供等有碍调查情形的除外。有碍调查的情形消失后，应当立即通知被留置人员所在单位和家属。

监察机关应当保障被留置人员的饮食、休息和安全，提供医疗服务。讯问被留置人员应当合理安排讯问时间和时长，讯问笔录由被讯问人阅看后签名。

被留置人员涉嫌犯罪移送司法机关后，被依法判处管制、拘役和有期徒刑的，留置一日折抵管制二日，折抵拘役、有期徒刑一日。

第四十五条 监察机关根据监督、调查结果，依法作出如下处置：

（一）对有职务违法行为但情节较轻的公职人员，按照管理权限，直接或者委托有关机关、人员，进行谈话提醒、批评教育、责令检查，或者予以诫勉；

（二）对违法的公职人员依照法定程序作出警告、记过、记大过、降级、撤职、开除等政务处分决定；

（三）对不履行或者不正确履行职责负有责任的领导人员，按照管理权限对其直接作出问责决定，或者向有权作出问责决定的机关提出问责建议；

（四）对涉嫌职务犯罪的，监察机关经调查认为犯罪事实清楚，证据确实、充分的，制作起诉意见书，连同案卷材料、证据一并移送人民检察院依法审查、提起公诉；

（五）对监察对象所在单位廉政建设和履行职责存在的问题等提出监察建议。

监察机关经调查，对没有证据证明被调查人存在违法犯罪行为的，应当撤销案件，并通知被调查人所在单位。

第四十六条 监察机关经调查，对违法取得的财物，依法予以没收、追缴或者责令退赔；对涉嫌犯罪取得的财物，应当随案移送人民检察院。

第四十七条 对监察机关移送的案件，人民检察院依照《中华人民共和国刑事诉讼法》对被调查人采取强制措施。

人民检察院经审查，认为犯罪事实已经查清，证据确实、充分，依法应当追究刑事责任的，应当作出起诉决定。

人民检察院经审查，认为需要补充核实的，应当退回监察机关补充调查，必要时可以自行补充侦查。对于补充调查的案件，应当在一个月内补充调查完毕。补充调查以二次为限。

人民检察院对于有《中华人民共和国刑事诉讼法》规定的不起诉的情形的，经上一级人民检察院批准，依法作出不起诉的决定。监察机关认为不起诉的决定有错误的，可以向上一级人民检察院提请复议。

第四十八条 监察机关在调查贪污贿赂、失职渎职等职务犯罪案件过程中，被调查人逃匿或者死亡，有必要继续调查的，经省级以上监察机关批准，应当继续调查并作出结论。被调查人逃匿，在通缉一年后不能到案，或者死亡的，由监察机关提请人民检察院依照法定程序，向人民法院提出没收违法所得的申请。

第四十九条 监察对象对监察机关作出的涉及本人的处理决定不服的，可以在收到处理决定之日起一个月内，向作出决定的监察机关申请复审，复审机关应当在一个月内作出复审决定；监察对象对复审决定仍不服的，可以在收到复审决定之日起一个月内，向上一级监察机关申请复核，复核机关应当在二个月内作出复核决定。复审、复核期间，不停止原处理决定的执行。复核机关经审查，认定处理决定有错误的，原处理机关应当及时予以纠正。

第六章　反腐败国际合作

第五十条　国家监察委员会统筹协调与其他国家、地区、国际组织开展的反腐败国际交流、合作，组织反腐败国际条约实施工作。

第五十一条　国家监察委员会组织协调有关方面加强与有关国家、地区、国际组织在反腐败执法、引渡、司法协助、被判刑人的移管、资产追回和信息交流等领域的合作。

第五十二条　国家监察委员会加强对反腐败国际追逃追赃和防逃工作的组织协调，督促有关单位做好相关工作：

（一）对于重大贪污贿赂、失职渎职等职务犯罪案件，被调查人逃匿到国（境）外，掌握证据比较确凿的，通过开展境外追逃合作，追捕归案；

（二）向赃款赃物所在国请求查询、冻结、扣押、没收、追缴、返还涉案资产；

（三）查询、监控涉嫌职务犯罪的公职人员及其相关人员进出国（境）和跨境资金流动情况，在调查案件过程中设置防逃程序。

第七章　对监察机关和监察人员的监督

第五十三条　各级监察委员会应当接受本级人民代表大会及其常务委员会的监督。

各级人民代表大会常务委员会听取和审议本级监察委员会的专项工作报告，组织执法检查。

县级以上各级人民代表大会及其常务委员会举行会议时，人民代表大会代表或者常务委员会组成人员可以依照法律规定的程序，就监察工作中的有关问题提出询问或者质询。

第五十四条　监察机关应当依法公开监察工作信息，接受民主监督、社会监督、舆论监督。

第五十五条　监察机关通过设立内部专门的监督机构等方式，加强对监察人员执行职务和遵守法律情况的监督，建设忠诚、干净、担当的监察队伍。

第五十六条 监察人员必须模范遵守宪法和法律，忠于职守、秉公执法，清正廉洁、保守秘密；必须具有良好的政治素质，熟悉监察业务，具备运用法律、法规、政策和调查取证等能力，自觉接受监督。

第五十七条 对于监察人员打听案情、过问案件、说情干预的，办理监察事项的监察人员应当及时报告。有关情况应当登记备案。

发现办理监察事项的监察人员未经批准接触被调查人、涉案人员及其特定关系人，或者存在交往情形的，知情人应当及时报告。有关情况应当登记备案。

第五十八条 办理监察事项的监察人员有下列情形之一的，应当自行回避，监察对象、检举人及其他有关人员也有权要求其回避：

（一）是监察对象或者检举人的近亲属的；

（二）担任过本案的证人的；

（三）本人或者其近亲属与办理的监察事项有利害关系的；

（四）有可能影响监察事项公正处理的其他情形的。

第五十九条 监察机关涉密人员离岗离职后，应当遵守脱密期管理规定，严格履行保密义务，不得泄露相关秘密。

监察人员辞职、退休三年内，不得从事与监察和司法工作相关联且可能发生利益冲突的职业。

第六十条 监察机关及其工作人员有下列行为之一的，被调查人及其近亲属有权向该机关申诉：

（一）留置法定期限届满，不予以解除的；

（二）查封、扣押、冻结与案件无关的财物的；

（三）应当解除查封、扣押、冻结措施而不解除的；

（四）贪污、挪用、私分、调换以及违反规定使用查封、扣押、冻结的财物的；

（五）其他违反法律法规、侵害被调查人合法权益的行为。

受理申诉的监察机关应当在受理申诉之日起一个月内作出处理决定。申诉人对处理决定不服的，可以在收到处理决定之日起一个月内向上一级监察机关申请复查，上一级监察机关应当在收到复查申请之日起二个月内作出处理决定，情况属实的，及时予以纠正。

第六十一条 对调查工作结束后发现立案依据不充分或者失实，案件处置出现重大失误，监察人员严重违法的，应当追究负有责任的领导人员和直接责任人员的责任。

第八章 法 律 责 任

第六十二条 有关单位拒不执行监察机关作出的处理决定，或者无正当理由拒不采纳监察建议的，由其主管部门、上级机关责令改正，对单位给予通报批评；对负有责任的领导人员和直接责任人员依法给予处理。

第六十三条 有关人员违反本法规定，有下列行为之一的，由其所在单位、主管部门、上级机关或者监察机关责令改正，依法给予处理：

（一）不按要求提供有关材料，拒绝、阻碍调查措施实施等拒不配合监察机关调查的；

（二）提供虚假情况，掩盖事实真相的；

（三）串供或者伪造、隐匿、毁灭证据的；

（四）阻止他人揭发检举、提供证据的；

（五）其他违反本法规定的行为，情节严重的。

第六十四条 监察对象对控告人、检举人、证人或者监察人员进行报复陷害的；控告人、检举人、证人捏造事实诬告陷害监察对象的，依法给予处理。

第六十五条 监察机关及其工作人员有下列行为之一的，对负有责任的领导人员和直接责任人员依法给予处理：

（一）未经批准、授权处置问题线索，发现重大案情隐瞒不报，或者私自留存、处理涉案材料的；

（二）利用职权或者职务上的影响干预调查工作、以案谋私的；

（三）违法窃取、泄露调查工作信息，或者泄露举报事项、举报受理情况以及举报人信息的；

（四）对被调查人或者涉案人员逼供、诱供，或者侮辱、打骂、虐待、体罚或者变相体罚的；

（五）违反规定处置查封、扣押、冻结的财物的；

（六）违反规定发生办案安全事故，或者发生安全事故后隐瞒不报、报告失实、处置不当的；

（七）违反规定采取留置措施的；

（八）违反规定限制他人出境，或者不按规定解除出境限制的；

（九）其他滥用职权、玩忽职守、徇私舞弊的行为。

第六十六条 违反本法规定，构成犯罪的，依法追究刑事责任。

第六十七条 监察机关及其工作人员行使职权，侵犯公民、法人和其他组织的合法权益造成损害的，依法给予国家赔偿。

第九章 附 则

第六十八条 中国人民解放军和中国人民武装警察部队开展监察工作，由中央军事委员会根据本法制定具体规定。

第六十九条 本法自公布之日起施行。《中华人民共和国行政监察法》同时废止。

中华人民共和国监察法实施条例

（2021年7月20日国家监察委员会全体会议决定，
自2021年9月20日起施行）

目　　录

第一章　总　　则

第一条　为了推动监察工作法治化、规范化，根据《中华人民共和国监察法》（以下简称监察法），结合工作实际，制定本条例。

第二条　坚持中国共产党对监察工作的全面领导，增强政治意识、大局意识、核心意识、看齐意识，坚定中国特色社会主义道路自信、理论自信、制度自信、文化自信，坚决维护习近平总书记党中央的核心、全党的核心地位，坚决维护党中央权威和集中统一领导，把党的领导贯彻到监察工作各方面和全过程。

第三条 监察机关与党的纪律检查机关合署办公，坚持法治思维和法治方式，促进执纪执法贯通、有效衔接司法，实现依纪监督和依法监察、适用纪律和适用法律有机融合。

第四条 监察机关应当依法履行监督、调查、处置职责，坚持实事求是，坚持惩前毖后、治病救人，坚持惩戒与教育相结合，实现政治效果、法律效果和社会效果相统一。

第五条 监察机关应当坚定不移惩治腐败，推动深化改革、完善制度，规范权力运行，加强思想道德教育、法治教育、廉洁教育，引导公职人员提高觉悟、担当作为、依法履职，一体推进不敢腐、不能腐、不想腐体制机制建设。

第六条 监察机关坚持民主集中制，对于线索处置、立案调查、案件审理、处置执行、复审复核中的重要事项应当集体研究，严格按照权限履行请示报告程序。

第七条 监察机关应当在适用法律上一律平等，充分保障监察对象以及相关人员的人身权、知情权、财产权、申辩权、申诉权以及申请复审复核权等合法权益。

第八条 监察机关办理职务犯罪案件，应当与人民法院、人民检察院互相配合、互相制约，在案件管辖、证据审查、案件移送、涉案财物处置等方面加强沟通协调，对于人民法院、人民检察院提出的退回补充调查、排除非法证据、调取同步录音录像、要求调查人员出庭等意见依法办理。

第九条 监察机关开展监察工作，可以依法提请组织人事、公安、国家安全、审计、统计、市场监管、金融监管、财政、税务、自然资源、银行、证券、保险等有关部门、单位予以协助配合。

有关部门、单位应当根据监察机关的要求，依法协助采取有关措施、共享相关信息、提供相关资料和专业技术支持，配合开展监察工作。

第二章 监察机关及其职责

第一节 领导体制

第十条 国家监察委员会在党中央领导下开展工作。地方各级监察委员会在同级党委和上级监察委员会双重领导下工作，监督执法调查工作以上级监察委员会领导为主，线索处置和案件查办在向同级党委报告的同时应当一并向上一级监察委员会报告。

上级监察委员会应当加强对下级监察委员会的领导。下级监察委员会对上级监察委员会的决定必须执行，认为决定不当的，应当在执行的同时向上级监察委员会反映。上级监察委员会对下级监察委员会作出的错误决定，应当按程序予以纠正，或者要求下级监察委员会予以纠正。

第十一条 上级监察委员会可以依法统一调用所辖各级监察机关的监察人员办理监察事项。调用决定应当以书面形式作出。

监察机关办理监察事项应当加强互相协作和配合，对于重要、复杂事项可以提请上级监察机关予以协调。

第十二条 各级监察委员会依法向本级中国共产党机关、国家机关、法律法规授权或者受委托管理公共事务的组织和单位以及所管辖的国有企业事业单位等派驻或者派出监察机构、监察专员。

省级和设区的市级监察委员会依法向地区、盟、开发区等不设置人民代表大会的区域派出监察机构或者监察专员。县级监察委员会和直辖市所辖区（县）监察委员会可以向街道、乡镇等区域派出监察机构或者监察专员。

监察机构、监察专员开展监察工作，受派出机关领导。

第十三条 派驻或者派出的监察机构、监察专员根据派出机关授权，按照管理权限依法对派驻或者派出监督单位、区域等的公职人员开展监督，对职务违法和职务犯罪进行调查、处置。监察机构、监察专员可以按规定与地方监察委员会联合调查严重职务违法、职务犯罪，或者移交地方监察委员会调查。

未被授予职务犯罪调查权的监察机构、监察专员发现监察对象涉嫌职务犯罪线索的，应当及时向派出机关报告，由派出机关调查或者依法移交有关地方监察委员会调查。

第二节 监察监督

第十四条 监察机关依法履行监察监督职责，对公职人员政治品行、行使公权力和道德操守情况进行监督检查，督促有关机关、单位加强对所属公职人员的教育、管理、监督。

第十五条 监察机关应当坚决维护宪法确立的国家指导思想，加强对公职人员特别是领导人员坚持党的领导、坚持中国特色社会主义制度，贯彻落实党和国家路线方针政策、重大决策部署，履行从严管理监督职责，依法行使公权力等情况的监督。

第十六条 监察机关应当加强对公职人员理想教育、为人民服务教育、宪法法律法规教育、优秀传统文化教育，弘扬社会主义核心价值观，深入开展警示教育，教育引导公职人员树立正确的权力观、责任观、利益观，保持为民务实清廉本色。

第十七条 监察机关应当结合公职人员的职责加强日常监督，通过收集群众反映、座谈走访、查阅资料、召集或者列席会议、听取工作汇报和述责述廉、开展监督检查等方式，促进公职人员依法用权、秉公用权、廉洁用权。

第十八条 监察机关可以与公职人员进行谈心谈话，发现政治品行、行使公权力和道德操守方面有苗头性、倾向性问题的，及时进行教育提醒。

第十九条 监察机关对于发现的系统性、行业性的突出问题，以及群众反映强烈的问题，可以通过专项检查进行深入了解，督促有关机关、单位强化治理，促进公职人员履职尽责。

第二十条 监察机关应当以办案促进整改、以监督促进治理，在查清问题、依法处置的同时，剖析问题发生的原因，发现制度建设、权力配置、监督机制等方面存在的问题，向有关机关、单位提出改进工作的意见或者监察建议，促进完善制度，提高治理效能。

第二十一条　监察机关开展监察监督，应当与纪律监督、派驻监督、巡视监督统筹衔接，与人大监督、民主监督、行政监督、司法监督、审计监督、财会监督、统计监督、群众监督和舆论监督等贯通协调，健全信息、资源、成果共享等机制，形成监督合力。

第三节　监 察 调 查

第二十二条　监察机关依法履行监察调查职责，依据监察法、《中华人民共和国公职人员政务处分法》（以下简称政务处分法）和《中华人民共和国刑法》（以下简称刑法）等规定对职务违法和职务犯罪进行调查。

第二十三条　监察机关负责调查的职务违法是指公职人员实施的与其职务相关联，虽不构成犯罪但依法应当承担法律责任的下列违法行为：

（一）利用职权实施的违法行为；

（二）利用职务上的影响实施的违法行为；

（三）履行职责不力、失职失责的违法行为；

（四）其他违反与公职人员职务相关的特定义务的违法行为。

第二十四条　监察机关发现公职人员存在其他违法行为，具有下列情形之一的，可以依法进行调查、处置：

（一）超过行政违法追究时效，或者超过犯罪追诉时效、未追究刑事责任，但需要依法给予政务处分的；

（二）被追究行政法律责任，需要依法给予政务处分的；

（三）监察机关调查职务违法或者职务犯罪时，对被调查人实施的事实简单、清楚，需要依法给予政务处分的其他违法行为一并查核的。

监察机关发现公职人员成为监察对象前有前款规定的违法行为的，依照前款规定办理。

第二十五条　监察机关依法对监察法第十一条第二项规定的职务犯罪进行调查。

第二十六条　监察机关依法调查涉嫌贪污贿赂犯罪，包括贪污罪，挪用公款罪，受贿罪，单位受贿罪，利用影响力受贿罪，行贿罪，对有影响力的人行贿罪，对单位行贿罪，介绍贿赂罪，单位行贿罪，巨额财产来源不明罪，隐瞒境外存款罪，私分国有资产罪，私分罚没财物罪，以及公职人员在行使公权力过程中实施的职务侵占罪，挪用资金罪，对外国公职人员、国际公共组织官员行贿罪，非国家工作人员受贿罪和相关联的对非国家工作人员行贿罪。

第二十七条 监察机关依法调查公职人员涉嫌滥用职权犯罪，包括滥用职权罪，国有公司、企业、事业单位人员滥用职权罪，滥用管理公司、证券职权罪，食品、药品监管渎职罪，故意泄露国家秘密罪，报复陷害罪，阻碍解救被拐卖、绑架妇女、儿童罪，帮助犯罪分子逃避处罚罪，违法发放林木采伐许可证罪，办理偷越国（边）境人员出入境证件罪，放行偷越国（边）境人员罪，挪用特定款物罪，非法剥夺公民宗教信仰自由罪，侵犯少数民族风俗习惯罪，打击报复会计、统计人员罪，以及司法工作人员以外的公职人员利用职权实施的非法拘禁罪、虐待被监管人罪、非法搜查罪。

第二十八条 监察机关依法调查公职人员涉嫌玩忽职守犯罪，包括玩忽职守罪，国有公司、企业、事业单位人员失职罪，签订、履行合同失职被骗罪，国家机关工作人员签订、履行合同失职被骗罪，环境监管失职罪，传染病防治失职罪，商检失职罪，动植物检疫失职罪，不解救被拐卖、绑架妇女、儿童罪，失职造成珍贵文物损毁、流失罪，过失泄露国家秘密罪。

第二十九条 监察机关依法调查公职人员涉嫌徇私舞弊犯罪，包括徇私舞弊低价折股、出售国有资产罪，非法批准征收、征用、占用土地罪，非法低价出让国有土地使用权罪，非法经营同类营业罪，为亲友非法牟利罪，枉法仲裁罪，徇私舞弊发售发票、抵扣税款、出口退税罪，商检徇私舞弊罪，动植物检疫徇私舞弊罪，放纵走私罪，放纵制售伪劣商品犯罪行为罪，招收公务员、学生徇私舞弊罪，徇私舞弊不移交刑事案件罪，违法提供出口退税凭证罪，徇私舞弊不征、少征税款罪。

第三十条 监察机关依法调查公职人员在行使公权力过程中涉及的重大责任事故犯罪，包括重大责任事故罪，教育设施重大安全事故罪，消防责任事故罪，重大劳动安全事故罪，强令、组织他人违章冒险作业罪，危险作业罪，不报、谎报安全事故罪，铁路运营安全事故罪，重大飞行事故罪，大型群众性活动重大安全事故罪，危险物品肇事罪，工程重大安全事故罪。

第三十一条　监察机关依法调查公职人员在行使公权力过程中涉及的其他犯罪，包括破坏选举罪，背信损害上市公司利益罪，金融工作人员购买假币、以假币换取货币罪，利用未公开信息交易罪，诱骗投资者买卖证券、期货合约罪，背信运用受托财产罪，违法运用资金罪，违法发放贷款罪，吸收客户资金不入账罪，违规出具金融票证罪，对违法票据承兑、付款、保证罪，非法转让、倒卖土地使用权罪，私自开拆、隐匿、毁弃邮件、电报罪，故意延误投递邮件罪，泄露不应公开的案件信息罪，披露、报道不应公开的案件信息罪，接送不合格兵员罪。

第三十二条　监察机关发现依法由其他机关管辖的违法犯罪线索，应当及时移送有管辖权的机关。

监察机关调查结束后，对于应当给予被调查人或者涉案人员行政处罚等其他处理的，依法移送有关机关。

第四节　监 察 处 置

第三十三条　监察机关对违法的公职人员，依据监察法、政务处分法等规定作出政务处分决定。

第三十四条　监察机关在追究违法的公职人员直接责任的同时，依法对履行职责不力、失职失责，造成严重后果或者恶劣影响的领导人员予以问责。

监察机关应当组成调查组依法开展问责调查。调查结束后经集体讨论形成调查报告，需要进行问责的按照管理权限作出问责决定，或者向有权作出问责决定的机关、单位书面提出问责建议。

第三十五条　监察机关对涉嫌职务犯罪的人员，经调查认为犯罪事实清楚，证据确实、充分，需要追究刑事责任的，依法移送人民检察院审查起诉。

第三十六条　监察机关根据监督、调查结果，发现监察对象所在单位在廉政建设、权力制约、监督管理、制度执行以及履行职责等方面存在问题需要整改纠正的，依法提出监察建议。

监察机关应当跟踪了解监察建议的采纳情况，指导、督促有关单位限期整改，推动监察建议落实到位。

第三章　监察范围和管辖

第一节　监 察 对 象

第三十七条　监察机关依法对所有行使公权力的公职人员进行监察，实现国家监察全面覆盖。

第三十八条　监察法第十五条第一项所称公务员范围，依据《中华人民共和国公务员法》（以下简称公务员法）确定。

监察法第十五条第一项所称参照公务员法管理的人员，是指有关单位中经批准参照公务员法进行管理的工作人员。

第三十九条　监察法第十五条第二项所称法律、法规授权或者受国家机关依法委托管理公共事务的组织中从事公务的人员，是指在上述组织中，除参照公务员法管理的人员外，对公共事务履行组织、领导、管理、监督等职责的人员，包括具有公共事务管理职能的行业协会等组织中从事公务的人员，以及法定检验检测、检疫等机构中从事公务的人员。

第四十条　监察法第十五条第三项所称国有企业管理人员，是指国家出资企业中的下列人员：

（一）在国有独资、全资公司、企业中履行组织、领导、管理、监督等职责的人员；

（二）经党组织或者国家机关，国有独资、全资公司、企业，事业单位提名、推荐、任命、批准等，在国有控股、参股公司及其分支机构中履行组织、领导、管理、监督等职责的人员；

（三）经国家出资企业中负有管理、监督国有资产职责的组织批准或者研究决定，代表其在国有控股、参股公司及其分支机构中从事组织、领导、管理、监督等工作的人员。

第四十一条　监察法第十五条第四项所称公办的教育、科研、文化、医疗卫生、体育等单位中从事管理的人员，是指国家为了社会公益目的，由国家机关举办或者其他组织利用国有资产举办的教育、科研、文化、医疗卫生、体育等事业单位中，从事组织、领导、管理、监督等工作的人员。

第四十二条　监察法第十五条第五项所称基层群众性自治组织中从事管理的人员，是指该组织中的下列人员：

（一）从事集体事务和公益事业管理的人员；

（二）从事集体资金、资产、资源管理的人员；

（三）协助人民政府从事行政管理工作的人员，包括从事救灾、防疫、抢险、防汛、优抚、帮扶、移民、救济款物的管理，社会捐助公益事业款物的管理，国有土地的经营和管理，土地征收、征用补偿费用的管理，代征、代缴税款，有关计划生育、户籍、征兵工作，协助人民政府等国家机关在基层群众性自治组织中从事的其他管理工作。

第四十三条　下列人员属于监察法第十五条第六项所称其他依法履行公职的人员：

（一）履行人民代表大会职责的各级人民代表大会代表，履行公职的中国人民政治协商会议各级委员会委员、人民陪审员、人民监督员；

（二）虽未列入党政机关人员编制，但在党政机关中从事公务的人员；

（三）在集体经济组织等单位、组织中，由党组织或者国家机关，国有独资、全资公司、企业，国家出资企业中负有管理监督国有和集体资产职责的组织，事业单位提名、推荐、任命、批准等，从事组织、领导、管理、监督等工作的人员；

（四）在依法组建的评标、谈判、询价等组织中代表国家机关，国有独资、全资公司、企业，事业单位，人民团体临时履行公共事务组织、领导、管理、监督等职责的人员；

（五）其他依法行使公权力的人员。

第四十四条　有关机关、单位、组织集体作出的决定违法或者实施违法行为的，监察机关应当对负有责任的领导人员和直接责任人员中的公职人员依法追究法律责任。

第二节 管 辖

第四十五条 监察机关开展监督、调查、处置，按照管理权限与属地管辖相结合的原则，实行分级负责制。

第四十六条 设区的市级以上监察委员会按照管理权限，依法管辖同级党委管理的公职人员涉嫌职务违法和职务犯罪案件。

县级监察委员会和直辖市所辖区（县）监察委员会按照管理权限，依法管辖本辖区内公职人员涉嫌职务违法和职务犯罪案件。

地方各级监察委员会按照本条例第十三条、第四十九条规定，可以依法管辖工作单位在本辖区内的有关公职人员涉嫌职务违法和职务犯罪案件。

监察机关调查公职人员涉嫌职务犯罪案件，可以依法对涉嫌行贿犯罪、介绍贿赂犯罪或者共同职务犯罪的涉案人员中的非公职人员一并管辖。非公职人员涉嫌利用影响力受贿罪的，按照其所利用的公职人员的管理权限确定管辖。

第四十七条 上级监察机关对于下一级监察机关管辖范围内的职务违法和职务犯罪案件，具有下列情形之一的，可以依法提级管辖：

（一）在本辖区有重大影响的；

（二）涉及多个下级监察机关管辖的监察对象，调查难度大的；

（三）其他需要提级管辖的重大、复杂案件。

上级监察机关对于所辖各级监察机关管辖范围内有重大影响的案件，必要时可以依法直接调查或者组织、指挥、参与调查。

地方各级监察机关所管辖的职务违法和职务犯罪案件，具有第一款规定情形的，可以依法报请上一级监察机关管辖。

第四十八条 上级监察机关可以依法将其所管辖的案件指定下级监察机关管辖。

设区的市级监察委员会将同级党委管理的公职人员涉嫌职务违法或者职务犯罪案件指定下级监察委员会管辖的，应当报省级监察委员会批准；省级监察委员会将同级党委管理的公职人员涉嫌职务违法或者职务犯罪案件指定下级监察委员会管辖的，应当报国家监察委员会相关监督检查部门备案。

上级监察机关对于下级监察机关管辖的职务违法和职务犯罪案件，具有下列情形之一，认为由其他下级监察机关管辖更为适宜的，可以依法指定给其他下级监察机关管辖：

（一）管辖有争议的；

（二）指定管辖有利于案件公正处理的；

（三）下级监察机关报请指定管辖的；

（四）其他有必要指定管辖的。

被指定的下级监察机关未经指定管辖的监察机关批准，不得将案件再行指定管辖。发现新的职务违法或者职务犯罪线索，以及其他重要情况、重大问题，应当及时向指定管辖的监察机关请示报告。

第四十九条　工作单位在地方、管理权限在主管部门的公职人员涉嫌职务违法和职务犯罪，一般由驻在主管部门、有管辖权的监察机构、监察专员管辖；经协商，监察机构、监察专员可以按规定移交公职人员工作单位所在地的地方监察委员会调查，或者与地方监察委员会联合调查。地方监察委员会在工作中发现上述公职人员有关问题线索，应当向驻在主管部门、有管辖权的监察机构、监察专员通报，并协商确定管辖。

前款规定单位的其他公职人员涉嫌职务违法和职务犯罪，可以由地方监察委员会管辖；驻在主管部门的监察机构、监察专员自行立案调查的，应当及时通报地方监察委员会。

地方监察委员会调查前两款规定案件，应当将立案、留置、移送审查起诉、撤销案件等重要情况向驻在主管部门的监察机构、监察专员通报。

第五十条　监察机关办理案件中涉及无隶属关系的其他监察机关的监察对象，认为需要立案调查的，应当商请有管理权限的监察机关依法立案调查。商请立案时，应当提供涉案人员基本情况、已经查明的涉嫌违法犯罪事实以及相关证据材料。

承办案件的监察机关认为由其一并调查更为适宜的，可以报请有权决定的上级监察机关指定管辖。

第五十一条　公职人员既涉嫌贪污贿赂、失职渎职等严重职务违法和职务犯罪，又涉嫌公安机关、人民检察院等机关管辖的犯罪，依法由监察机关为主调查的，应当由监察机关和其他机关分别依职权立案，监察机关承担组织协调职责，协调调查和侦查工作进度、重要调查和侦查措施使用等重要事项。

第五十二条 监察机关必要时可以依法调查司法工作人员利用职权实施的涉嫌非法拘禁、刑讯逼供、非法搜查等侵犯公民权利、损害司法公正的犯罪，并在立案后及时通报同级人民检察院。

监察机关在调查司法工作人员涉嫌贪污贿赂等职务犯罪中，可以对其涉嫌的前款规定的犯罪一并调查，并及时通报同级人民检察院。人民检察院在办理直接受理侦查的案件中，发现犯罪嫌疑人同时涉嫌监察机关管辖的其他职务犯罪，经沟通全案移送监察机关管辖的，监察机关应当依法进行调查。

第五十三条 监察机关对于退休公职人员在退休前或者退休后，或者离职、死亡的公职人员在履职期间实施的涉嫌职务违法或者职务犯罪行为，可以依法进行调查。

对前款规定人员，按照其原任职务的管辖规定确定管辖的监察机关；由其他监察机关管辖更为适宜的，可以依法指定或者交由其他监察机关管辖。

第四章 监察权限

第一节 一般要求

第五十四条 监察机关应当加强监督执法调查工作规范化建设，严格按规定对监察措施进行审批和监管，依照法定的范围、程序和期限采取相关措施，出具、送达法律文书。

第五十五条 监察机关在初步核实中，可以依法采取谈话、询问、查询、调取、勘验检查、鉴定措施；立案后可以采取讯问、留置、冻结、搜查、查封、扣押、通缉措施。需要采取技术调查、限制出境措施的，应当按照规定交有关机关依法执行。设区的市级以下监察机关在初步核实中不得采取技术调查措施。

开展问责调查，根据具体情况可以依法采取相关监察措施。

第五十六条　开展讯问、搜查、查封、扣押以及重要的谈话、询问等调查取证工作，应当全程同步录音录像，并保持录音录像资料的完整性。录音录像资料应当妥善保管、及时归档，留存备查。

人民检察院、人民法院需要调取同步录音录像的，监察机关应当予以配合，经审批依法予以提供。

第五十七条　需要商请其他监察机关协助收集证据材料的，应当依法出具《委托调查函》；商请其他监察机关对采取措施提供一般性协助的，应当依法出具《商请协助采取措施函》。商请协助事项涉及协助地监察机关管辖的监察对象的，应当由协助地监察机关按照所涉人员的管理权限报批。协助地监察机关对于协助请求，应当依法予以协助配合。

第五十八条　采取监察措施需要告知、通知相关人员的，应当依法办理。告知包括口头、书面两种方式，通知应当采取书面方式。采取口头方式告知的，应当将相关情况制作工作记录；采取书面方式告知、通知的，可以通过直接送交、邮寄、转交等途径送达，将有关回执或者凭证附卷。

无法告知、通知，或者相关人员拒绝接收的，调查人员应当在工作记录或者有关文书上记明。

第二节　证　　据

第五十九条　可以用于证明案件事实的材料都是证据，包括：

（一）物证；

（二）书证；

（三）证人证言；

（四）被害人陈述；

（五）被调查人陈述、供述和辩解；

（六）鉴定意见；

（七）勘验检查、辨认、调查实验等笔录；

（八）视听资料、电子数据。

监察机关向有关单位和个人收集、调取证据时，应当告知其必须依法如实提供证据。对于不按要求提供有关材料，泄露相关信息，伪造、隐匿、毁灭证据，提供虚假情况或者阻止他人提供证据的，依法追究法律责任。

监察机关依照监察法和本条例规定收集的证据材料，经审查符合法定要求的，在刑事诉讼中可以作为证据使用。

第六十条 监察机关认定案件事实应当以证据为根据，全面、客观地收集、固定被调查人有无违法犯罪以及情节轻重的各种证据，形成相互印证、完整稳定的证据链。

只有被调查人陈述或者供述，没有其他证据的，不能认定案件事实；没有被调查人陈述或者供述，证据符合法定标准的，可以认定案件事实。

第六十一条 证据必须经过查证属实，才能作为定案的根据。审查认定证据，应当结合案件的具体情况，从证据与待证事实的关联程度、各证据之间的联系、是否依照法定程序收集等方面进行综合判断。

第六十二条 监察机关调查终结的职务违法案件，应当事实清楚、证据确凿。证据确凿，应当符合下列条件：

（一）定性处置的事实都有证据证实；

（二）定案证据真实、合法；

（三）据以定案的证据之间不存在无法排除的矛盾；

（四）综合全案证据，所认定事实清晰且令人信服。

第六十三条 监察机关调查终结的职务犯罪案件，应当事实清楚，证据确实、充分。证据确实、充分，应当符合下列条件：

（一）定罪量刑的事实都有证据证明；

（二）据以定案的证据均经法定程序查证属实；

（三）综合全案证据，对所认定事实已排除合理怀疑。

证据不足的，不得移送人民检察院审查起诉。

第六十四条 严禁以暴力、威胁、引诱、欺骗以及非法限制人身自由等非法方法收集证据，严禁侮辱、打骂、虐待、体罚或者变相体罚被调查人、涉案人员和证人。

第六十五条 对于调查人员采用暴力、威胁以及非法限制人身自由等非法方法收集的被调查人供述、证人证言、被害人陈述，应当依法予以排除。

前款所称暴力的方法，是指采用殴打、违法使用戒具等方法或者变相肉刑的恶劣手段，使人遭受难以忍受的痛苦而违背意愿作出供述、证言、陈述；威胁的方法，是指采用以暴力或者严重损害本人及其近亲属合法权益等进行威胁的方法，使人遭受难以忍受的痛苦而违背意愿作出供述、证言、陈述。

收集物证、书证不符合法定程序，可能严重影响案件公正处理的，应当予以补正或者作出合理解释；不能补正或者作出合理解释的，对该证据应当予以排除。

第六十六条 监察机关监督检查、调查、案件审理、案件监督管理等部门发现监察人员在办理案件中，可能存在以非法方法收集证据情形的，应当依据职责进行调查核实。对于被调查人控告、举报调查人员采用非法方法收集证据，并提供涉嫌非法取证的人员、时间、地点、方式和内容等材料或者线索的，应当受理并进行审核。根据现有材料无法证明证据收集合法性的，应当进行调查核实。

经调查核实，确认或者不能排除以非法方法收集证据的，对有关证据依法予以排除，不得作为案件定性处置、移送审查起诉的依据。认定调查人员非法取证的，应当依法处理，另行指派调查人员重新调查取证。

监察机关接到对下级监察机关调查人员采用非法方法收集证据的控告、举报，可以直接进行调查核实，也可以交由下级监察机关调查核实。交由下级监察机关调查核实的，下级监察机关应当及时将调查结果报告上级监察机关。

第六十七条 对收集的证据材料及扣押的财物应当妥善保管，严格履行交接、调用手续，定期对账核实，不得违规使用、调换、损毁或者自行处理。

第六十八条 监察机关对行政机关在行政执法和查办案件中收集的物证、书证、视听资料、电子数据，勘验、检查等笔录，以及鉴定意见等证据材料，经审查符合法定要求的，可以作为证据使用。

根据法律、行政法规规定行使国家行政管理职权的组织在行政执法和查办案件中收集的证据材料，视为行政机关收集的证据材料。

第六十九条 监察机关对人民法院、人民检察院、公安机关、国家安全机关等在刑事诉讼中收集的物证、书证、视听资料、电子数据，勘验、检查、辨认、侦查实验等笔录，以及鉴定意见等证据材料，经审查符合法定要求的，可以作为证据使用。

监察机关办理职务违法案件，对于人民法院生效刑事判决、裁定和人民检察院不起诉决定采信的证据材料，可以直接作为证据使用。

第三节　谈　话

第七十条　监察机关在问题线索处置、初步核实和立案调查中，可以依法对涉嫌职务违法的监察对象进行谈话，要求其如实说明情况或者作出陈述。

谈话应当个别进行。负责谈话的人员不得少于二人。

第七十一条　对一般性问题线索的处置，可以采取谈话方式进行，对监察对象给予警示、批评、教育。谈话应当在工作地点等场所进行，明确告知谈话事项，注重谈清问题、取得教育效果。

第七十二条　采取谈话方式处置问题线索的，经审批可以由监察人员或者委托被谈话人所在单位主要负责人等进行谈话。

监察机关谈话应当形成谈话笔录或者记录。谈话结束后，可以根据需要要求被谈话人在十五个工作日以内作出书面说明。被谈话人应当在书面说明每页签名，修改的地方也应当签名。

委托谈话的，受委托人应当在收到委托函后的十五个工作日以内进行谈话。谈话结束后及时形成谈话情况材料报送监察机关，必要时附被谈话人的书面说明。

第七十三条　监察机关开展初步核实工作，一般不与被核查人接触；确有需要与被核查人谈话的，应当按规定报批。

第七十四条　监察机关对涉嫌职务违法的被调查人立案后，可以依法进行谈话。

与被调查人首次谈话时，应当出示《被调查人权利义务告知书》，由其签名、捺指印。被调查人拒绝签名、捺指印的，调查人员应当在文书上记明。对于被调查人未被限制人身自由的，应当在首次谈话时出具《谈话通知书》。

与涉嫌严重职务违法的被调查人进行谈话的，应当全程同步录音录像，并告知被调查人。告知情况应当在录音录像中予以反映，并在笔录中记明。

第七十五条 立案后，与未被限制人身自由的被调查人谈话的，应当在具备安全保障条件的场所进行。

调查人员按规定通知被调查人所在单位派员或者被调查人家属陪同被调查人到指定场所的，应当与陪同人员办理交接手续，填写《陪送交接单》。

第七十六条 调查人员与被留置的被调查人谈话的，按照法定程序在留置场所进行。

与在押的犯罪嫌疑人、被告人谈话的，应当持以监察机关名义出具的介绍信、工作证件，商请有关案件主管机关依法协助办理。

与在看守所、监狱服刑的人员谈话的，应当持以监察机关名义出具的介绍信、工作证件办理。

第七十七条 与被调查人进行谈话，应当合理安排时间、控制时长，保证其饮食和必要的休息时间。

第七十八条 谈话笔录应当在谈话现场制作。笔录应当详细具体，如实反映谈话情况。笔录制作完成后，应当交给被调查人核对。被调查人没有阅读能力的，应当向其宣读。

笔录记载有遗漏或者差错的，应当补充或者更正，由被调查人在补充或者更正处捺指印。被调查人核对无误后，应当在笔录中逐页签名、捺指印。被调查人拒绝签名、捺指印的，调查人员应当在笔录中记明。调查人员也应当在笔录中签名。

第七十九条 被调查人请求自行书写说明材料的，应当准许。必要时，调查人员可以要求被调查人自行书写说明材料。

被调查人应当在说明材料上逐页签名、捺指印，在末页写明日期。对说明材料有修改的，在修改之处应当捺指印。说明材料应当由二名调查人员接收，在首页记明接收的日期并签名。

第八十条 本条例第七十四条至第七十九条的规定，也适用于在初步核实中开展的谈话。

第四节　讯　　问

第八十一条　监察机关对涉嫌职务犯罪的被调查人，可以依法进行讯问，要求其如实供述涉嫌犯罪的情况。

第八十二条　讯问被留置的被调查人，应当在留置场所进行。

第八十三条　讯问应当个别进行，调查人员不得少于二人。

首次讯问时，应当向被讯问人出示《被调查人权利义务告知书》，由其签名、捺指印。被讯问人拒绝签名、捺指印的，调查人员应当在文书上记明。被讯问人未被限制人身自由的，应当在首次讯问时向其出具《讯问通知书》。

讯问一般按照下列顺序进行：

（一）核实被讯问人的基本情况，包括姓名、曾用名、出生年月日、户籍地、身份证件号码、民族、职业、政治面貌、文化程度、工作单位及职务、住所、家庭情况、社会经历，是否属于党代表大会代表、人大代表、政协委员，是否受到过党纪政务处分，是否受到过刑事处罚等；

（二）告知被讯问人如实供述自己罪行可以依法从宽处理和认罪认罚的法律规定；

（三）讯问被讯问人是否有犯罪行为，让其陈述有罪的事实或者无罪的辩解，应当允许其连贯陈述。

调查人员的提问应当与调查的案件相关。被讯问人对调查人员的提问应当如实回答。调查人员对被讯问人的辩解，应当如实记录，认真查核。

讯问时，应当告知被讯问人将进行全程同步录音录像。告知情况应当在录音录像中予以反映，并在笔录中记明。

第八十四条　本条例第七十五条至第七十九条的要求，也适用于讯问。

第五节　询　　问

第八十五条　监察机关按规定报批后，可以依法对证人、被害人等人员进行询问，了解核实有关问题或者案件情况。

第八十六条　证人未被限制人身自由的，可以在其工作地点、住所或者其提出的地点进行询问，也可以通知其到指定地点接受询问。到证人提出的地点或者调查人员指定的地点进行询问的，应当在笔录中记明。

调查人员认为有必要或者证人提出需要由所在单位派员或者其家属陪同到询问地点的，应当办理交接手续并填写《陪送交接单》。

第八十七条　询问应当个别进行。负责询问的调查人员不得少于二人。

首次询问时，应当向证人出示《证人权利义务告知书》，由其签名、捺指印。证人拒绝签名、捺指印的，调查人员应当在文书上记明。证人未被限制人身自由的，应当在首次询问时向其出具《询问通知书》。

询问时，应当核实证人身份，问明证人的基本情况，告知证人应当如实提供证据、证言，以及作伪证或者隐匿证据应当承担的法律责任。不得向证人泄露案情，不得采用非法方法获取证言。

询问重大或者有社会影响案件的重要证人，应当对询问过程全程同步录音录像，并告知证人。告知情况应当在录音录像中予以反映，并在笔录中记明。

第八十八条　询问未成年人，应当通知其法定代理人到场。无法通知或者法定代理人不能到场的，应当通知未成年人的其他成年亲属或者所在学校、居住地基层组织的代表等有关人员到场。询问结束后，由法定代理人或者有关人员在笔录中签名。调查人员应当将到场情况记录在案。

询问聋、哑人，应当有通晓聋、哑手势的人员参加。调查人员应当在笔录中记明证人的聋、哑情况，以及翻译人员的姓名、工作单位和职业。询问不通晓当地通用语言、文字的证人，应当有翻译人员。询问结束后，由翻译人员在笔录中签名。

第八十九条　凡是知道案件情况的人，都有如实作证的义务。对故意提供虚假证言的证人，应当依法追究法律责任。

证人或者其他任何人不得帮助被调查人隐匿、毁灭、伪造证据或者串供，不得实施其他干扰调查活动的行为。

第九十条　证人、鉴定人、被害人因作证，本人或者近亲属人身安全面临危险，向监察机关请求保护的，监察机关应当受理并及时进行审查；对于确实存在人身安全危险的，监察机关应当采取必要的保护措施。监察机关发现存在上述情形的，应当主动采取保护措施。

监察机关可以采取下列一项或者多项保护措施：

（一）不公开真实姓名、住址和工作单位等个人信息；

（二）禁止特定的人员接触证人、鉴定人、被害人及其近亲属；

（三）对人身和住宅采取专门性保护措施；

（四）其他必要的保护措施。

依法决定不公开证人、鉴定人、被害人的真实姓名、住址和工作单位等个人信息的，可以在询问笔录等法律文书、证据材料中使用化名。但是应当另行书面说明使用化名的情况并标明密级，单独成卷。

监察机关采取保护措施需要协助的，可以提请公安机关等有关单位和要求有关个人依法予以协助。

第九十一条 本条例第七十六条至第七十九条的要求，也适用于询问。询问重要涉案人员，根据情况适用本条例第七十五条的规定。

询问被害人，适用询问证人的规定。

第六节 留 置

第九十二条 监察机关调查严重职务违法或者职务犯罪，对于符合监察法第二十二条第一款规定的，经依法审批，可以对被调查人采取留置措施。

监察法第二十二条第一款规定的严重职务违法，是指根据监察机关已经掌握的事实及证据，被调查人涉嫌的职务违法行为情节严重，可能被给予撤职以上政务处分；重要问题，是指对被调查人涉嫌的职务违法或者职务犯罪，在定性处置、定罪量刑等方面有重要影响的事实、情节及证据。

监察法第二十二条第一款规定的已经掌握其部分违法犯罪事实及证据，是指同时具备下列情形：

（一）有证据证明发生了违法犯罪事实；

（二）有证据证明该违法犯罪事实是被调查人实施；

（三）证明被调查人实施违法犯罪行为的证据已经查证属实。

部分违法犯罪事实，既可以是单一违法犯罪行为的事实，也可以是数个违法犯罪行为中任何一个违法犯罪行为的事实。

第九十三条　被调查人具有下列情形之一的，可以认定为监察法第二十二条第一款第二项所规定的可能逃跑、自杀：

（一）着手准备自杀、自残或者逃跑的；

（二）曾经有自杀、自残或者逃跑行为的；

（三）有自杀、自残或者逃跑意图的；

（四）其他可能逃跑、自杀的情形。

第九十四条　被调查人具有下列情形之一的，可以认定为监察法第二十二条第一款第三项所规定的可能串供或者伪造、隐匿、毁灭证据：

（一）曾经或者企图串供，伪造、隐匿、毁灭、转移证据的；

（二）曾经或者企图威逼、恐吓、利诱、收买证人，干扰证人作证的；

（三）有同案人或者与被调查人存在密切关联违法犯罪的涉案人员在逃，重要证据尚未收集完成的；

（四）其他可能串供或者伪造、隐匿、毁灭证据的情形。

第九十五条　被调查人具有下列情形之一的，可以认定为监察法第二十二条第一款第四项所规定的可能有其他妨碍调查行为：

（一）可能继续实施违法犯罪行为的；

（二）有危害国家安全、公共安全等现实危险的；

（三）可能对举报人、控告人、被害人、证人、鉴定人等相关人员实施打击报复的；

（四）无正当理由拒不到案，严重影响调查的；

（五）其他可能妨碍调查的行为。

第九十六条　对下列人员不得采取留置措施：

（一）患有严重疾病、生活不能自理的；

（二）怀孕或者正在哺乳自己婴儿的妇女；

（三）系生活不能自理的人的唯一扶养人。

上述情形消除后，根据调查需要可以对相关人员采取留置措施。

第九十七条　采取留置措施时，调查人员不得少于二人，应当向被留置人员宣布《留置决定书》，告知被留置人员权利义务，要求其在《留置决定书》上签名、捺指印。被留置人员拒绝签名、捺指印的，调查人员应当在文书上记明。

第九十八条 采取留置措施后，应当在二十四小时以内通知被留置人员所在单位和家属。当面通知的，由有关人员在《留置通知书》上签名。无法当面通知的，可以先以电话等方式通知，并通过邮寄、转交等方式送达《留置通知书》，要求有关人员在《留置通知书》上签名。

因可能毁灭、伪造证据，干扰证人作证或者串供等有碍调查情形而不宜通知的，应当按规定报批，记录在案。有碍调查的情形消失后，应当立即通知被留置人员所在单位和家属。

第九十九条 县级以上监察机关需要提请公安机关协助采取留置措施的，应当按规定报批，请同级公安机关依法予以协助。提请协助时，应当出具《提请协助采取留置措施函》，列明提请协助的具体事项和建议，协助采取措施的时间、地点等内容，附《留置决定书》复印件。

因保密需要，不适合在采取留置措施前向公安机关告知留置对象姓名的，可以作出说明，进行保密处理。

需要提请异地公安机关协助采取留置措施的，应当按规定报批，向协作地同级监察机关出具协作函件和相关文书，由协作地监察机关提请当地公安机关依法予以协助。

第一百条 留置过程中，应当保障被留置人员的合法权益，尊重其人格和民族习俗，保障饮食、休息和安全，提供医疗服务。

第一百零一条 留置时间不得超过三个月，自向被留置人员宣布之日起算。具有下列情形之一的，经审批可以延长一次，延长时间不得超过三个月：

（一）案情重大，严重危害国家利益或者公共利益的；

（二）案情复杂，涉案人员多、金额巨大，涉及范围广的；

（三）重要证据尚未收集完成，或者重要涉案人员尚未到案，导致违法犯罪的主要事实仍须继续调查的；

（四）其他需要延长留置时间的情形。

省级以下监察机关采取留置措施的，延长留置时间应当报上一级监察机关批准。

延长留置时间的，应当在留置期满前向被留置人员宣布延长留置时间的决定，要求其在《延长留置时间决定书》上签名、捺指印。被留置人员拒绝签名、捺指印的，调查人员应当在文书上记明。

延长留置时间的，应当通知被留置人员家属。

第一百零二条 对被留置人员不需要继续采取留置措施的，应当按规定报批，及时解除留置。

调查人员应当向被留置人员宣布解除留置措施的决定，由其在《解除留置决定书》上签名、捺指印。被留置人员拒绝签名、捺指印的，调查人员应当在文书上记明。

解除留置措施的，应当及时通知被留置人员所在单位或者家属。调查人员应当与交接人办理交接手续，并由其在《解除留置通知书》上签名。无法通知或者有关人员拒绝签名的，调查人员应当在文书上记明。

案件依法移送人民检察院审查起诉的，留置措施自犯罪嫌疑人被执行拘留时自动解除，不再办理解除法律手续。

第一百零三条 留置场所应当建立健全保密、消防、医疗、餐饮及安保等安全工作责任制，制定紧急突发事件处置预案，采取安全防范措施。

留置期间发生被留置人员死亡、伤残、脱逃等办案安全事故、事件的，应当及时做好处置工作。相关情况应当立即报告监察机关主要负责人，并在二十四小时以内逐级上报至国家监察委员会。

第七节 查询、冻结

第一百零四条 监察机关调查严重职务违法或者职务犯罪，根据工作需要，按规定报批后，可以依法查询、冻结涉案单位和个人的存款、汇款、债券、股票、基金份额等财产。

第一百零五条 查询、冻结财产时，调查人员不得少于二人。调查人员应当出具《协助查询财产通知书》或者《协助冻结财产通知书》，送交银行或者其他金融机构、邮政部门等单位执行。有关单位和个人应当予以配合，并严格保密。

查询财产应当在《协助查询财产通知书》中填写查询账号、查询内容等信息。没有具体账号的，应当填写足以确定账户或者权利人的自然人姓名、身份证件号码或者企业法人名称、统一社会信用代码等信息。

冻结财产应当在《协助冻结财产通知书》中填写冻结账户名称、冻结账号、冻结数额、冻结期限起止时间等信息。冻结数额应当具体、明确，暂时无法确定具体数额的，应当在《协助冻结财产通知书》上明确写明“只收不付”。冻结证券和交易结算资金时，应当明确冻结的范围是否及于孳息。

冻结财产，应当为被调查人及其所扶养的亲属保留必需的生活费用。

第一百零六条 调查人员可以根据需要对查询结果进行打印、抄录、复制、拍照，要求相关单位在有关材料上加盖证明印章。对查询结果有疑问的，可以要求相关单位进行书面解释并加盖印章。

第一百零七条 监察机关对查询信息应当加强管理，规范信息交接、调阅、使用程序和手续，防止滥用和泄露。

调查人员不得查询与案件调查工作无关的信息。

第一百零八条 冻结财产的期限不得超过六个月。冻结期限到期未办理续冻手续的，冻结自动解除。

有特殊原因需要延长冻结期限的，应当在到期前按原程序报批，办理续冻手续。每次续冻期限不得超过六个月。

第一百零九条 已被冻结的财产可以轮候冻结，不得重复冻结。轮候冻结的，监察机关应当要求有关银行或者其他金融机构等单位在解除冻结或者作出处理前予以通知。

监察机关接受司法机关、其他监察机关等国家机关移送的涉案财物后，该国家机关采取的冻结期限届满，监察机关续行冻结的顺位与该国家机关冻结的顺位相同。

第一百一十条 冻结财产应当通知权利人或者其法定代理人、委托代理人，要求其在《冻结财产告知书》上签名。冻结股票、债券、基金份额等财产，应当告知权利人或者其法定代理人、委托代理人有权申请出售。

对于被冻结的股票、债券、基金份额等财产，权利人或者其法定代理人、委托代理人申请出售，不损害国家利益、被害人利益，不影响调查正常进行的，经审批可以在案件办结前由相关机构依法出售或者变现。对于被冻结的汇票、本票、支票即将到期的，经审批可以在案件办结前由相关机构依法出售或者变现。出售上述财产的，应当出具《许可出售冻结财产通知书》。

出售或者变现所得价款应当继续冻结在其对应的银行账户中；没有对应的银行账户的，应当存入监察机关指定的专用账户保管，并将存款凭证送监察机关登记。监察机关应当及时向权利人或者其法定代理人、委托代理人出具《出售冻结财产通知书》，并要求其签名。拒绝签名的，调查人员应当在文书上记明。

第一百一十一条　对于冻结的财产，应当及时核查。经查明与案件无关的，经审批，应当在查明后三日以内将《解除冻结财产通知书》送交有关单位执行。解除情况应当告知被冻结财产的权利人或者其法定代理人、委托代理人。

第八节　搜　　查

第一百一十二条　监察机关调查职务犯罪案件，为了收集犯罪证据、查获被调查人，按规定报批后，可以依法对被调查人以及可能隐藏被调查人或者犯罪证据的人的身体、物品、住处、工作地点和其他有关地方进行搜查。

第一百一十三条　搜查应当在调查人员主持下进行，调查人员不得少于二人。搜查女性的身体，由女性工作人员进行。

搜查时，应当有被搜查人或者其家属、其所在单位工作人员或者其他见证人在场。监察人员不得作为见证人。调查人员应当向被搜查人或者其家属、见证人出示《搜查证》，要求其签名。被搜查人或者其家属不在场，或者拒绝签名的，调查人员应当在文书上记明。

第一百一十四条　搜查时，应当要求在场人员予以配合，不得进行阻碍。对以暴力、威胁等方法阻碍搜查的，应当依法制止。对阻碍搜查构成违法犯罪的，依法追究法律责任。

第一百一十五条　县级以上监察机关需要提请公安机关依法协助采取搜

查措施的，应当按规定报批，请同级公安机关予以协助。提请协助时，应当出具《提请协助采取搜查措施函》，列明提请协助的具体事项和建议，搜查时间、地点、目的等内容，附《搜查证》复印件。

需要提请异地公安机关协助采取搜查措施的，应当按规定报批，向协作地同级监察机关出具协作函件和相关文书，由协作地监察机关提请当地公安机关予以协助。

第一百一十六条 对搜查取证工作，应当全程同步录音录像。

对搜查情况应当制作《搜查笔录》，由调查人员和被搜查人或者其家属、见证人签名。被搜查人或者其家属不在场，或者拒绝签名的，调查人员应当在笔录中记明。

对于查获的重要物证、书证、视听资料、电子数据及其放置、存储位置应当拍照，并在《搜查笔录》中作出文字说明。

第一百一十七条 搜查时，应当避免未成年人或者其他不适宜在搜查现场的人在场。

搜查人员应当服从指挥、文明执法，不得擅自变更搜查对象和扩大搜查范围。搜查的具体时间、方法，在实施前应当严格保密。

第一百一十八条 在搜查过程中查封、扣押财物和文件的，按照查封、扣押的有关规定办理。

第九节 调 取

第一百一十九条 监察机关按规定报批后，可以依法向有关单位和个人调取用以证明案件事实的证据材料。

第一百二十条 调取证据材料时，调查人员不得少于二人。调查人员应当依法出具《调取证据通知书》，必要时附《调取证据清单》。

有关单位和个人配合监察机关调取证据，应当严格保密。

第一百二十一条 调取物证应当调取原物。原物不便搬运、保存，或者依法应当返还，或者因保密工作需要不能调取原物的，可以将原物封存，并拍照、录像。对原物拍照或者录像时，应当足以反映原物的外形、内容。

调取书证、视听资料应当调取原件。取得原件确有困难或者因保密工作需要不能调取原件的，可以调取副本或者复制件。

调取物证的照片、录像和书证、视听资料的副本、复制件的，应当书面记明不能调取原物、原件的原因，原物、原件存放地点，制作过程，是否与原物、原件相符，并由调查人员和物证、书证、视听资料原持有人签名或者盖章。持有人无法签名、盖章或者拒绝签名、盖章的，应当在笔录中记明，由见证人签名。

第一百二十二条　调取外文材料作为证据使用的，应当交由具有资质的机构和人员出具中文译本。中文译本应当加盖翻译机构公章。

第一百二十三条　收集、提取电子数据，能够扣押原始存储介质的，应当予以扣押、封存并在笔录中记录封存状态。无法扣押原始存储介质的，可以提取电子数据，但应当在笔录中记明不能扣押的原因、原始存储介质的存放地点或者电子数据的来源等情况。

由于客观原因无法或者不宜采取前款规定方式收集、提取电子数据的，可以采取打印、拍照或者录像等方式固定相关证据，并在笔录中说明原因。

收集、提取的电子数据，足以保证完整性，无删除、修改、增加等情形的，可以作为证据使用。

收集、提取电子数据，应当制作笔录，记录案由、对象、内容，收集、提取电子数据的时间、地点、方法、过程，并附电子数据清单，注明类别、文件格式、完整性校验值等，由调查人员、电子数据持有人（提供人）签名或者盖章；电子数据持有人（提供人）无法签名或者拒绝签名的，应当在笔录中记明，由见证人签名或者盖章。有条件的，应当对相关活动进行录像。

第一百二十四条　调取的物证、书证、视听资料等原件，经查明与案件无关的，经审批，应当在查明后三日以内退还，并办理交接手续。

第十节　查封、扣押

第一百二十五条　监察机关按规定报批后，可以依法查封、扣押用以证明被调查人涉嫌违法犯罪以及情节轻重的财物、文件、电子数据等证据材料。

对于被调查人到案时随身携带的物品，以及被调查人或者其他相关人员主动上交的财物和文件，依法需要扣押的，依照前款规定办理。对于被调查人随身携带的与案件无关的个人用品，应当逐件登记，随案移交或者退还。

第一百二十六条 查封、扣押时，应当出具《查封/扣押通知书》，调查人员不得少于二人。持有人拒绝交出应当查封、扣押的财物和文件的，可以依法强制查封、扣押。

调查人员对于查封、扣押的财物和文件，应当会同在场见证人和被查封、扣押财物持有人进行清点核对，开列《查封/扣押财物、文件清单》，由调查人员、见证人和持有人签名或者盖章。持有人不在场或者拒绝签名、盖章的，调查人员应当在清单上记明。

查封、扣押财物，应当为被调查人及其所扶养的亲属保留必需的生活费用和物品。

第一百二十七条 查封、扣押不动产和置于该不动产上不宜移动的设施、家具和其他相关财物，以及车辆、船舶、航空器和大型机械、设备等财物，必要时可以依法扣押其权利证书，经拍照或者录像后原地封存。调查人员应当在查封清单上记明相关财物的所在地址和特征，已经拍照或者录像及其权利证书被扣押的情况，由调查人员、见证人和持有人签名或者盖章。持有人不在场或者拒绝签名、盖章的，调查人员应当在清单上记明。

查封、扣押前款规定财物的，必要时可以将被查封财物交给持有人或者其近亲属保管。调查人员应当告知保管人妥善保管，不得对被查封财物进行转移、变卖、毁损、抵押、赠予等处理。

调查人员应当将《查封/扣押通知书》送达不动产、生产设备或者车辆、船舶、航空器等财物的登记、管理部门，告知其在查封期间禁止办理抵押、转让、出售等权属关系变更、转移登记手续。相关情况应当在查封清单上记明。被查封、扣押的财物已经办理抵押登记的，监察机关在执行没收、追缴、责令退赔等决定时应当及时通知抵押权人。

第一百二十八条 查封、扣押下列物品，应当依法进行相应的处理：

（一）查封、扣押外币、金银珠宝、文物、名贵字画以及其他不易辨别真伪的贵重物品，具备当场密封条件的，应当当场密封，由二名以上调查人员在密封材料上签名并记明密封时间。不具备当场密封条件的，应当在笔录中记明，以拍照、录像等方法加以保全后进行封存。查封、扣押的贵重物品需要鉴定的，应当及时鉴定。

（二）查封、扣押存折、银行卡、有价证券等支付凭证和具有一定特征能够证明案情的现金，应当记明特征、编号、种类、面值、张数、金额等，当场密封，由二名以上调查人员在密封材料上签名并记明密封时间。

（三）查封、扣押易损毁、灭失、变质等不宜长期保存的物品以及有消费期限的卡、券，应当在笔录中记明，以拍照、录像等方法加以保全后进行封存，或者经审批委托有关机构变卖、拍卖。变卖、拍卖的价款存入专用账户保管，待调查终结后一并处理。

（四）对于可以作为证据使用的录音录像、电子数据存储介质，应当记明案由、对象、内容，录制、复制的时间、地点、规格、类别、应用长度、文件格式及长度等，制作清单。具备查封、扣押条件的电子设备、存储介质应当密封保存。必要时，可以请有关机关协助。

（五）对被调查人使用违法犯罪所得与合法收入共同购置的不可分割的财产，可以先行查封、扣押。对无法分割退还的财产，涉及违法的，可以在结案后委托有关单位拍卖、变卖，退还不属于违法所得的部分及孳息；涉及职务犯罪的，依法移送司法机关处置。

（六）查封、扣押危险品、违禁品，应当及时送交有关部门，或者根据工作需要严格封存保管。

第一百二十九条　对于需要启封的财物和文件，应当由二名以上调查人员共同办理。重新密封时，由二名以上调查人员在密封材料上签名、记明时间。

第一百三十条　查封、扣押涉案财物，应当按规定将涉案财物详细信息、《查封/扣押财物、文件清单》录入并上传监察机关涉案财物信息管理系统。

对于涉案款项，应当在采取措施后十五日以内存入监察机关指定的专用账户。对于涉案物品，应当在采取措施后三十日以内移交涉案财物保管部门保管。因特殊原因不能按时存入专用账户或者移交保管的，应当按规定报批，将保管情况录入涉案财物信息管理系统，在原因消除后及时存入或者移交。

第一百三十一条 对于已移交涉案财物保管部门保管的涉案财物，根据调查工作需要，经审批可以临时调用，并应当确保完好。调用结束后，应当及时归还。调用和归还时，调查人员、保管人员应当当面清点查验。保管部门应当对调用和归还情况进行登记，全程录像并上传涉案财物信息管理系统。

第一百三十二条 对于被扣押的股票、债券、基金份额等财产，以及即将到期的汇票、本票、支票，依法需要出售或者变现的，按照本条例关于出售冻结财产的规定办理。

第一百三十三条 监察机关接受司法机关、其他监察机关等国家机关移送的涉案财物后，该国家机关采取的查封、扣押期限届满，监察机关续行查封、扣押的顺位与该国家机关查封、扣押的顺位相同。

第一百三十四条 对查封、扣押的财物和文件，应当及时进行核查。经查明与案件无关的，经审批，应当在查明后三日以内解除查封、扣押，予以退还。解除查封、扣押的，应当向有关单位、原持有人或者近亲属送达《解除查封/扣押通知书》，附《解除查封/扣押财物、文件清单》，要求其签名或者盖章。

第一百三十五条 在立案调查之前，对监察对象及相关人员主动上交的涉案财物，经审批可以接收。

接收时，应当由二名以上调查人员，会同持有人和见证人进行清点核对，当场填写《主动上交财物登记表》。调查人员、持有人和见证人应当在登记表上签名或者盖章。

对于主动上交的财物，应当根据立案及调查情况及时决定是否依法查封、扣押。

第十一节 勘验检查

第一百三十六条 监察机关按规定报批后，可以依法对与违法犯罪有关的场所、物品、人身、尸体、电子数据等进行勘验检查。

第一百三十七条 依法需要勘验检查的，应当制作《勘验检查证》；需要委托勘验检查的，应当出具《委托勘验检查书》，送具有专门知识、勘验检查资格的单位（人员）办理。

第一百三十八条　勘验检查应当由二名以上调查人员主持，邀请与案件无关的见证人在场。勘验检查情况应当制作笔录，并由参加勘验检查人员和见证人签名。

勘验检查现场、拆封电子数据存储介质应当全程同步录音录像。对现场情况应当拍摄现场照片、制作现场图，并由勘验检查人员签名。

第一百三十九条　为了确定被调查人或者相关人员的某些特征、伤害情况或者生理状态，可以依法对其人身进行检查。必要时可以聘请法医或者医师进行人身检查。检查女性身体，应当由女性工作人员或者医师进行。被调查人拒绝检查的，可以依法强制检查。

人身检查不得采用损害被检查人生命、健康或者贬低其名誉、人格的方法。对人身检查过程中知悉的个人隐私，应当严格保密。

对人身检查的情况应当制作笔录，由参加检查的调查人员、检查人员、被检查人员和见证人签名。被检查人员拒绝签名的，调查人员应当在笔录中记明。

第一百四十条　为查明案情，在必要的时候，经审批可以依法进行调查实验。调查实验，可以聘请有关专业人员参加，也可以要求被调查人、被害人、证人参加。

进行调查实验，应当全程同步录音录像，制作调查实验笔录，由参加实验的人签名。进行调查实验，禁止一切足以造成危险、侮辱人格的行为。

第一百四十一条　调查人员在必要时，可以依法让被害人、证人和被调查人对与违法犯罪有关的物品、文件、尸体或者场所进行辨认；也可以让被害人、证人对被调查人进行辨认，或者让被调查人对涉案人员进行辨认。

辨认工作应当由二名以上调查人员主持进行。在辨认前，应当向辨认人详细询问辨认对象的具体特征，避免辨认人见到辨认对象，并告知辨认人作虚假辨认应当承担的法律责任。几名辨认人对同一辨认对象进行辨认时，应当由辨认人个别进行。辨认应当形成笔录，并由调查人员、辨认人签名。

第一百四十二条　辨认人员时，被辨认的人数不得少于七人，照片不得少于十张。

辨认人不愿公开进行辨认时，应当在不暴露辨认人的情况下进行辨认，并为其保守秘密。

第一百四十三条 组织辨认物品时一般应当辨认实物。被辨认的物品系名贵字画等贵重物品或者存在不便搬运等情况的，可以对实物照片进行辨认。辨认人进行辨认时，应当在辨认出的实物照片与附纸骑缝上捺指印予以确认，在附纸上写明该实物涉案情况并签名、捺指印。

辨认物品时，同类物品不得少于五件，照片不得少于五张。

对于难以找到相似物品的特定物，可以将该物品照片交由辨认人进行确认后，在照片与附纸骑缝上捺指印，在附纸上写明该物品涉案情况并签名、捺指印。在辨认人确认前，应当向其详细询问物品的具体特征，并对确认过程和结果形成笔录。

第一百四十四条 辨认笔录具有下列情形之一的，不得作为认定案件的依据：

（一）辨认开始前使辨认人见到辨认对象的；

（二）辨认活动没有个别进行的；

（三）辨认对象没有混杂在具有类似特征的其他对象中，或者供辨认的对象数量不符合规定的，但特定辨认对象除外；

（四）辨认中给辨认人明显暗示或者明显有指认嫌疑的；

（五）辨认不是在调查人员主持下进行的；

（六）违反有关规定，不能确定辨认笔录真实性的其他情形。

辨认笔录存在其他瑕疵的，应当结合全案证据审查其真实性和关联性，作出综合判断。

第十二节 鉴　　定

第一百四十五条 监察机关为解决案件中的专门性问题，按规定报批后，可以依法进行鉴定。

鉴定时应当出具《委托鉴定书》，由二名以上调查人员送交具有鉴定资格的鉴定机构、鉴定人进行鉴定。

第一百四十六条 监察机关可以依法开展下列鉴定：

（一）对笔迹、印刷文件、污损文件、制成时间不明的文件和以其他形式表现的文件等进行鉴定；

（二）对案件中涉及的财务会计资料及相关财物进行会计鉴定；

（三）对被调查人、证人的行为能力进行精神病鉴定；

（四）对人体造成的损害或者死因进行人身伤亡医学鉴定；

（五）对录音录像资料进行鉴定；

（六）对因电子信息技术应用而出现的材料及其派生物进行电子证据鉴定；

（七）其他可以依法进行的专业鉴定。

第一百四十七条 监察机关应当为鉴定提供必要条件，向鉴定人送交有关检材和对比样本等原始材料，介绍与鉴定有关的情况。调查人员应当明确提出要求鉴定事项，但不得暗示或者强迫鉴定人作出某种鉴定意见。

监察机关应当做好检材的保管和送检工作，记明检材送检环节的责任人，确保检材在流转环节的同一性和不被污染。

第一百四十八条 鉴定人应当在出具的鉴定意见上签名，并附鉴定机构和鉴定人的资质证明或者其他证明文件。多个鉴定人的鉴定意见不一致的，应当在鉴定意见上记明分歧的内容和理由，并且分别签名。

监察机关对于法庭审理中依法决定鉴定人出庭作证的，应当予以协调。

鉴定人故意作虚假鉴定的，应当依法追究法律责任。

第一百四十九条 调查人员应当对鉴定意见进行审查。对经审查作为证据使用的鉴定意见，应当告知被调查人及相关单位、人员，送达《鉴定意见告知书》。

被调查人或者相关单位、人员提出补充鉴定或者重新鉴定申请，经审查符合法定要求的，应当按规定报批，进行补充鉴定或者重新鉴定。

对鉴定意见告知情况可以制作笔录，载明告知内容和被告知人的意见等。

第一百五十条 经审查具有下列情形之一的，应当补充鉴定：

（一）鉴定内容有明显遗漏的；

（二）发现新的有鉴定意义的证物的；

（三）对鉴定证物有新的鉴定要求的；

（四）鉴定意见不完整，委托事项无法确定的；

（五）其他需要补充鉴定的情形。

第一百五十一条 经审查具有下列情形之一的，应当重新鉴定：

（一）鉴定程序违法或者违反相关专业技术要求的；

（二）鉴定机构、鉴定人不具备鉴定资质和条件的；

（三）鉴定人故意作出虚假鉴定或者违反回避规定的；

（四）鉴定意见依据明显不足的；

（五）检材虚假或者被损坏的；

（六）其他应当重新鉴定的情形。

决定重新鉴定的，应当另行确定鉴定机构和鉴定人。

第一百五十二条 因无鉴定机构，或者根据法律法规等规定，监察机关可以指派、聘请具有专门知识的人就案件的专门性问题出具报告。

第十三节 技术调查

第一百五十三条 监察机关根据调查涉嫌重大贪污贿赂等职务犯罪需要，依照规定的权限和程序报经批准，可以依法采取技术调查措施，按照规定交公安机关或者国家有关执法机关依法执行。

前款所称重大贪污贿赂等职务犯罪，是指具有下列情形之一：

（一）案情重大复杂，涉及国家利益或者重大公共利益的；

（二）被调查人可能被判处十年以上有期徒刑、无期徒刑或者死刑的；

（三）案件在全国或者本省、自治区、直辖市范围内有较大影响的。

第一百五十四条 依法采取技术调查措施的，监察机关应当出具《采取技术调查措施委托函》《采取技术调查措施决定书》和《采取技术调查措施适用对象情况表》，送交有关机关执行。其中，设区的市级以下监察机关委托有关执行机关采取技术调查措施，还应当提供《立案决定书》。

第一百五十五条 技术调查措施的期限按照监察法的规定执行，期限届满前未办理延期手续的，到期自动解除。

对于不需要继续采取技术调查措施的，监察机关应当按规定及时报批，将《解除技术调查措施决定书》送交有关机关执行。

需要依法变更技术调查措施种类或者增加适用对象的，监察机关应当重新办理报批和委托手续，依法送交有关机关执行。

第一百五十六条 对于采取技术调查措施收集的信息和材料，依法需要作为刑事诉讼证据使用的，监察机关应当按规定报批，出具《调取技术调查证据材料通知书》向有关执行机关调取。

对于采取技术调查措施收集的物证、书证及其他证据材料，监察机关应当制作书面说明，写明获取证据的时间、地点、数量、特征以及采取技术调查措施的批准机关、种类等。调查人员应当在书面说明上签名。

对于采取技术调查措施获取的证据材料，如果使用该证据材料可能危及有关人员的人身安全，或者可能产生其他严重后果的，应当采取不暴露有关人员身份、技术方法等保护措施。必要时，可以建议由审判人员在庭外进行核实。

第一百五十七条 调查人员对采取技术调查措施过程中知悉的国家秘密、商业秘密、个人隐私，应当严格保密。

采取技术调查措施获取的证据、线索及其他有关材料，只能用于对违法犯罪的调查、起诉和审判，不得用于其他用途。

对采取技术调查措施获取的与案件无关的材料，应当经审批及时销毁。对销毁情况应当制作记录，由调查人员签名。

第十四节 通　　缉

第一百五十八条 县级以上监察机关对在逃的应当被留置人员，依法决定在本行政区域内通缉的，应当按规定报批，送交同级公安机关执行。送交执行时，应当出具《通缉决定书》，附《留置决定书》等法律文书和被通缉人员信息，以及承办单位、承办人员等有关情况。

通缉范围超出本行政区域的，应当报有决定权的上级监察机关出具《通缉决定书》，并附《留置决定书》及相关材料，送交同级公安机关执行。

第一百五十九条 国家监察委员会依法需要提请公安部对在逃人员发布

公安部通缉令的，应当先提请公安部采取网上追逃措施。如情况紧急，可以向公安部同时出具《通缉决定书》和《提请采取网上追逃措施函》。

省级以下监察机关报请国家监察委员会提请公安部发布公安部通缉令的，应当先提请本地公安机关采取网上追逃措施。

第一百六十条 监察机关接到公安机关抓获被通缉人员的通知后，应当立即核实被抓获人员身份，并在接到通知后二十四小时以内派员办理交接手续。边远或者交通不便地区，至迟不得超过三日。

公安机关在移交前，将被抓获人员送往当地监察机关留置场所临时看管的，当地监察机关应当接收，并保障临时看管期间的安全，对工作信息严格保密。

监察机关需要提请公安机关协助将被抓获人员带回的，应当按规定报批，请本地同级公安机关依法予以协助。提请协助时，应当出具《提请协助采取留置措施函》，附《留置决定书》复印件及相关材料。

第一百六十一条 监察机关对于被通缉人员已经归案、死亡，或者依法撤销留置决定以及发现有其他不需要继续采取通缉措施情形的，应当经审批出具《撤销通缉通知书》，送交协助采取原措施的公安机关执行。

第十五节　限制出境

第一百六十二条 监察机关为防止被调查人及相关人员逃匿境外，按规定报批后，可以依法决定采取限制出境措施，交由移民管理机构依法执行。

第一百六十三条 监察机关采取限制出境措施应当出具有关函件，与《采取限制出境措施决定书》一并送交移民管理机构执行。其中，采取边控措施的，应当附《边控对象通知书》；采取法定不批准出境措施的，应当附《法定不准出境人员报备表》。

第一百六十四条 限制出境措施有效期不超过三个月，到期自动解除。

到期后仍有必要继续采取措施的，应当按原程序报批。承办部门应当出具有关函件，在到期前与《延长限制出境措施期限决定书》一并送交移民管理机构执行。延长期限每次不得超过三个月。

第一百六十五条　监察机关接到口岸移民管理机构查获被决定采取留置措施的边控对象的通知后，应当于二十四小时以内到达口岸办理移交手续。无法及时到达的，应当委托当地监察机关及时前往口岸办理移交手续。当地监察机关应当予以协助。

第一百六十六条　对于不需要继续采取限制出境措施的，应当按规定报批，及时予以解除。承办部门应当出具有关函件，与《解除限制出境措施决定书》一并送交移民管理机构执行。

第一百六十七条　县级以上监察机关在重要紧急情况下，经审批可以依法直接向口岸所在地口岸移民管理机构提请办理临时限制出境措施。

第五章　监察程序

第一节　线索处置

第一百六十八条　监察机关应当对问题线索归口受理、集中管理、分类处置、定期清理。

第一百六十九条　监察机关对于报案或者举报应当依法接受。属于本级监察机关管辖的，依法予以受理；属于其他监察机关管辖的，应当在五个工作日以内予以转送。

监察机关可以向下级监察机关发函交办检举控告，并进行督办，下级监察机关应当按期回复办理结果。

第一百七十条　对于涉嫌职务违法或者职务犯罪的公职人员主动投案的，应当依法接待和办理。

第一百七十一条　监察机关对于执法机关、司法机关等其他机关移送的问题线索，应当及时审核，并按照下列方式办理：

（一）本单位有管辖权的，及时研究提出处置意见；

（二）本单位没有管辖权但其他监察机关有管辖权的，在五个工作日以内转送有管辖权的监察机关；

（三）本单位对部分问题线索有管辖权的，对有管辖权的部分提出处置意见，并及时将其他问题线索转送有管辖权的机关；

（四）监察机关没有管辖权的，及时退回移送机关。

第一百七十二条 信访举报部门归口受理本机关管辖监察对象涉嫌职务违法和职务犯罪问题的检举控告，统一接收有关监察机关以及其他单位移送的相关检举控告，移交本机关监督检查部门或者相关部门，并将移交情况通报案件监督管理部门。

案件监督管理部门统一接收巡视巡察机构和审计机关、执法机关、司法机关等其他机关移送的职务违法和职务犯罪问题线索，按程序移交本机关监督检查部门或者相关部门办理。

监督检查部门、调查部门在工作中发现的相关问题线索，属于本部门受理范围的，应当报送案件监督管理部门备案；属于本机关其他部门受理范围的，经审批后移交案件监督管理部门分办。

第一百七十三条 案件监督管理部门应当对问题线索实行集中管理、动态更新，定期汇总、核对问题线索及处置情况，向监察机关主要负责人报告，并向相关部门通报。

问题线索承办部门应当指定专人负责管理线索，逐件编号登记、建立管理台账。线索管理处置各环节应当由经手人员签名，全程登记备查，及时与案件监督管理部门核对。

第一百七十四条 监督检查部门应当结合问题线索所涉及地区、部门、单位总体情况进行综合分析，提出处置意见并制定处置方案，经审批按照谈话、函询、初步核实、暂存待查、予以了结等方式进行处置，或者按照职责移送调查部门处置。

函询应当以监察机关办公厅（室）名义发函给被反映人，并抄送其所在单位和派驻监察机构主要负责人。被函询人应当在收到函件后十五个工作日以内写出说明材料，由其所在单位主要负责人签署意见后发函回复。被函询人为所在单位主要负责人的，或者被函询人所作说明涉及所在单位主要负责人的，应当直接发函回复监察机关。

被函询人已经退休的，按照第二款规定程序办理。

监察机关根据工作需要，经审批可以对谈话、函询情况进行核实。

第一百七十五条　检举控告人使用本人真实姓名或者本单位名称，有电话等具体联系方式的，属于实名检举控告。监察机关对实名检举控告应当优先办理、优先处置，依法给予答复。虽有署名但不是检举控告人真实姓名（单位名称）或者无法验证的检举控告，按照匿名检举控告处理。

信访举报部门对属于本机关受理的实名检举控告，应当在收到检举控告之日起十五个工作日以内按规定告知实名检举控告人受理情况，并做好记录。

调查人员应当将实名检举控告的处理结果在办结之日起十五个工作日以内向检举控告人反馈，并记录反馈情况。对检举控告人提出异议的应当如实记录，并向其进行说明；对提供新证据材料的，应当依法核查处理。

第二节　初步核实

第一百七十六条　监察机关对具有可查性的职务违法和职务犯罪问题线索，应当按规定报批后，依法开展初步核实工作。

第一百七十七条　采取初步核实方式处置问题线索，应当确定初步核实对象，制定工作方案，明确需要核实的问题和采取的措施，成立核查组。

在初步核实中应当注重收集客观性证据，确保真实性和准确性。

第一百七十八条　在初步核实中发现或者受理被核查人新的具有可查性的问题线索的，应当经审批纳入原初核方案开展核查。

第一百七十九条　核查组在初步核实工作结束后应当撰写初步核实情况报告，列明被核查人基本情况、反映的主要问题、办理依据、初步核实结果、存在疑点、处理建议，由全体人员签名。

承办部门应当综合分析初步核实情况，按照拟立案调查、予以了结、谈话提醒、暂存待查，或者移送有关部门、机关处理等方式提出处置建议，按照批准初步核实的程序报批。

第三节　立　　案

第一百八十条　监察机关经过初步核实，对于已经掌握监察对象涉嫌职务违法或者职务犯罪的部分事实和证据，认为需要追究其法律责任的，应当按规定报批后，依法立案调查。

第一百八十一条 监察机关立案调查职务违法或者职务犯罪案件，需要对涉嫌行贿犯罪、介绍贿赂犯罪或者共同职务犯罪的涉案人员立案调查的，应当一并办理立案手续。需要交由下级监察机关立案的，经审批交由下级监察机关办理立案手续。

对单位涉嫌受贿、行贿等职务犯罪，需要追究法律责任的，依法对该单位办理立案调查手续。对事故（事件）中存在职务违法或者职务犯罪问题，需要追究法律责任，但相关责任人员尚不明确的，可以以事立案。对单位立案或者以事立案后，经调查确定相关责任人员的，按照管理权限报批确定被调查人。

监察机关根据人民法院生效刑事判决、裁定和人民检察院不起诉决定认定的事实，需要对监察对象给予政务处分的，可以由相关监督检查部门依据司法机关的生效判决、裁定、决定及其认定的事实、性质和情节，提出给予政务处分的意见，按程序移送审理。对依法被追究行政法律责任的监察对象，需要给予政务处分的，应当依法办理立案手续。

第一百八十二条 对案情简单、经过初步核实已查清主要职务违法事实，应当追究监察对象法律责任，不再需要开展调查的，立案和移送审理可以一并报批，履行立案程序后再移送审理。

第一百八十三条 上级监察机关需要指定下级监察机关立案调查的，应当按规定报批，向被指定管辖的监察机关出具《指定管辖决定书》，由其办理立案手续。

第一百八十四条 批准立案后，应当由二名以上调查人员出示证件，向被调查人宣布立案决定。宣布立案决定后，应当及时向被调查人所在单位等相关组织送达《立案通知书》，并向被调查人所在单位主要负责人通报。

对涉嫌严重职务违法或者职务犯罪的公职人员立案调查并采取留置措施的，应当按规定通知被调查人家属，并向社会公开发布。

第四节　调　　查

第一百八十五条　监察机关对已经立案的职务违法或者职务犯罪案件应当依法进行调查，收集证据查明违法犯罪事实。

调查职务违法或者职务犯罪案件，对被调查人没有采取留置措施的，应当在立案后一年以内作出处理决定；对被调查人解除留置措施的，应当在解除留置措施后一年以内作出处理决定。案情重大复杂的案件，经上一级监察机关批准，可以适当延长，但延长期限不得超过六个月。

被调查人在监察机关立案调查以后逃匿的，调查期限自被调查人到案之日起重新计算。

第一百八十六条　案件立案后，监察机关主要负责人应当依照法定程序批准确定调查方案。

监察机关应当组成调查组依法开展调查。调查工作应当严格按照批准的方案执行，不得随意扩大调查范围、变更调查对象和事项，对重要事项应当及时请示报告。调查人员在调查工作期间，未经批准不得单独接触任何涉案人员及其特定关系人，不得擅自采取调查措施。

第一百八十七条　调查组应当将调查认定的涉嫌违法犯罪事实形成书面材料，交给被调查人核对，听取其意见。被调查人应当在书面材料上签署意见。对被调查人签署不同意见或者拒不签署意见的，调查组应当作出说明或者注明情况。对被调查人提出申辩的事实、理由和证据应当进行核实，成立的予以采纳。

调查组对于立案调查的涉嫌行贿犯罪、介绍贿赂犯罪或者共同职务犯罪的涉案人员，在查明其涉嫌犯罪问题后，依照前款规定办理。

对于按照本条例规定，对立案和移送审理一并报批的案件，应当在报批前履行本条第一款规定的程序。

第一百八十八条　调查组在调查工作结束后应当集体讨论，形成调查报告。调查报告应当列明被调查人基本情况、问题线索来源及调查依据、调查过程，涉嫌的主要职务违法或者职务犯罪事实，被调查人的态度和认识，处置建议及法律依据，并由调查组组长以及有关人员签名。

对调查过程中发现的重要问题和形成的意见建议，应当形成专题报告。

第一百八十九条 调查组对被调查人涉嫌职务犯罪拟依法移送人民检察院审查起诉的，应当起草《起诉建议书》。《起诉建议书》应当载明被调查人基本情况，调查简况，认罪认罚情况，采取留置措施的时间，涉嫌职务犯罪事实以及证据，对被调查人从重、从轻、减轻或者免除处罚等情节，提出对被调查人移送起诉的理由和法律依据，采取强制措施的建议，并注明移送案卷数及涉案财物等内容。

调查组应当形成被调查人到案经过及量刑情节方面的材料，包括案件来源、到案经过，自动投案、如实供述、立功等量刑情节，认罪悔罪态度、退赃、避免和减少损害结果发生等方面的情况说明及相关材料。被检举揭发的问题已被立案、查破，被检举揭发人已被采取调查措施或者刑事强制措施、起诉或者审判的，还应当附有关法律文书。

第一百九十条 经调查认为被调查人构成职务违法或者职务犯罪的，应当区分不同情况提出相应处理意见，经审批将调查报告、职务违法或者职务犯罪事实材料、涉案财物报告、涉案人员处理意见等材料，连同全部证据和文书手续移送审理。

对涉嫌职务犯罪的案件材料应当按照刑事诉讼要求单独立卷，与《起诉建议书》、涉案财物报告、同步录音录像资料及其自查报告等材料一并移送审理。

调查全过程形成的材料应当案结卷成、事毕归档。

第五节 审 理

第一百九十一条 案件审理部门收到移送审理的案件后，应当审核材料是否齐全、手续是否完备。对被调查人涉嫌职务犯罪的，还应当审核相关案卷材料是否符合职务犯罪案件立卷要求，是否在调查报告中单独表述已查明的涉嫌犯罪问题，是否形成《起诉建议书》。

经审核符合移送条件的，应当予以受理；不符合移送条件的，经审批可以暂缓受理或者不予受理，并要求调查部门补充完善材料。

第一百九十二条　案件审理部门受理案件后，应当成立由二人以上组成的审理组，全面审理案卷材料。

案件审理部门对于受理的案件，应当以监察法、政务处分法、刑法、《中华人民共和国刑事诉讼法》等法律法规为准绳，对案件事实证据、性质认定、程序手续、涉案财物等进行全面审理。

案件审理部门应当强化监督制约职能，对案件严格审核把关，坚持实事求是、独立审理，依法提出审理意见。坚持调查与审理相分离的原则，案件调查人员不得参与审理。

第一百九十三条　审理工作应当坚持民主集中制原则，经集体审议形成审理意见。

第一百九十四条　审理工作应当在受理之日起一个月以内完成，重大复杂案件经批准可以适当延长。

第一百九十五条　案件审理部门根据案件审理情况，经审批可以与被调查人谈话，告知其在审理阶段的权利义务，核对涉嫌违法犯罪事实，听取其辩解意见，了解有关情况。与被调查人谈话时，案件审理人员不得少于二人。

具有下列情形之一的，一般应当与被调查人谈话：

（一）对被调查人采取留置措施，拟移送起诉的；

（二）可能存在以非法方法收集证据情形的；

（三）被调查人对涉嫌违法犯罪事实材料签署不同意见或者拒不签署意见的；

（四）被调查人要求向案件审理人员当面陈述的；

（五）其他有必要与被调查人进行谈话的情形。

第一百九十六条　经审理认为主要违法犯罪事实不清、证据不足的，应当经审批将案件退回承办部门重新调查。

有下列情形之一，需要补充完善证据的，经审批可以退回补充调查：

（一）部分事实不清、证据不足的；

（二）遗漏违法犯罪事实的；

（三）其他需要进一步查清案件事实的情形。

案件审理部门将案件退回重新调查或者补充调查的，应当出具审核意见，写明调查事项、理由、调查方向、需要补充收集的证据及其证明作用等，连同案卷材料一并送交承办部门。

承办部门补充调查结束后，应当经审批将补证情况报告及相关证据材料，连同案卷材料一并移送案件审理部门；对确实无法查明的事项或者无法补充的证据，应当作出书面说明。重新调查终结后，应当重新形成调查报告，依法移送审理。

重新调查完毕移送审理的，审理期限重新计算。补充调查期间不计入审理期限。

第一百九十七条 审理工作结束后应当形成审理报告，载明被调查人基本情况、调查简况、涉嫌违法或者犯罪事实、被调查人态度和认识、涉案财物处置、承办部门意见、审理意见等内容，提请监察机关集体审议。

对被调查人涉嫌职务犯罪需要追究刑事责任的，应当形成《起诉意见书》，作为审理报告附件。《起诉意见书》应当忠实于事实真象，载明被调查人基本情况，调查简况，采取留置措施的时间，依法查明的犯罪事实和证据，从重、从轻、减轻或者免除处罚等情节，涉案财物情况，涉嫌罪名和法律依据，采取强制措施的建议，以及其他需要说明的情况。

案件审理部门经审理认为现有证据不足以证明被调查人存在违法犯罪行为，且通过退回补充调查仍无法达到证明标准的，应当提出撤销案件的建议。

第一百九十八条 上级监察机关办理下级监察机关管辖案件的，可以经审理后按程序直接进行处置，也可以经审理形成处置意见后，交由下级监察机关办理。

第一百九十九条 被指定管辖的监察机关在调查结束后应当将案件移送审理，提请监察机关集体审议。

上级监察机关将其所管辖的案件指定管辖的，被指定管辖的下级监察机关应当按照前款规定办理后，将案件报上级监察机关依法作出政务处分决定。上级监察机关在作出决定前，应当进行审理。

上级监察机关将下级监察机关管辖的案件指定其他下级监察机关管辖的，被指定管辖的监察机关应当按照第一款规定办理后，将案件送交有管理权限的监察机关依法作出政务处分决定。有管理权限的监察机关应当进行审理，审理意见与被指定管辖的监察机关意见不一致的，双方应当进行沟通；经沟通不能取得一致意见的，报请有权决定的上级监察机关决定。经协商，有管理权限的监察机关在被指定管辖的监察机关审理阶段可以提前阅卷，沟通了解情况。

对于前款规定的重大、复杂案件，被指定管辖的监察机关经集体审议后将处理意见报有权决定的上级监察机关审核同意的，有管理权限的监察机关可以经集体审议后依法处置。

第六节　处　　置

第二百条　监察机关根据监督、调查结果，依据监察法、政务处分法等规定进行处置。

第二百零一条　监察机关对于公职人员有职务违法行为但情节较轻的，可以依法进行谈话提醒、批评教育、责令检查，或者予以诫勉。上述方式可以单独使用，也可以依据规定合并使用。

谈话提醒、批评教育应当由监察机关相关负责人或者承办部门负责人进行，可以由被谈话提醒、批评教育人所在单位有关负责人陪同；经批准也可以委托其所在单位主要负责人进行。对谈话提醒、批评教育情况应当制作记录。

被责令检查的公职人员应当作出书面检查并进行整改。整改情况在一定范围内通报。

诫勉由监察机关以谈话或者书面方式进行。以谈话方式进行的，应当制作记录。

第二百零二条　对违法的公职人员依法需要给予政务处分的，应当根据情节轻重作出警告、记过、记大过、降级、撤职、开除的政务处分决定，制作政务处分决定书。

第二百零三条　监察机关应当将政务处分决定书在作出后一个月以内送达被处分人和被处分人所在机关、单位，并依法履行宣布、书面告知程序。

政务处分决定自作出之日起生效。有关机关、单位、组织应当依法及时执行处分决定，并将执行情况向监察机关报告。处分决定应当在作出之日起一个月以内执行完毕，特殊情况下经监察机关批准可以适当延长办理期限，最迟不得超过六个月。

第二百零四条 监察机关对不履行或者不正确履行职责造成严重后果或者恶劣影响的领导人员，可以按照管理权限采取通报、诫勉、政务处分等方式进行问责；提出组织处理的建议。

第二百零五条 监察机关依法向监察对象所在单位提出监察建议的，应当经审批制作监察建议书。

监察建议书一般应当包括下列内容：

（一）监督调查情况；

（二）调查中发现的主要问题及其产生的原因；

（三）整改建议、要求和期限；

（四）向监察机关反馈整改情况的要求。

第二百零六条 监察机关经调查，对没有证据证明或者现有证据不足以证明被调查人存在违法犯罪行为的，应当依法撤销案件。省级以下监察机关撤销案件后，应当在七个工作日以内向上一级监察机关报送备案报告。上一级监察机关监督检查部门负责备案工作。

省级以下监察机关拟撤销上级监察机关指定管辖或者交办案件的，应当将《撤销案件意见书》连同案卷材料，在法定调查期限到期七个工作日前报指定管辖或者交办案件的监察机关审查。对于重大、复杂案件，在法定调查期限到期十个工作日前报指定管辖或者交办案件的监察机关审查。

指定管辖或者交办案件的监察机关由监督检查部门负责审查工作。指定管辖或者交办案件的监察机关同意撤销案件的，下级监察机关应当作出撤销案件决定，制作《撤销案件决定书》；指定管辖或者交办案件的监察机关不同意撤销案件的，下级监察机关应当执行该决定。

监察机关对于撤销案件的决定应当向被调查人宣布，由其在《撤销案件决定书》上签名、捺指印，立即解除留置措施，并通知其所在机关、单位。

撤销案件后又发现重要事实或者有充分证据，认为被调查人有违法犯罪事实需要追究法律责任的，应当重新立案调查。

第二百零七条 对于涉嫌行贿等犯罪的非监察对象，案件调查终结后依法移送起诉。综合考虑行为性质、手段、后果、时间节点、认罪悔罪态度等具体情况，对于情节较轻，经审批不予移送起诉的，应当采取批评教育、责令具结悔过等方式处置；应当给予行政处罚的，依法移送有关行政执法部门。

对于有行贿行为的涉案单位和人员，按规定记入相关信息记录，可以作为信用评价的依据。

对于涉案单位和人员通过行贿等非法手段取得的财物及孳息，应当依法予以没收、追缴或者责令退赔。对于违法取得的其他不正当利益，依照法律法规及有关规定予以纠正处理。

第二百零八条 对查封、扣押、冻结的涉嫌职务犯罪所得财物及孳息应当妥善保管，并制作《移送司法机关涉案财物清单》随案移送人民检察院。对作为证据使用的实物应当随案移送；对不宜移送的，应当将清单、照片和其他证明文件随案移送。

对于移送人民检察院的涉案财物，价值不明的，应当在移送起诉前委托进行价格认定。在价格认定过程中，需要对涉案财物先行作出真伪鉴定或者出具技术、质量检测报告的，应当委托有关鉴定机构或者检测机构进行真伪鉴定或者技术、质量检测。

对不属于犯罪所得但属于违法取得的财物及孳息，应当依法予以没收、追缴或者责令退赔，并出具有关法律文书。

对经认定不属于违法所得的财物及孳息，应当及时予以返还，并办理签收手续。

第二百零九条 监察机关经调查，对违法取得的财物及孳息决定追缴或者责令退赔的，可以依法要求公安、自然资源、住房城乡建设、市场监管、金融监管等部门以及银行等机构、单位予以协助。

追缴涉案财物以追缴原物为原则，原物已经转化为其他财物的，应当追缴转化后的财物；有证据证明依法应当追缴、没收的涉案财物无法找到、被他人善意取得、价值灭失减损或者与其他合法财产混合且不可分割的，可以依法追缴、没收其他等值财产。

追缴或者责令退赔应当自处置决定作出之日起一个月以内执行完毕。因被调查人的原因逾期执行的除外。

人民检察院、人民法院依法将不认定为犯罪所得的相关涉案财物退回监察机关的，监察机关应当依法处理。

第二百一十条 监察对象对监察机关作出的涉及本人的处理决定不服的，可以在收到处理决定之日起一个月以内，向作出决定的监察机关申请复审。复审机关应当依法受理，并在受理后一个月以内作出复审决定。监察对象对复审决定仍不服的，可以在收到复审决定之日起一个月以内，向上一级监察机关申请复核。复核机关应当依法受理，并在受理后二个月以内作出复核决定。

上一级监察机关的复核决定和国家监察委员会的复审、复核决定为最终决定。

第二百一十一条 复审、复核机关承办部门应当成立工作组，调阅原案卷宗，必要时可以进行调查取证。承办部门应当集体研究，提出办理意见，经审批作出复审、复核决定。决定应当送达申请人，抄送相关单位，并在一定范围内宣布。

复审、复核期间，不停止原处理决定的执行。复审、复核机关经审查认定处理决定有错误或者不当的，应当依法撤销、变更原处理决定，或者责令原处理机关及时予以纠正。复审、复核机关经审查认定处理决定事实清楚、适用法律正确的，应当予以维持。

坚持复审复核与调查审理分离，原案调查、审理人员不得参与复审复核。

第七节 移送审查起诉

第二百一十二条 监察机关决定对涉嫌职务犯罪的被调查人移送起诉的，应当出具《起诉意见书》，连同案卷材料、证据等，一并移送同级人民检察院。

监察机关案件审理部门负责与人民检察院审查起诉的衔接工作，调查、案件监督管理等部门应当予以协助。

国家监察委员会派驻或者派出的监察机构、监察专员调查的职务犯罪案件，应当依法移送省级人民检察院审查起诉。

第二百一十三条　涉嫌职务犯罪的被调查人和涉案人员符合监察法第三十一条、第三十二条规定情形的，结合其案发前的一贯表现、违法犯罪行为的情节、后果和影响等因素，监察机关经综合研判和集体审议，报上一级监察机关批准，可以在移送人民检察院时依法提出从轻、减轻或者免除处罚等从宽处罚建议。报请批准时，应当一并提供主要证据材料、忏悔反思材料。

上级监察机关相关监督检查部门负责审查工作，重点审核拟认定的从宽处罚情形、提出的从宽处罚建议，经审批在十五个工作日以内作出批复。

第二百一十四条　涉嫌职务犯罪的被调查人有下列情形之一，如实交代自己主要犯罪事实的，可以认定为监察法第三十一条第一项规定的自动投案，真诚悔罪悔过：

（一）职务犯罪问题未被监察机关掌握，向监察机关投案的；

（二）在监察机关谈话、函询过程中，如实交代监察机关未掌握的涉嫌职务犯罪问题的；

（三）在初步核实阶段，尚未受到监察机关谈话时投案的；

（四）职务犯罪问题虽被监察机关立案，但尚未受到讯问或者采取留置措施，向监察机关投案的；

（五）因伤病等客观原因无法前往投案，先委托他人代为表达投案意愿，或者以书信、网络、电话、传真等方式表达投案意愿，后到监察机关接受处理的；

（六）涉嫌职务犯罪潜逃后又投案，包括在被通缉、抓捕过程中投案的；

（七）经查实确已准备去投案，或者正在投案途中被有关机关抓获的；

（八）经他人规劝或者在他人陪同下投案的；

（九）虽未向监察机关投案，但向其所在党组织、单位或者有关负责人员投案，向有关巡视巡察机构投案，以及向公安机关、人民检察院、人民法院投案的；

（十）具有其他应当视为自动投案的情形的。

被调查人自动投案后不能如实交代自己的主要犯罪事实，或者自动投案并如实供述自己的罪行后又翻供的，不能适用前款规定。

第二百一十五条 涉嫌职务犯罪的被调查人有下列情形之一的，可以认定为监察法第三十一条第二项规定的积极配合调查工作，如实供述监察机关还未掌握的违法犯罪行为：

（一）监察机关所掌握线索针对的犯罪事实不成立，在此范围外被调查人主动交代其他罪行的；

（二）主动交代监察机关尚未掌握的犯罪事实，与监察机关已掌握的犯罪事实属不同种罪行的；

（三）主动交代监察机关尚未掌握的犯罪事实，与监察机关已掌握的犯罪事实属同种罪行的；

（四）监察机关掌握的证据不充分，被调查人如实交代有助于收集定案证据的。

前款所称同种罪行和不同种罪行，一般以罪名区分。被调查人如实供述其他罪行的罪名与监察机关已掌握犯罪的罪名不同，但属选择性罪名或者在法律、事实上密切关联的，应当认定为同种罪行。

第二百一十六条 涉嫌职务犯罪的被调查人有下列情形之一的，可以认定为监察法第三十一条第三项规定的积极退赃，减少损失：

（一）全额退赃的；

（二）退赃能力不足，但被调查人及其亲友在监察机关追缴赃款赃物过程中积极配合，且大部分已追缴到位的；

（三）犯罪后主动采取措施避免损失发生，或者积极采取有效措施减少、挽回大部分损失的。

第二百一十七条 涉嫌职务犯罪的被调查人有下列情形之一的，可以认定为监察法第三十一条第四项规定的具有重大立功表现：

（一）检举揭发他人重大犯罪行为且经查证属实的；

（二）提供其他重大案件的重要线索且经查证属实的；

（三）阻止他人重大犯罪活动的；

（四）协助抓捕其他重大职务犯罪案件被调查人、重大犯罪嫌疑人（包括同案犯）的；

（五）为国家挽回重大损失等对国家和社会有其他重大贡献的。

前款所称重大犯罪一般是指依法可能被判处无期徒刑以上刑罚的犯罪行为；重大案件一般是指在本省、自治区、直辖市或者全国范围内有较大影响的案件；查证属实一般是指有关案件已被监察机关或者司法机关立案调查、侦查，被调查人、犯罪嫌疑人被监察机关采取留置措施或者被司法机关采取强制措施，或者被告人被人民法院作出有罪判决，并结合案件事实、证据进行判断。

监察法第三十一条第四项规定的案件涉及国家重大利益，是指案件涉及国家主权和领土完整、国家安全、外交、社会稳定、经济发展等情形。

第二百一十八条 涉嫌行贿等犯罪的涉案人员有下列情形之一的，可以认定为监察法第三十二条规定的揭发有关被调查人职务违法犯罪行为，查证属实或者提供重要线索，有助于调查其他案件：

（一）揭发所涉案件以外的被调查人职务犯罪行为，经查证属实的；

（二）提供的重要线索指向具体的职务犯罪事实，对调查其他案件起到实质性推动作用的；

（三）提供的重要线索有助于加快其他案件办理进度，或者对其他案件固定关键证据、挽回损失、追逃追赃等起到积极作用的。

第二百一十九条 从宽处罚建议一般应当在移送起诉时作为《起诉意见书》内容一并提出，特殊情况下也可以在案件移送后、人民检察院提起公诉前，单独形成从宽处罚建议书移送人民检察院。对于从宽处罚建议所依据的证据材料，应当一并移送人民检察院。

监察机关对于被调查人在调查阶段认罪认罚，但不符合监察法规定的提出从宽处罚建议条件，在移送起诉时没有提出从宽处罚建议的，应当在《起诉意见书》中写明其自愿认罪认罚的情况。

第二百二十条 监察机关一般应当在正式移送起诉十日前，向拟移送的人民检察院采取书面通知等方式预告移送事宜。对于已采取留置措施的案件，发现被调查人因身体等原因存在不适宜羁押等可能影响刑事强制措施执行情形的，应当通报人民检察院。对于未采取留置措施的案件，可以根据案件具体情况，向人民检察院提出对被调查人采取刑事强制措施的建议。

第二百二十一条 监察机关办理的职务犯罪案件移送起诉，需要指定起诉、审判管辖的，应当与同级人民检察院协商有关程序事宜。需要由同级人民检察院的上级人民检察院指定管辖的，应当商请同级人民检察院办理指定管辖事宜。

监察机关一般应当在移送起诉二十日前，将商请指定管辖函送交同级人民检察院。商请指定管辖函应当附案件基本情况，对于被调查人已被其他机关立案侦查的犯罪认为需要并案审查起诉的，一并进行说明。

派驻或者派出的监察机构、监察专员调查的职务犯罪案件需要指定起诉、审判管辖的，应当报派出机关办理指定管辖手续。

第二百二十二条 上级监察机关指定下级监察机关进行调查，移送起诉时需要人民检察院依法指定管辖的，应当在移送起诉前由上级监察机关与同级人民检察院协商有关程序事宜。

第二百二十三条 监察机关对已经移送起诉的职务犯罪案件，发现遗漏被调查人罪行需要补充移送起诉的，应当经审批出具《补充起诉意见书》，连同相关案卷材料、证据等一并移送同级人民检察院。

对于经人民检察院指定管辖的案件需要补充移送起诉的，可以直接移送原受理移送起诉的人民检察院；需要追加犯罪嫌疑人、被告人的，应当再次商请人民检察院办理指定管辖手续。

第二百二十四条 对于涉嫌行贿犯罪、介绍贿赂犯罪或者共同职务犯罪等关联案件的涉案人员，移送起诉时一般应当随主案确定管辖。

主案与关联案件由不同监察机关立案调查的，调查关联案件的监察机关在移送起诉前，应当报告或者通报调查主案的监察机关，由其统一协调案件管辖事宜。因特殊原因，关联案件不宜随主案确定管辖的，调查主案的监察机关应当及时通报和协调有关事项。

第二百二十五条 监察机关对于人民检察院在审查起诉中书面提出的下列要求应当予以配合：

（一）认为可能存在以非法方法收集证据情形，要求监察机关对证据收集的合法性作出说明或者提供相关证明材料的；

（二）排除非法证据后，要求监察机关另行指派调查人员重新取证的；

（三）对物证、书证、视听资料、电子数据及勘验检查、辨认、调查实验等笔录存在疑问，要求调查人员提供获取、制作的有关情况的；

（四）要求监察机关对案件中某些专门性问题进行鉴定，或者对勘验检查进行复验、复查的；

（五）认为主要犯罪事实已经查清，仍有部分证据需要补充完善，要求监察机关补充提供证据的；

（六）人民检察院依法提出的其他工作要求。

第二百二十六条 监察机关对于人民检察院依法退回补充调查的案件，应当向主要负责人报告，并积极开展补充调查工作。

第二百二十七条 对人民检察院退回补充调查的案件，经审批分别作出下列处理：

（一）认定犯罪事实的证据不够充分的，应当在补充证据后，制作补充调查报告书，连同相关材料一并移送人民检察院审查，对无法补充完善的证据，应当作出书面情况说明，并加盖监察机关或者承办部门公章；

（二）在补充调查中发现新的同案犯或者增加、变更犯罪事实，需要追究刑事责任的，应当重新提出处理意见，移送人民检察院审查；

（三）犯罪事实的认定出现重大变化，认为不应当追究被调查人刑事责任的，应当重新提出处理意见，将处理结果书面通知人民检察院并说明理由；

（四）认为移送起诉的犯罪事实清楚，证据确实、充分的，应当说明理由，移送人民检察院依法审查。

第二百二十八条 人民检察院在审查起诉过程中发现新的职务违法或者职务犯罪问题线索并移送监察机关的，监察机关应当依法处置。

第二百二十九条 在案件审判过程中，人民检察院书面要求监察机关补充提供证据，对证据进行补正、解释，或者协助人民检察院补充侦查的，监察机关应当予以配合。监察机关不能提供有关证据材料的，应当书面说明情况。

人民法院在审判过程中就证据收集合法性问题要求有关调查人员出庭说明情况时，监察机关应当依法予以配合。

第二百三十条 监察机关认为人民检察院不起诉决定有错误的，应当在收到不起诉决定书后三十日以内，依法向其上一级人民检察院提请复议。监察机关应当将上述情况及时向上一级监察机关书面报告。

第二百三十一条 对于监察机关移送起诉的案件，人民检察院作出不起诉决定，人民法院作出无罪判决，或者监察机关经人民检察院退回补充调查后不再移送起诉，涉及对被调查人已生效政务处分事实认定的，监察机关应当依法对政务处分决定进行审核。认为原政务处分决定认定事实清楚、适用法律正确的，不再改变；认为原政务处分决定确有错误或者不当的，依法予以撤销或者变更。

第二百三十二条 对于贪污贿赂、失职渎职等职务犯罪案件，被调查人逃匿，在通缉一年后不能到案，或者被调查人死亡，依法应当追缴其违法所得及其他涉案财产的，承办部门在调查终结后应当依法移送审理。

监察机关应当经集体审议，出具《没收违法所得意见书》，连同案卷材料、证据等，一并移送人民检察院依法提出没收违法所得的申请。

监察机关将《没收违法所得意见书》移送人民检察院后，在逃的被调查人自动投案或者被抓获的，监察机关应当及时通知人民检察院。

第二百三十三条 监察机关立案调查拟适用缺席审判程序的贪污贿赂犯罪案件，应当逐级报送国家监察委员会同意。

监察机关承办部门认为在境外的被调查人犯罪事实已经查清，证据确实、充分，依法应当追究刑事责任的，应当依法移送审理。

监察机关应当经集体审议，出具《起诉意见书》，连同案卷材料、证据等，一并移送人民检察院审查起诉。

在审查起诉或者缺席审判过程中，犯罪嫌疑人、被告人向监察机关自动投案或者被抓获的，监察机关应当立即通知人民检察院、人民法院。

第六章 反腐败国际合作

第一节 工作职责和领导体制

第二百三十四条 国家监察委员会统筹协调与其他国家、地区、国际组织开展反腐败国际交流、合作。

国家监察委员会组织《联合国反腐败公约》等反腐败国际条约的实施以

及履约审议等工作，承担《联合国反腐败公约》司法协助中央机关有关工作。

国家监察委员会组织协调有关单位建立集中统一、高效顺畅的反腐败国际追逃追赃和防逃协调机制，统筹协调、督促指导各级监察机关反腐败国际追逃追赃等涉外案件办理工作，具体履行下列职责：

（一）制定反腐败国际追逃追赃和防逃工作计划，研究工作中的重要问题；

（二）组织协调反腐败国际追逃追赃等重大涉外案件办理工作；

（三）办理由国家监察委员会管辖的涉外案件；

（四）指导地方各级监察机关依法开展涉外案件办理工作；

（五）汇总和通报全国职务犯罪外逃案件信息和追逃追赃工作信息；

（六）建立健全反腐败国际追逃追赃和防逃合作网络；

（七）承担监察机关开展国际刑事司法协助的主管机关职责；

（八）承担其他与反腐败国际追逃追赃等涉外案件办理工作相关的职责。

第二百三十五条　地方各级监察机关在国家监察委员会领导下，统筹协调、督促指导本地区反腐败国际追逃追赃等涉外案件办理工作，具体履行下列职责：

（一）落实上级监察机关关于反腐败国际追逃追赃和防逃工作部署，制定工作计划；

（二）按照管辖权限或者上级监察机关指定管辖，办理涉外案件；

（三）按照上级监察机关要求，协助配合其他监察机关开展涉外案件办理工作；

（四）汇总和通报本地区职务犯罪外逃案件信息和追逃追赃工作信息；

（五）承担本地区其他与反腐败国际追逃追赃等涉外案件办理工作相关的职责。

省级监察委员会应当会同有关单位，建立健全本地区反腐败国际追逃追赃和防逃协调机制。

国家监察委员会派驻或者派出的监察机构、监察专员统筹协调、督促指导本部门反腐败国际追逃追赃等涉外案件办理工作，参照第一款规定执行。

第二百三十六条　国家监察委员会国际合作局归口管理监察机关反腐败

国际追逃追赃等涉外案件办理工作。地方各级监察委员会应当明确专责部门，归口管理本地区涉外案件办理工作。

国家监察委员会派驻或者派出的监察机构、监察专员和地方各级监察机关办理涉外案件中有关执法司法国际合作事项，应当逐级报送国家监察委员会审批。由国家监察委员会依法直接或者协调有关单位与有关国家（地区）相关机构沟通，以双方认可的方式实施。

第二百三十七条 监察机关应当建立追逃追赃和防逃工作内部联络机制。承办部门在调查过程中，发现被调查人或者重要涉案人员外逃、违法所得及其他涉案财产被转移到境外的，可以请追逃追赃部门提供工作协助。监察机关将案件移送人民检察院审查起诉后，仍有重要涉案人员外逃或者未追缴的违法所得及其他涉案财产的，应当由追逃追赃部门继续办理，或者由追逃追赃部门指定协调有关单位办理。

第二节 国（境）内工作

第二百三十八条 监察机关应当将防逃工作纳入日常监督内容，督促相关机关、单位建立健全防逃责任机制。

监察机关在监督、调查工作中，应当根据情况制定对监察对象、重要涉案人员的防逃方案，防范人员外逃和资金外流风险。监察机关应当会同同级组织人事、外事、公安、移民管理等单位健全防逃预警机制，对存在外逃风险的监察对象早发现、早报告、早处置。

第二百三十九条 监察机关应当加强与同级人民银行、公安等单位的沟通协作，推动预防、打击利用离岸公司和地下钱庄等向境外转移违法所得及其他涉案财产，对涉及职务违法和职务犯罪的行为依法进行调查。

第二百四十条 国家监察委员会派驻或者派出的监察机构、监察专员和地方各级监察委员会发现监察对象出逃、失踪、出走，或者违法所得及其他涉案财产被转移至境外的，应当在二十四小时以内将有关信息逐级报送至国家监察委员会国际合作局，并迅速开展相关工作。

第二百四十一条 监察机关追逃追赃部门统一接收巡视巡察机构、审计机关、行政执法部门、司法机关等单位移交的外逃信息。

监察机关对涉嫌职务违法和职务犯罪的外逃人员，应当明确承办部门，建立案件档案。

第二百四十二条 监察机关应当依法全面收集外逃人员涉嫌职务违法和职务犯罪证据。

第二百四十三条 开展反腐败国际追逃追赃等涉外案件办理工作，应当把思想教育贯穿始终，落实宽严相济刑事政策，依法适用认罪认罚从宽制度，促使外逃人员回国投案或者配合调查、主动退赃。开展相关工作，应当尊重所在国家（地区）的法律规定。

第二百四十四条 外逃人员归案、违法所得及其他涉案财产被追缴后，承办案件的监察机关应当将情况逐级报送国家监察委员会国际合作局。监察机关应当依法对涉案人员和违法所得及其他涉案财产作出处置，或者请有关单位依法处置。对不需要继续采取相关措施的，应当及时解除或者撤销。

第三节 对外合作

第二百四十五条 监察机关对依法应当留置或者已经决定留置的外逃人员，需要申请发布国际刑警组织红色通报的，应当逐级报送国家监察委员会审核。国家监察委员会审核后，依法通过公安部向国际刑警组织提出申请。

需要延期、暂停、撤销红色通报的，申请发布红色通报的监察机关应当逐级报送国家监察委员会审核，由国家监察委员会依法通过公安部联系国际刑警组织办理。

第二百四十六条 地方各级监察机关通过引渡方式办理相关涉外案件的，应当按照引渡法、相关双边及多边国际条约等规定准备引渡请求书及相关材料，逐级报送国家监察委员会审核。由国家监察委员会依法通过外交等渠道向外国提出引渡请求。

第二百四十七条 地方各级监察机关通过刑事司法协助方式办理相关涉外案件的，应当按照国际刑事司法协助法、相关双边及多边国际条约等规定准备刑事司法协助请求书及相关材料，逐级报送国家监察委员会审核。由国家监察委员会依法直接或者通过对外联系机关等渠道，向外国提出刑事司法协助请求。

国家监察委员会收到外国提出的刑事司法协助请求书及所附材料，经审查认为符合有关规定的，作出决定并交由省级监察机关执行，或者转交其他有关主管机关。省级监察机关应当立即执行，或者交由下级监察机关执行，并将执行结果或者妨碍执行的情形及时报送国家监察委员会。在执行过程中，需要依法采取查询、调取、查封、扣押、冻结等措施或者需要返还涉案财物的，根据我国法律规定和国家监察委员会的执行决定办理有关法律手续。

第二百四十八条 地方各级监察机关通过执法合作方式办理相关涉外案件的，应当将合作事项及相关材料逐级报送国家监察委员会审核。由国家监察委员会依法直接或者协调有关单位，向有关国家（地区）相关机构提交并开展合作。

第二百四十九条 地方各级监察机关通过境外追诉方式办理相关涉外案件的，应当提供外逃人员相关违法线索和证据，逐级报送国家监察委员会审核。由国家监察委员会依法直接或者协调有关单位向有关国家（地区）相关机构提交，请其依法对外逃人员调查、起诉和审判，并商有关国家（地区）遣返外逃人员。

第二百五十条 监察机关对依法应当追缴的境外违法所得及其他涉案财产，应当责令涉案人员以合法方式退赔。涉案人员拒不退赔的，可以依法通过下列方式追缴：

（一）在开展引渡等追逃合作时，随附请求有关国家（地区）移交相关违法所得及其他涉案财产；

（二）依法启动违法所得没收程序，由人民法院对相关违法所得及其他涉案财产作出冻结、没收裁定，请有关国家（地区）承认和执行，并予以返还；

（三）请有关国家（地区）依法追缴相关违法所得及其他涉案财产，并予以返还；

（四）通过其他合法方式追缴。

第七章　对监察机关和监察人员的监督

第二百五十一条　监察机关和监察人员必须自觉坚持党的领导，在党组织的管理、监督下开展工作，依法接受本级人民代表大会及其常务委员会的监督，接受民主监督、司法监督、社会监督、舆论监督，加强内部监督制约机制建设，确保权力受到严格的约束和监督。

第二百五十二条　各级监察委员会应当按照监察法第五十三条第二款规定，由主任在本级人民代表大会常务委员会全体会议上报告专项工作。

在报告专项工作前，应当与本级人民代表大会有关专门委员会沟通协商，并配合开展调查研究等工作。各级人民代表大会常务委员会审议专项工作报告时，本级监察委员会应当根据要求派出领导成员列席相关会议，听取意见。

各级监察委员会应当认真研究办理本级人民代表大会常务委员会反馈的审议意见，并按照要求书面报告办理情况。

第二百五十三条　各级监察委员会应当积极接受、配合本级人民代表大会常务委员会组织的执法检查。对本级人民代表大会常务委员会的执法检查报告，应当认真研究处理，并向其报告处理情况。

第二百五十四条　各级监察委员会在本级人民代表大会常务委员会会议审议与监察工作有关的议案和报告时，应当派相关负责人到会听取意见，回答询问。

监察机关对依法交由监察机关答复的质询案应当按照要求进行答复。口头答复的，由监察机关主要负责人或者委派相关负责人到会答复。书面答复的，由监察机关主要负责人签署。

第二百五十五条　各级监察机关应当通过互联网政务媒体、报刊、广播、电视等途径，向社会及时准确公开下列监察工作信息：

（一）监察法规；

（二）依法应当向社会公开的案件调查信息；

（三）检举控告地址、电话、网站等信息；

（四）其他依法应当公开的信息。

第二百五十六条 各级监察机关可以根据工作需要，按程序选聘特约监察员履行监督、咨询等职责。特约监察员名单应当向社会公布。

监察机关应当为特约监察员依法开展工作提供必要条件和便利。

第二百五十七条 监察机关实行严格的人员准入制度，严把政治关、品行关、能力关、作风关、廉洁关。监察人员必须忠诚坚定、担当尽责、遵纪守法、清正廉洁。

第二百五十八条 监察机关应当建立监督检查、调查、案件监督管理、案件审理等部门相互协调制约的工作机制。

监督检查和调查部门实行分工协作、相互制约。监督检查部门主要负责联系地区、部门、单位的日常监督检查和对涉嫌一般违法问题线索处置。调查部门主要负责对涉嫌严重职务违法和职务犯罪问题线索进行初步核实和立案调查。

案件监督管理部门负责对监督检查、调查工作全过程进行监督管理，做好线索管理、组织协调、监督检查、督促办理、统计分析等工作。案件监督管理部门发现监察人员在监督检查、调查中有违规办案行为的，及时督促整改；涉嫌违纪违法的，根据管理权限移交相关部门处理。

第二百五十九条 监察机关应当对监察权运行关键环节进行经常性监督检查，适时开展专项督查。案件监督管理、案件审理等部门应当按照各自职责，对问题线索处置、调查措施使用、涉案财物管理等进行监督检查，建立常态化、全覆盖的案件质量评查机制。

第二百六十条 监察机关应当加强对监察人员执行职务和遵纪守法情况的监督，按照管理权限依法对监察人员涉嫌违法犯罪问题进行调查处置。

第二百六十一条 监察机关及其监督检查、调查部门负责人应当定期检查调查期间的录音录像、谈话笔录、涉案财物登记资料，加强对调查全过程的监督，发现问题及时纠正并报告。

第二百六十二条 对监察人员打听案情、过问案件、说情干预的，办理监察事项的监察人员应当及时向上级负责人报告。有关情况应当登记备案。

发现办理监察事项的监察人员未经批准接触被调查人、涉案人员及其特定关系人，或者存在交往情形的，知情的监察人员应当及时向上级负责人报告。有关情况应当登记备案。

第二百六十三条 办理监察事项的监察人员有监察法第五十八条所列情形之一的，应当自行提出回避；没有自行提出回避的，监察机关应当依法决定其回避，监察对象、检举人及其他有关人员也有权要求其回避。

选用借调人员、看护人员、调查场所，应当严格执行回避制度。

第二百六十四条 监察人员自行提出回避，或者监察对象、检举人及其他有关人员要求监察人员回避的，应当书面或者口头提出，并说明理由。口头提出的，应当形成记录。

监察机关主要负责人的回避，由上级监察机关主要负责人决定；其他监察人员的回避，由本级监察机关主要负责人决定。

第二百六十五条 上级监察机关应当通过专项检查、业务考评、开展复查等方式，强化对下级监察机关及监察人员执行职务和遵纪守法情况的监督。

第二百六十六条 监察机关应当对监察人员有计划地进行政治、理论和业务培训。培训应当坚持理论联系实际、按需施教、讲求实效，突出政治机关特色，建设高素质专业化监察队伍。

第二百六十七条 监察机关应当严格执行保密制度，控制监察事项知悉范围和时间。监察人员不准私自留存、隐匿、查阅、摘抄、复制、携带问题线索和涉案资料，严禁泄露监察工作秘密。

监察机关应当建立健全检举控告保密制度，对检举控告人的姓名（单位名称）、工作单位、住址、电话和邮箱等有关情况以及检举控告内容必须严格保密。

第二百六十八条 监察机关涉密人员离岗离职后，应当遵守脱密期管理规定，严格履行保密义务，不得泄露相关秘密。

第二百六十九条 监察人员离任三年以内，不得从事与监察和司法工作相关联且可能发生利益冲突的职业。

监察人员离任后，不得担任原任职监察机关办理案件的诉讼代理人或者辩护人，但是作为当事人的监护人或者近亲属代理诉讼或者进行辩护的除外。

第二百七十条 监察人员应当严格遵守有关规范领导干部配偶、子女及其配偶经商办企业行为的规定。

第二百七十一条 监察机关在履行职责过程中应当依法保护企业产权和自主经营权，严禁利用职权非法干扰企业生产经营。需要企业经营者协助调查的，应当依法保障其合法的人身、财产等权益，避免或者减少对涉案企业正常生产、经营活动的影响。

查封企业厂房、机器设备等生产资料，企业继续使用对该财产价值无重大影响的，可以允许其使用。对于正在运营或者正在用于科技创新、产品研发的设备和技术资料等，一般不予查封、扣押，确需调取违法犯罪证据的，可以采取拍照、复制等方式。

第二百七十二条 被调查人及其近亲属认为监察机关及监察人员存在监察法第六十条第一款规定的有关情形，向监察机关提出申诉的，由监察机关案件监督管理部门依法受理，并按照法定的程序和时限办理。

第二百七十三条 监察机关在维护监督执法调查工作纪律方面失职失责的，依法追究责任。监察人员涉嫌严重职务违法、职务犯罪或者对案件处置出现重大失误的，既应当追究直接责任，还应当严肃追究负有责任的领导人员责任。

监察机关应当建立办案质量责任制，对滥用职权、失职失责造成严重后果的，实行终身责任追究。

第八章　法 律 责 任

第二百七十四条 有关单位拒不执行监察机关依法作出的下列处理决定的，应当由其主管部门、上级机关责令改正，对单位给予通报批评，对负有责任的领导人员和直接责任人员依法给予处理：

（一）政务处分决定；

（二）问责决定；

（三）谈话提醒、批评教育、责令检查，或者予以诫勉的决定；

（四）采取调查措施的决定；

（五）复审、复核决定；

（六）监察机关依法作出的其他处理决定。

第二百七十五条 监察对象对控告人、申诉人、批评人、检举人、证人、监察人员进行打击、压制等报复陷害的，监察机关应当依法给予政务处分。构成犯罪的，依法追究刑事责任。

第二百七十六条 控告人、检举人、证人采取捏造事实、伪造材料等方式诬告陷害的，监察机关应当依法给予政务处分，或者移送有关机关处理。构成犯罪的，依法追究刑事责任。

监察人员因依法履行职责遭受不实举报、诬告陷害、侮辱诽谤，致使名誉受到损害的，监察机关应当会同有关部门及时澄清事实，消除不良影响，并依法追究相关单位或者个人的责任。

第二百七十七条 监察机关应当建立健全办案安全责任制。承办部门主要负责人和调查组组长是调查安全第一责任人。调查组应当指定专人担任安全员。

地方各级监察机关履行管理、监督职责不力发生严重办案安全事故的，或者办案中存在严重违规违纪违法行为的，省级监察机关主要负责人应当向国家监察委员会作出检讨，并予以通报、严肃追责问责。

案件监督管理部门应当对办案安全责任制落实情况组织经常性检查和不定期抽查，发现问题及时报告并督促整改。

第二百七十八条 监察人员在履行职责中有下列行为之一的，依法严肃处理；构成犯罪的，依法追究刑事责任：

（一）贪污贿赂、徇私舞弊的；

（二）不履行或者不正确履行监督职责，应当发现的问题没有发现，或者发现问题不报告、不处置，造成严重影响的；

（三）未经批准、授权处置问题线索，发现重大案情隐瞒不报，或者私自留存、处理涉案材料的；

（四）利用职权或者职务上的影响干预调查工作的；

（五）违法窃取、泄露调查工作信息，或者泄露举报事项、举报受理情况以及举报人信息的；

（六）对被调查人或者涉案人员逼供、诱供，或者侮辱、打骂、虐待、体罚或者变相体罚的；

（七）违反规定处置查封、扣押、冻结的财物的；

（八）违反规定导致发生办案安全事故，或者发生安全事故后隐瞒不报、报告失实、处置不当的；

（九）违反规定采取留置措施的；

（十）违反规定限制他人出境，或者不按规定解除出境限制的；

（十一）其他职务违法和职务犯罪行为。

第二百七十九条 对监察人员在履行职责中存在违法行为的，可以根据情节轻重，依法进行谈话提醒、批评教育、责令检查、诫勉，或者给予政务处分。构成犯罪的，依法追究刑事责任。

第二百八十条 监察机关及其工作人员在行使职权时，有下列情形之一的，受害人可以申请国家赔偿：

（一）采取留置措施后，决定撤销案件的；

（二）违法没收、追缴或者违法查封、扣押、冻结财物造成损害的；

（三）违法行使职权，造成被调查人、涉案人员或者证人身体伤害或者死亡的；

（四）非法剥夺他人人身自由的；

（五）其他侵犯公民、法人和其他组织合法权益造成损害的。

受害人死亡的，其继承人和其他有扶养关系的亲属有权要求赔偿；受害的法人或者其他组织终止的，其权利承受人有权要求赔偿。

第二百八十一条 监察机关及其工作人员违法行使职权侵犯公民、法人和其他组织的合法权益造成损害的，该机关为赔偿义务机关。申请赔偿应当向赔偿义务机关提出，由该机关负责复审复核工作的部门受理。

赔偿以支付赔偿金为主要方式。能够返还财产或者恢复原状的，予以返还财产或者恢复原状。

第九章 附 则

第二百八十二条 本条例所称监察机关，包括各级监察委员会及其派驻或者派出监察机构、监察专员。

第二百八十三条　本条例所称“近亲属”，是指夫、妻、父、母、子、女、同胞兄弟姊妹。

第二百八十四条　本条例所称以上、以下、以内，包括本级、本数。

第二百八十五条　期间以时、日、月、年计算，期间开始的时和日不算在期间以内。本条例另有规定的除外。

按照年、月计算期间的，到期月的对应日为期间的最后一日；没有对应日的，月末日为期间的最后一日。

期间的最后一日是法定休假日的，以法定休假日结束的次日为期间的最后一日。但被调查人留置期间应当至到期之日为止，不得因法定休假日而延长。

第二百八十六条　本条例由国家监察委员会负责解释。

第二百八十七条　本条例自发布之日起施行。

刑事政策

中央纪委国家监委　中央组织部　中央统战部　中央政法委　最高人民法院　最高人民检察院　联合印发《关于进一步推进受贿行贿一起查的意见》

中央纪委国家监委、中央组织部、中央统战部、中央政法委、最高人民法院、最高人民检察院联合印发《关于进一步推进受贿行贿一起查的意见》，对进一步推进受贿行贿一起查作出部署。

《意见》指出，坚持受贿行贿一起查，是党的十九大作出的重要决策部署，是坚定不移深化反腐败斗争、一体推进不敢腐、不能腐、不想腐的必然要求，是斩断“围猎”与甘于被“围猎”利益链、破除权钱交易关系网的有效途径。要清醒认识行贿人不择手段“围猎”党员干部是当前腐败增量仍有发生的重要原因，深刻把握行贿问题的政治危害，多措并举提高打击行贿的精准性、有效性，推动实现腐败问题的标本兼治。

《意见》指出，要以习近平新时代中国特色社会主义思想为指导，全面贯彻党的十九大精神，按照十九届中央纪委二次、三次、四次、五次全会的工作要求，坚持党中央对反腐败工作的集中统一领导；坚持稳中求进、坚定稳妥，系统施治、标本兼治；坚持实事求是、依规依纪依法，罪刑法定、疑罪从无，充分运用政策策略、纪法情理融合；坚持无禁区、全覆盖、零容忍，坚持重遏制、强高压、长震慑，坚持受贿行贿一起查，使不敢腐、不能腐、不想腐一体化推进有更多的制度性成果和更大的治理成效。

《意见》要求，坚决查处行贿行为，重点查处多次行贿、巨额行贿以及向多人行贿，特别是党的十八大后不收敛不收手的；党员和国家工作人员行贿的；在国家重要工作、重点工程、重大项目中行贿的；在组织人事、执纪执法司法、生态环保、财政金融、安全生产、食品药品、帮扶救灾、养老社保、教育医疗等领域行贿的；实施重大商业贿赂的行为。

《意见》要求，纪检监察机关、审判机关和检察机关根据职能职责严肃惩治行贿行为。纪检监察机关要严格依法履行查处行贿的重要职责，对查办案件中涉及的行贿人，依法加大查处力度，该立案的坚决予以立案，该处理的坚决作出处理，并建立对行贿人处理工作的内部制约监督机制。检察机关和审判机关要严格行贿犯罪从宽情节的认定和刑罚适用，加大财产刑运用和执行力度。纪检监察机关、审判机关和检察机关要认真履行追赃挽损职责，尽力追缴非法获利。对于行贿所得的不正当财产性利益，依法予以没收、追缴或者责令退赔；对于行贿所得的不正当非财产性利益，如职务职称、政治荣誉、经营资格资质、学历学位等，督促相关单位依照规定通过取消、撤销、变更等措施予以纠正。

《意见》强调，纪检监察机关、审判机关和检察机关在履行职责过程中，既要严肃惩治行贿，还要充分保障涉案人员和企业合法的人身和财产权益，保障企业合法经营。要从严把握相关措施的适用，依法慎用限制人身权和财产权的措施，严禁滥用留置、搜查、技术调查、限制出境、拘留、逮捕等措施，严禁超范围查封、扣押、冻结涉案人员和企业的财物。要充分研判使用办案措施的后果，将采取措施对企业合法正常生产经营的影响降到最低。

《意见》强调，健全完善惩治行贿行为的制度规范，推进受贿行贿一起查规范化法治化。通过发布指导性文件或者案例等方式，指导纪检监察机关、审判机关和检察机关在办理行贿案件中准确适用法律、把握政策，做好同类案件的平衡。纪检监察机关要与人大机关、政协机关和组织人事部门、统战部门、执法机关等建立对行贿人的联合惩戒机制，提高治理行贿的综合效能。要组织开展对行贿人作出市场准入、资质资格限制等问题进行研究，探索推行行贿人“黑名单”制度。要加大查处行贿的宣传力度，通报曝光典型案例，深入开展警示教育，彰显对贿赂零容忍的坚定决心，在全社会倡导廉洁守法理念。

中央纪委国家监委案件监督管理室负责人就《关于进一步推进受贿行贿一起查的意见》答记者问

问：请介绍下制定《意见》的背景和意义。

答：党的十九大明确提出，要坚持无禁区、全覆盖、零容忍，坚持重遏制、强高压、长震慑，坚持受贿行贿一起查。十九届中央纪委历次全会都对坚持受贿行贿一起查作出部署，各级纪检监察机关在严肃查办受贿案件的同时，加大对行贿的查处力度，有力促进了反腐败斗争取得压倒性胜利并全面巩固。但同时也要清醒看到，当前腐蚀和反腐蚀斗争依然严峻复杂，行贿作为贿赂犯罪发生的主要源头，行贿不查，受贿不止，因此必须坚持受贿行贿一起查。制定出台《意见》，是落实党中央决策部署，深入推进全面从严治党，坚定不移深化反腐败斗争，一体推进不敢腐、不能腐、不想腐的具体举措，对于进一步净化政治生态、优化营商环境，实现腐败问题标本兼治，充分发挥全面从严治党的引领保障作用具有重要意义。

问：《意见》对查处行贿的重点是如何把握的？

答：从近年查处的案件情况看，一些领域巨额行贿、多次行贿的现象突出，有的行贿人为谋取自身利益，对公职人员竭力腐蚀、精准“围猎”，主观恶性大，后果严重。《意见》明确了查处行贿行为的五个重点。一是多次行贿、巨额行贿以及向多人行贿，特别是党的十八大后不收敛不收手的。该类行贿人往往将行贿作为谋取不正当利益的主要手段，对政治生态、法治环境、营商环境和市场规则等破坏较大，如果不予以严肃查处，就会让行贿成为常态，形成劣币驱逐良币的“负面激励”效应。二是党员和国家工作人员行贿的。党员和国家工作人员理应在遵纪守法方面发挥模范带头作用，对这类知纪违纪、知法犯法的人员必须严肃查处。三是在国家重要工作、重点工程、重大项目中行贿的。该类行贿行为不仅扰乱正常市场经济秩序，直接造成国家巨额经济损失，而且危害国家经济安全，影响党和国家工作大局，应当坚决予以查处。四是在组织人事、执纪执法司法、生态环保、财政金融、安全生产、食品药品、帮扶救灾、养老社保、教育医疗等领域行贿的。该类行贿行为扰乱了相关领域的正常秩序，严重影响人民群众的获得感幸福感安全感，必须加大查处力度，推动解决一些行业的顽瘴痼疾。五是实施重大商业贿赂的。这既是落实《联合国反腐败公约》的要求，也是顺应广大市场主体呼声、营造公平竞争市场环境的重要举措。

问：对行贿人进行处理时，纪检监察机关是如何把握政策的？

答：受贿行贿一起查，要严格依规依纪依法，坚持实事求是、宽严相济，实现政治效果、纪法效果、社会效果的有机统一。受贿行贿一起查并不等于同等处理，要统筹运用纪律、法律、行政、经济等手段，综合施策，分类处理。纪检监察机关在对行贿人提出处理意见时，不仅要考虑行贿金额、次数、发生领域，还要考虑行贿人的主观恶性、造成的危害后果、认错悔过态度、退赔退缴等因素，精准提出处理意见。比如，行贿人涉嫌行贿犯罪应当移送司法机关追究刑事责任的，要移送司法机关处理。如果相关行贿人具有法律规定的自动投案、真诚悔罪悔过，积极配合调查工作，如实供述纪检监察机关还未掌握的违法犯罪行为，积极退赃，减少损失，重大立功表现或者案件涉及国家重大利益等从宽处罚情形，纪检监察机关依法向司法机关提出从宽处罚建议。此外，对于依法可以不移送司法机关的行贿人，纪检监察机关可以综合运用党纪政务处分或者组织处理，批评教育、责令具结悔过，或者移交给相关单位由其作出行政处罚等方式进行处理，让行贿人为其行贿行为承担应有的责任。

《意见》还明确，纪检监察机关要进一步强化在查处行贿工作中的内控机制，案件承办部门、案件监督管理部门、案件审理部门在对行贿人处理中相互监督、相互制约，确保监督执纪执法权力正确行使。

问：各相关单位如何对行贿人开展联合惩戒？

答：《意见》强调各相关机关要各司其职、各负其责，加强协作配合，形成联合惩戒行贿的工作合力。纪检监察机关对查办案件中涉及的行贿人，按照有关规定应由其他单位做出组织处理、行政处罚和资格资质限制等处理的，要根据行贿人的主体身份及时向相关单位提供情况。行贿人系市场主体的，根据行贿所涉领域，要向市场监督管理、发展改革、住房城乡建设、金融监管、司法行政等相关单位通报，由相关单位根据职责权限依规依法对行贿人作出处理。

中央纪委国家监委正在建立行贿人“黑名单”制度，并就纪检监察机关与人大机关、政协机关和组织人事部门、统战部门、执法机关等对行贿人开展联合惩戒进行探索实践，以提高治理行贿的综合效能。

问：如何保障涉案人员和企业的合法权益？

答：坚持受贿行贿一起查，有利于为经济发展创造健康良性的社会环境，构建公平竞争的市场秩序和亲清政商关系，营造风清气正的社会环境，这是对各类企业合法权益的有力保护。各级纪检监察机关要认真贯彻落实习近平总书记在民营企业座谈会上的重要讲话精神，在履行职责过程中既要查清问题，也要保障经营者合法的人身和财产权益，保障企业合法经营。《意见》强调纪检监察机关要从严把握办案措施的适用，对限制人身权和财产权的措施要依法慎用。纪检监察机关在审查调查中需要有关企业实际控制人等配合调查的，要充分评估对企业正常经营的影响，听取并合理采纳配合调查人员对维护企业正常经营的意见，畅通有关企业实际控制人等在配合调查期间保证企业正常经营的联系渠道，将对企业合法正常生产经营的影响降到最低。

征 稿 启 事

《职务犯罪审判指导》是最高人民法院刑事审判第二庭主办的，针对职务犯罪案件审理的业务指导和研究性出版物。

为能够以最前沿的视野、最权威的高度和最贴近刑事司法实践的方式编辑本书，欢迎各位同仁向本书以下栏目提供稿件：

【法律适用分析】选择司法实践中事实认定、采信证据、适用法律和裁量刑罚等方面的典型问题，阐述法院的认定思路、理由，为刑事司法工作人员处理类似职务犯罪案件提供具体的指导和参考。

【法官会议纪要】通过最高人民法院刑二庭法官会议对实践中存在争议的疑难问题进行解析、讨论，并形成倾向性观点，供实践中类案的处理参考适用。

【实务释疑】解答在职务犯罪案件审判工作中具有普遍指导价值的法律适用问题。

【经验交流】最高人民法院刑二庭或者地方法院制定或总结的有关职务犯罪的规范性文件、规则及相关说明等。

【法律规定】收录与职务犯罪案件审判工作密切相关的法律、司法解释及官方解读意见等。

【刑事政策】刊载职务犯罪相关刑事政策，包括对刑事政策的解读文章、刑事审判工作会议上的相关讲话等。

【理论争鸣】针对职务犯罪疑难、复杂问题，登载相关学者与司法人员的研究文章，为刑事司法工作人员提供理论参考和解决相关问题的思路。

【实务调研】登载司法实务部门针对职务犯罪的调研报告，推动相关问题的深入研究。

【裁判文书选登】选择典型裁判文书进行评析，展现法官智慧，指出不足，促进裁判文书制作水平的不断提高。

稿件应有问题意识，观点明确，语言平实，不晦涩。

来稿请注明作者的联系方式（包括地址、邮编和电话）。

来稿投递方式：北京市东城区北花市大街 9 号最高人民法院刑二庭

段　凰　cankaodh@ 163. com

《职务犯罪审判指导》编委会